JN074353

【普及版】
日本博物館成立史
——博覧会から博物館へ
椎名仙卓◉著
雄山閣

はじめに

「博覧会」と「博物館」、それは両者とも〝見せるもの〟であり〝見るもの〟である。また、同じような意味を持った言葉に「見世物」があるが、これもまた、見せるもの、であり、見るもの、である。

『広辞苑』で、みる【見る・視る・観る】をひくと、自分の目で実際に確かめる、転じて、自分の判断で処理する意、となっており、そこには、目にとめて内容を知る、判断する、物事を調べ行う、自ら経験する、ことなどが挙げられている。このようにみてくると〝見る〟という行為は、人間にとって不可欠であることがわかる。そこに〝何のために見るのか〟という疑問が生じるが、それは「知」に対する限りない欲望であり、「知」への尽きぬ探究であろう。その「知」への欲望、探究を満たしてくれる最たるものが、かつては「博覧会」であり、「博物館」であったろう。

石井研堂の『明治事物起原』の中に、「本邦の博物館は、博覧会と同身一体の発展なり」とあり、それは車の両輪のような関係であるとしている。たしかに博覧会と博物館は、一心同体とも思われるが、その始原をたどってみると、両者は必ずしも一体のものであったとは考えられない面がある。

博覧会は、ある種の展示品を見せることにより成立するが、エジプトやペルシャで即位する国王が民衆に対して所蔵している彫刻・工芸品や衣類を見せたり、古代ローマ時代に戦利品を民衆に見せたりする行為は、一種の〝見るためのもの〟〝見せるためのもの〟であり、原始的な博覧会であったとも言われる。それが近代社会の中にあっては、ただ単に見るだけではなく、そこから新たな「知」に対する欲望が生じ、近代的な博覧会が展開することとなる。

イギリスでは、宝暦六年（一七五六）に英国産業博覧会がロンドンで開かれており、これが博覧会の最初であると言われるが、商工業の発展を促す機械やその製品を並べただけのものであった。その後、フランスでは、寛政一〇年（一七九八）に第一回目のフランス国内博覧会がパリで開かれ、その後五年ごとに開催されて嘉永二年（一八四九）まで十一回開かれている。第一回目の博覧会では、出品者もわずか百十人で、ナポレオンも啞然としたと言われるが、その後次第に理解されるようになり、嘉永二年（一八四九）の博覧会では、出品者が四千五四三人に達し、国内産業の発展に大きな影響を与えている。

こうした博覧会は、一八世紀後半以降ヨーロッパ各国に広まり、農業、水産業、工業、商業などの生産品への影響、新発明品の登場などにより、近代産業での生産や流通が一段と推進されることとなる。やがてそれは、一国のみで開くだけではなく、諸外国にも参加を求めることにより、限りない欲望の一端が拓かれることになる。それが政治や宗教を超越した文化的な事業としての〝万国博覧会〟として示されることとなる。

嘉永四年（一八五一）ロンドンのハイド・パークで開かれた世界最初の万国博覧会は、ヴィクトリア朝の繁栄を象徴するものであった。ヴィクトリア女王の夫君アルバート公によって推進され、会場には巨大な「クリスタル・パレス」（水晶宮）が建設され注目された。会期は五月一日から一〇月一一日までの日曜日を除いた一四一日間、出品者はおよそ一万五千人で四〇か国に及んでいる。基本的には、出品物を原料部門、機械部門、製品部門に分けて展示している。婦人にもっとも注目されたイギリス王室の一〇六カラットのインド産「コーイヌール」ダイヤモンドは、いつも押し合いへし合いで、見ることが大変であったと言われる。また輪転機やライフル銃が注目されている。会期中の観覧者は、六〇三万九千人余、一日平均では四万二千八三一名となる。その収支決算は、総収入が五二万二千一七九ポンド、総支出が三三万五千七四二ポンド、差し引き一八万六千四三七ポンドの収益となっている。

こうして第一回目の万国博覧会が、大成功をおさめた事により、西洋諸国はこれに注目し、第二回目は嘉永六年（一八五三）にニューヨーク、第三回は安政二年（一八五五）にパリ、第四回は文久二年（一八六二）に再びロンドン、第五回は慶応三年（一八六七）に再びパリで開催されている。そこには主催者が予想できなかった事などにより、成功、不成功はあったにしろ、この万国博覧会を契機として機械産業などが目覚ましい発達を遂げることとなった。ロンドン万国博覧会（一八六二年）では、ゴム製品が登場し、パリ万国博覧会（一八六七年）では、電気、圧縮空気、灯用ガス、水圧式エレベーターなどが登場し、近代社会を発達させる原動力ともなっている。それは一般公衆がただ「知」を求めるという事のみでなく、各国の〝国威の宣揚〟という新たな欲望に対処するものともなっており、各国が奮って参加する事により、万国博覧会の隆盛へと進むこととなる。

それに対して博物館は、英語ではミュージアム（museum）であり、その言語の起こりは、ギリシア語のムーセイオン（Mouseion）で、「ムーサイの居るところ」あるいは「ムーサイの神殿」で、学芸を司る九人の女神の住処（すみか）を指すものであった。

BC三八七年、プラトンはアテネの西北アカデモスの神域に九人の女神の神殿ムーセイオンを設けており、アリストテレスもリュケイオン学園を創始しているが、ここにもムーセイオンを設けている。これ等の学園には、ムーサイの女神を主神とする学術結社が組織され、学術研究用の図書や各種の資料が収集されていた。

BC三〇五年、プトレマイオス一世は、エジプト王朝を創建し、王都アレクサンドリアにムーサイ学園を設立した。ここにはエジプトのヘラス化のため、ギリシアから学者や詩人たちを招聘し、自由な研究・創作を続けさせている。この学園は、ムーサイの神殿をはじめとして、祭壇、回廊、庭園、大食堂、散歩道、住居などを備えており、国王が任命する神官とエピスタートと呼ばれる院長が置かれていた。エピスタートは財政と事務の責任者であり、その下に会員といわれる学者が存在している。これ等の会員は、国王が承認し、財産を共有する共同社会を構成している。そこにはまた、研究のための資料や文献が集められ保存されていた。こうした場所がやがて「ムーセイオン」と呼ばれるようになる。

ローマ時代になると、貴族や富豪が学問研究の場というよりも、絵画や彫刻などを収集して鑑賞したり、珍しい動物を飼育したり、植物を栽培したりして、楽しむという面が見られるようになる。同時に客人に対する観覧という形で示される事となった。

中世社会における貴族や富豪たちによる珍品・奇品の収集などは、〝コレクション〟の形成となって示される。これ等の収集品は、客人を接待した時に見せるものであり、自慢するものでもあった。こうした特定の人々に見せるということが〝公開〟の先駆となった。

また、中世社会におけるキリスト教の布教は、教会や修道院が貴重な歴史的資料を収集し、それを保存し公開することで、今日の博物館的な役割を果たすこととなる。元来、キリスト教は偶像の崇拝を禁じていたが、ローマ教会はゲルマン民族への布教にあたり、キリスト、聖母、聖者の画像などを用いて教理を理解させていた。このようなことがやがては、東ローマ皇帝による偶像破壊令へと進み、東西両ローマ帝国社会への分裂にまで発展する。こうした時代の流れの中でローマ教会は、教権の確立とともに安定した経済的基盤を築くためにも、聖遺物の収集などに力をそそぎ、それがまた多くの信者を引き付けるものとなっている。十字軍の遠征の結果、東方から大量の聖遺物がもたらされ、それ等の真偽はともかくとして、教会などに保存されることにより、奇跡を生み出す力があると考えられ、また聖霊の宿る神としても礼拝されている。

聖遺物は、祭壇に安置されたり、聖遺物室に保存されたりして崇拝されていたが、それは信仰上の面だけでなく、教会の権威を維持するものともなっており、収集・保存するという博物館的な機能の一面を如実に示している。

近代博物館は、博物館資料を収集する、整理・保存する、調査・研究する、教育普及に供する、という四つの機能を持っている。この四機能の中で、どの機能に重点を置いて事業を進めるかによって、その博物館の創設された目的、またどのような性格をそなえた博物館であるかが決定される。

世界で最初に公開された近代博物館は、イギリスのアシュモレアン博物館であると言われる。チャールズ一世の庭師であった園芸家トラディスカント（Tradescant）父子は、世界各地から植物標本を集め、ロンドンのランベスにコレクションを形成していた。父子の死後、これ等のコレクションは、友人のアシュモールに遺贈され、さらにアシュモールは、それをオックスフォード大学に寄贈した。これによって天和三年（一六八三）アシュモレアン博物館が創設される。展示は、「自然科学」、「古物」、「珍奇品」の三分野に分けられており、一般に公開したが、大学附属の博物館であるという性格上、展示資料を利用して講義（授業）をするという方式を採り入れている。

こうした個人コレクションが中心となって、それがやがて博物館として展開するという例は数少ないが、一般には近代社会の中では王家のコレクションが公開されることにより、著名な博物館として今日の社会に引き継がれ、著名な博物館として発展することとなる。

その代表例として、まず「大英博物館」が挙げられるであろう。博物学者として知られるハンズ・スローン卿のコレクションを中心に、更にジョージ二世から寄贈された王室資料などを加えて、宝暦九年（一七五九）に公開された。開設当初は、自然科学資料が中心であったが、その後、エジプト、アッシリア、ギリシアなどの古代美術品が加わることによって、今日見られるような自然科学資料が分離された世界有数の人文系博物館としての基礎を築くに至った。

ウィーンのハプスブルク家のコレクションは、一六世紀以来の絵画が中心であるが、武器や楽器に至るまで多分野にわたっている。天明元年（一七八一）ベルヴェデーレ帝室画廊において一般公開された。博物館というよりは、いわゆる「美術館」としての色彩が強い。

ロシアでは、エカテリーナ女帝が自ら集めたヨーロッパ諸国の絵画、スキタイ美術などのコレクションを、帝政時代に王宮として使用されていた冬宮に隣接する離宮であるエルミタージュで、明和元年（一七六四）に美術館として公開したことがその起源となっている。

こうした王家所蔵のコレクションが中心となって、ヨーロッパにおける主要な博物館の誕生を促しており、それ等の公開は、民衆に対して〝権威の象徴〟として示されたものであり、従って観覧料を必要としない見せるためのものであった。それに対して、先に説明した博覧会は、産業の発展を促すものであり、それは結果的には「知」の探究という事にもなろうが、「利」を追求するものである。それが万国博覧会ともなれば、その国の貿易を振興し、国家の隆盛へと進めるためのものであり、そこには観覧料を徴収することも自然な形であり、当然であるとされている。

このような推移を考えると、見せるための博覧会と、見るための博物館では、それぞれが直接関係なく独立した形で展開している。それに対して、わが国では、明治の近代社会が成立するにあたって、西洋文明を摂取することによって、殖産興業政策を推進するために、わが国なりに咀嚼して、まず博物館を創設してから、そこで博覧会を開くことにより、新時代に即した見るもの、見せるもの、の発達を促している。しかし、現実問題としては、わが国では博物館が設置される前に博覧会が開催されており、そこから博物館が誕生するという過程をたどっている。従って、わが国では「博覧会」と「博物館」は別々に発展するものではなく、両者とも、見せるもの、見るもの、として両々相俟って発達してきた。

本書の目的は、こうした博覧会と博物館の相互関係を追い求めることにある。最初にその基盤となる概念を把握し、次に当時の社会背景などを考えながら、話題性の多い出品資料、登場した人物などに焦点をしぼり、わが国における草創期の博物館が果たした社会教育史的な役割などを考えてみたいと思う。最後に博物館を背景にした事件を追いながら、博物館の存在価値と今日の博物館に与えた影響なども振り返ってみたい。

目次

【普及版】

日本博物館成立史

――博覧会から博物館へ

第1章　博覧会・博物館の概念

1　「博覧会」という言葉

一口に博覧会と言っても、一国のみで開催する〝国内博覧会〟、複数の国が参加して開催する〝万国博覧会〟など、さまざまな内容のものがあり、千差万別である。

わが国での国内博覧会は、明治期に政府が主体となって開催した「内国勧業博覧会」が、東京、京都、大阪などで五回開かれた事でよく知られており、殖産興業政策の上で数々の成果を挙げるに至った。しかし、内国勧業博覧会の開催以前に、すでに江戸時代には、薬品会（物産会）などが開催されており、その基盤があって、それが踏襲されて明治初年に西洋文明の移入とともに博覧会が開催されることとなる。

政府主体のものでは、明治五年（一八七二）東京・湯島の聖堂構内で開かれた博覧会が最初となる。京都博覧会社が主催し、明治四年（一八七一）から開催した京都博覧会は、三井八郎右衛門（高福〈たかよし〉）ら民間人によって実施され、明治の末期まで続いている。その他さまざまな博覧会が各地方都市で開かれており、地域社会の学術・文化の振興、産業

第１回ロンドン万国博覧会の水晶宮（1851年）

の発展などに貢献している。

■第二回パリ万博に初出品

世界で最初に開かれた万国博覧会は、ヴィクトリア女王の夫君であるアルバート公によって推進され、嘉永四年（一八五一）ロンドンのハイド・パークで開かれた。ガラスと鉄で組み立てられた巨大なクリスタル・パレス（水晶宮）が注目されている。建物それ自体が展示物であるという思想であり、輪転機やライフル銃が登場し、各国における産業の発展を促す基ともなった。続いて第二回目は、嘉永六年（一八五三）アメリカのニューヨーク・ブライアント公園で開かれた。第一回ロンドン万博と比較すると、規模も小さく運営にも問題があり、二三か国が参加したが、入場者もロンドン万博が六三〇万人余であったのに対し、ここでは五〇五万人も少ない一二五万人余であり、大赤字となった。第三回目は、安政二年（一八五五）ナポレオン三世がイギリスにライバル意識をもち、フランスの威信をかけてパリのシャンゼリゼ産業宮を主会場にして開いたが、入場者は五一六万人余あったものの赤字であった。第四回目は文久二年（一八六二）再びロンドンで開かれ、ゴム製品が登場し教育部門の展示、美術展示が加わり万国博覧会に対するイメージが変化するに至った。第五回目は、再びパリでの開催であった。前回のパリ万博は赤字であったが、この時は六八〇万人余という空前の入場者を記録している。産業的性格から文化的性格へと変化した近代博覧会の原形であったと言われる。文久二年の第二回ロンドン万国博覧会は、初代イギリス駐日公使オールコックが収集した日本の美術工芸品が紹介されたほか、幕府の竹内遣欧使節団が日本人として初めて万国博覧会を見学したことでも知られる。慶応三年（一八六七）再びパリで開かれた際には、電気、圧縮空気、灯用ガス、水圧式エレベーターなどが登場している。徳川幕府と薩摩藩・佐賀藩が日本の代表として初めて出品したのがこの第二回パリ万国博覧会で、徳川昭武（あきたけ）が将軍の御名代として派遣されている。このとき幕府の下級役人であった田中芳男がフランス側の要請により、日本の昆虫標本を携えて出張し、これが後に日本での博物館を誕生させるときの大きな原動力となる。

第２回ロンドン万国博覧会を見学する竹内遣欧使節団

　こうして万国博覧会は、人類の夢と希望をのせて展開されるが、これは当初、巨大な建物のなかですべてを展示するという形式のものであったが、やがて今日の博覧会に見られるように、数多くの特徴的なパビリオンを設置して開催されるという方向に進むことによって、近代的な博覧会へと移行することとなる。

　明治以降の万国博覧会は、大正元年（一九一二）ドイツ政府の主導下にベルリンにおいて条約調印に向けた会議がもたれたが、第一次世界大戦のため条約は発効するに至らなかった。その後、昭和三年（一九二八）一一月、パリで「国際博覧会に関する条約」が調印され、昭和六年（一九三一）に発効しているが、現在もこれに基づいて運営されている。この条約での定義では〝万国博覧会〟とは言わず、〝国際博覧会〟という表現が用いられているが、この条約の規定は、公の、または公に認められた国際博覧会にのみ適用されるとして、

公の又は公に認められた国際博覧会とは、展示のための催し（名称のいかんを問わない。）であって、諸外国が外交上の経路を通じて招請され、一般に非周期的性質を有し、その主たる目的が一又は二以上の生産部門における諸国の進歩を示すことにより、かつ、その会場への入場について、購買を目的とする者とその他の入場者との間に原則としていかなる差別も設けないものをいう。

とあり、それには「一般博覧会」と「特別博覧会」の別があるとなっている。この博覧会の種別については、改めて後述する。

栗本鋤雲（瀬兵衛）

「博覧会」は栗本鋤雲が造語した

明治九年（一八七六）発行の『増補漢語字類』には、博覧会は「ヒロクモノヲミセルクワイ」とあり、同じく九年発行の『布告律令字』には、「イロイロナモノヲアツメ人ニミスルナリ　博物会トモ云」と記してある。

その「博覧会」という表現については、栗本鋤雲（くりもとじょうん）（瀬兵衛）が『匏庵遺稿（ほうあんいこう）』のなかで、大意次のように説明している。

元治元年（一八六四）フランスのロッシュ公使の通訳である和春（かしゅん）（メルメ・ド・カション）が明年フランスでエキスポジション（Exposition）を開くので日本も参加して欲しい、このエキスポジションは〝広く示す〟という意味であるが、これを日本語に訳した場合は、何と言ったらよいだろう、と問うた。

これに対して栗本は、幕府の医学館（いがっかん）では〝薬品会〟というものを開くことがある、この薬品会では、天下の物品で人々に見せたいものは何でも並べて見せている、これは医学館長の多紀元孝（たきもとたか）が始めたものだが、規模の大小はあっても、フランスのエキスポジションはこの薬品会によく似ている、それではエキスポジションを「博覧会」と表現しなさい、と言っている。

こうして、栗本の記した「博覧会」という言葉が今日では一般的に用いられるようになった。

栗本がパリ滞在中の見聞を記した『暁窓追録』（ぎょうそうついろく）には、「予ノ最モナポレオン三世ニ敬服スルハ唯博覧会ノ一挙ナリ」とあり、ナポレオン三世の善政の一つに博覧会を挙げている。それほど博覧会の開催は当時の社会に必要とされ、政策の一つとして重要な役割を演じていたと考えられる。また、同書には博物館についても触れており、

> 古器玩古、石像、其他蠟画石槨前世界化石恠獣（かいじゅう）骨ノ類ヲ集メ、以テ攷古（こうこ）ニ備フル所、是ヲ「ミゼー」ト名（なづ）ケ、政府ヨリ設ケ置キ縦観セシム、是等（これら）皆故（こと）サラニ其盛挙ニ誇ルノミニ非ス　人ノ耳目ヲ娯（タノシ）マシメ、智識開発セシム　亦善政ノ一端ナリ

と記している。いずれにしても「ミゼー」を〝知識を開く〟ためのものとしている。

ここに挙げた『暁窓追録』は、明治になってからの刊行であり、広く大衆に読まれたであろうが、それ以前には、

すでに福沢諭吉の『西洋事情』が幕末から刊行されており、それによって、博覧会や博物館は、広く一般に知れわたったものと考えられている。

■"薬品会"の存在を意識

栗本は幕臣喜多村槐園の三男として、文政五年（一八二二）に生まれた。嘉永元年（一八四八）幕府奥詰医師栗本氏を継ぎ、瑞見と称して奥詰医師となった。ところが、安政二年（一八五五）オランダから献じられた観光丸試乗の募集に応じたため、幕府内科医の禁に触れるとして職を免ぜられ、安政五年（一八五八）蝦夷地に移住を命ぜられた。以来六年間箱館に居住するが、その間、採薬、養蚕等に尽力する。この時、命によりフランス人カション（日本名が和春）に日本語を教えており、これが後に幕末の対外折衝の上で大きな利を得ることとなる。文久二年（一八六二）箱館奉行組頭となり、北蝦夷の巡視などにもあたるが翌文久三年（一八六三）江戸に召還され、この年、学問所頭取を命ぜられた。元治元年（一八六四）目付、慶応元年（一八六五）外国奉行となり、横須賀製鉄所の建設、フランス軍事教官の招聘、下関償金支払談判の衝にあたるなど、常に親仏派の中心人物として活躍した人である。

慶応三年（一八六七）箱館奉行と勘定奉行を兼ねることにより、徳川慶喜の政治改革を助けるが、同年八月フランス公使となり、パリ万国博覧会に将軍の御名代として派遣された徳川昭武を助け、フランスとの協調に努めた。

栗本は、こうした履歴の人であるが、幕末の動乱の中にあって、諸外国との問題の処理にあたり、幕府を支えた一人であったと言える。その栗本がわが国の見せたいものは何でも陳列して見せるという"薬品会"（物産会）の存在について意識していたのである。

この薬品会は「本草会」「薬物会」「物産会」などとも称されている。自己の所持している自然物などを出品することにより、会主からその資料の名称や効用など、さまざまな知識を得たり、相互に意見を交わして見識を広めたり、

本草学者の系譜

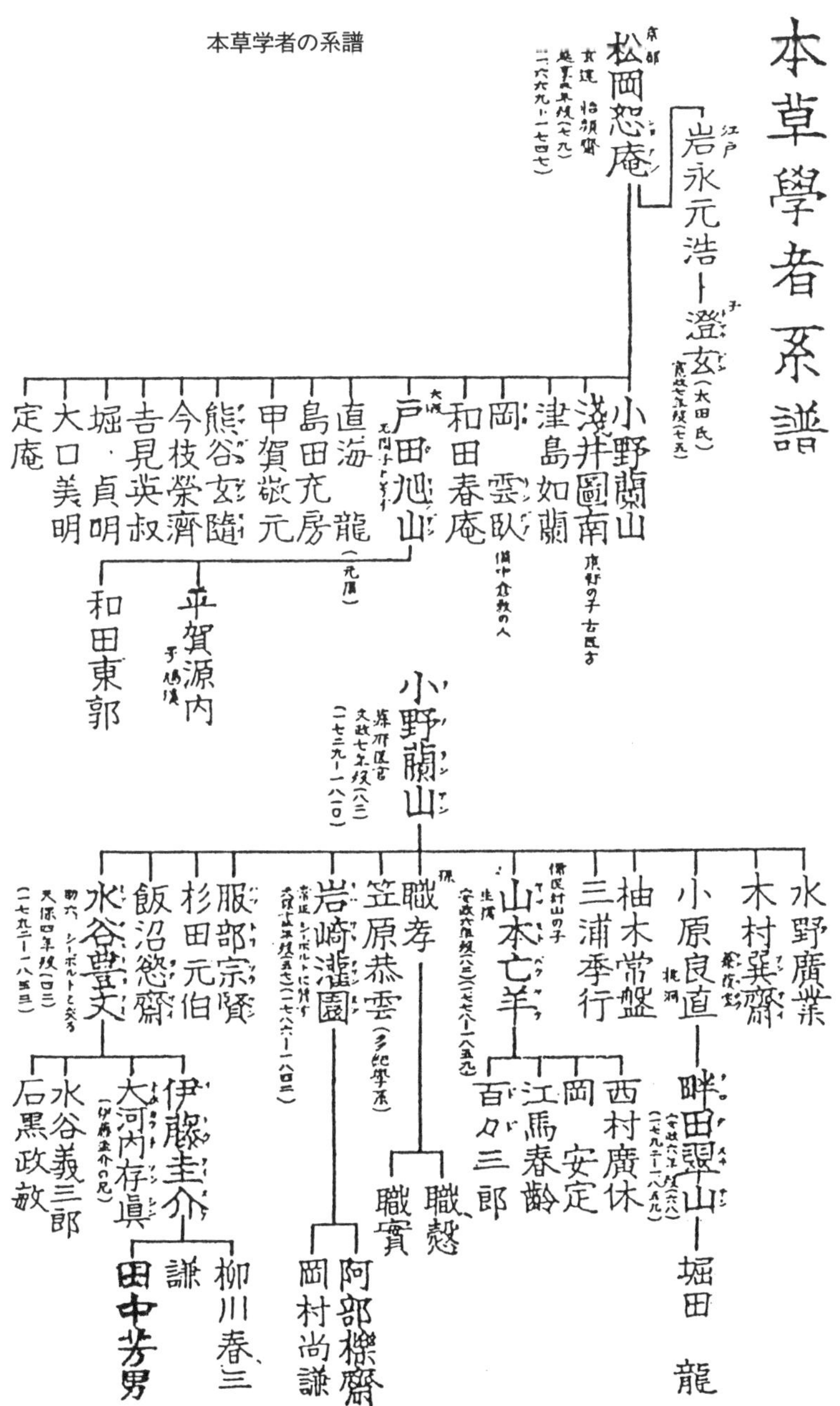
本草學者系譜
松岡恕庵
岩永元浩
澄玄(太田氏)
小野蘭山
淺井圖南
津島如蘭
岡雲臥
和田春庵
戸田旭山
直海龍
島田充房
甲賀敬元
熊谷玄随
今枝榮濟
吉見英叔
堀貞明
大口美明
定庵
平賀源内
和田東郭
小野蘭山
水野廣業
木村巽齋
小原良直
柚木常盤
三浦季行
山本亡羊
職孝
笠原恭雲
岩崎灌園
服部宗賢
杉田元伯
飯沼慾齋
水谷豊文
畔田翠山
堀田龍
西村廣休
岡安定
江馬春齢
百々三郎
職慤
職實
阿部櫟齋
岡村尚謙
伊藤圭介
大河内存眞
水谷義三郎
石黒政敏
柳川春三
謙
田中芳男

それ等を医薬の発達に結び付けようとするものであった。いわゆる本草学の研究であるが、それは明の李時珍の大著である『本草綱目』がわが国に伝えられた事により、国内の薬物に関心が持たれるようになり発展する。薬草を採集することや、その鑑識についての学識が一段と向上し、野外での採集研究などの学問が推進されることとなる。それがまた、各種の本草書の出版ともなって示され、儒学者として知られる貝原益軒の著した『大和本草』などは、初期の研究としてよく知られている。その記述は漢文ではなく和文であり、日本産のものには和名をあて、来歴、形状、効用などについて記してある。それは薬物学としての本草書というよりは、博物学の領域にまで達した研究であったと言える。

江戸時代の博覧会としての薬品会

江戸時代の薬品会は、宝暦七年（一七五七）江戸の湯島で田村藍水によって開かれたものが最初であると言われる。しかし、江戸も中期になって、幕府は輸入される薬物が増加するにしたがい、国内における薬物での自給自足を考えるに至り、稲生若水（いのうじゃくすい）の門人で幕府の医師であった丹羽正伯（にわせいはく）（一六九一―一七五六）らに命じて、全国の物産調査を基にした『庶物類纂』の編纂事業などをすすめ、更に国内産業・物産の開発へと発展させている。こうした過程の中で、薬品会の実施などを通じ、江戸ばかりでなく、名古屋、京都、大坂などでも独自の研究が進められることとなる。

わが国では、博覧会の開催が明治初期に西洋文化の移入によってなされるが、その始原的な形での薬品会（物産会）が江戸時代に開催された、見るもの、見せるものであり、それが自然科学を発展させる基礎でもあった。

こうして江戸期の薬品会は展開するが、わが国の植物病理学を拓き、本草学の大家として知られている白井光太郎の「維新前における物産展覧会」（「理学界」一二巻二号）には、物産会（薬品会）について「徳川時代に江戸に於て、物産会といふものを開きて公衆に観覧せしめしは宝暦七年、即ち今より約百六十年以前に、町医田村藍水が湯島天神社前の旗亭に於て会せしを嚆矢とす。」とある。その第一回目の物産会が平賀源内の発案で宝暦七年（一七五七）七月江戸湯島で開かれたものである。この時は田村藍水の名で案内を出し、各所から物品を集めたが、出品者は二一名で、出品物は一八〇種であった。しかし、その大部分は藍水が諸国から集め、庭内の薬草園で育てていたものであったと言われる。

さて、続いての薬品会は、翌宝暦八年（一七五八）四月、第二回目が江戸神田で開かれている。参加者は三四人で出品物は二三一種であった。第三回目は、宝暦九年（一七五九）八月、第一回目と同じ本郷湯島で開かれた。出品物は二一三種、出品者三三名であった。第一・第二回目の会主は藍水であったが、第三回目の会主は源内となっており、二人の活躍が目立つ。

田村藍水は、享保三年（一七一八）江戸で生まれた。通称元雄、藍水と号した。一五歳で医業を学ぶ。宝暦一三年（一七六三）四六歳の時に幕府の医員に登用され、禄三百石をたまわった。早くから朝鮮人参の栽培に力を注いでおり、二〇歳のときにはすでに『人参譜』を著し、その品種を図解し、栽培法を記して朝鮮人参の国産化に努めた。その人脈を見ると、藍水は先に記した栗本鋤雲の曽祖父にあたる。また、後に触れるが、幕府の医学館で本草学を教え、薬品会での鑑定などにもあたっていた著名な栗本丹洲は、藍水の二男である。

■平賀源内の活躍

一方、平賀源内は、よく「江戸のレオナルド・ダ・ビンチ」とも言われるが、本草学者、蘭学者、物理学者、洋画の先駆者、戯作・浄瑠璃作家など、多分野で活躍した人である。発見・発明などにも多くの業績を残しており、今日の研究の先駆となったものなど目覚しいものがあった。

平賀源内肖像
（「日本博物学年表」から）

源内は享保一三年（一七二八）讃岐国高松藩志度（しど）浦に生まれた。四方吉（よもきち）、伝次郎、嘉次郎、元内などの名前があり、諱は国棟（くにむね）または国倫（くにとも）、字は士彜（しい）、本草学では鳩渓（きゅうけい）と号し、俳諧では李山、戯作には天竺浪人、風来山人、悟道軒、貧家銭内（ひんかぜにない）などを使用している。寛延二年（一七四九）父茂左衛門が亡くなり、家督を継ぎ平賀姓を名のった。高松藩志度浦の御蔵番となる。宝暦二年（一七五二）長崎へ遊学したが、その直後の宝暦四年（一七五四）七月、藩に辞職願を出し許可されたので、その後大坂を経て江戸に遊学、本草学者田村藍水に入門し、本草の研究などに携わった。

宝暦一二年（一七六二）閏四月一〇日、平賀源内は、江戸湯島天神前、京屋九郎兵衛方で「東都薬品会」と称する大規模な物産会を企画し実施する。この時に配布した引札には、次のような意味の事が記されている。

唐土にあってわが国にはない品物も深山幽谷を探せば、あるいはあるのではないか。遠い国々（諸藩）へ行ってこれを一々さがすのも大変であり、その国の人々しか知らないものを出してもらえれば、ドドネウスの『紅毛本草』に記されているもの等は、日本産のもので事足りるのではないか。内治外療に役立つと思って、前に四回開いた時の出品物は七百余種に及んだ。そのためこの度は遠国にいる同志の人々にも援助を得たい。出品物は草木、金石、鳥獣、魚虫、介類、無名の古物などである。……

そこには当然のことながら、博物標本のみでなく、古物なども含まれる事となり、未知の発見に大きな期待が寄せられているのである。また、これまで出品者は会場に行き参加しなければならなかったが、遠国の方は品物だけを取次所に渡せば、当日出席しなくても良いとしている。こうして、その物品を集めるための物産請取所を、一八国二五個所に設けた。江戸、大坂、京都、長崎、奈良、大和、近江、摂津、河内、播磨、紀伊、美濃、尾張、讃岐、越中、信濃、遠江、駿河、伊豆、鎌倉、下総、武蔵……となっているが、これ等の請取所に出品物を届ければ、そこから運賃着払いで会場まで運ばれるのである。このことは出品しやすくするという点では、画期的な方策であった。今日、各博物館で特別展覧会を開催するにあたり、他の博物館から資料を借用するが、その時の運送費などの経費は資料を借用する主催者側が負担しており、それと相通ずるものがある。

最後に当日は、晴雨にかかわらず早朝から来てほしい旨を記しているほか、当日になっての受付は認めず、食事は提供せず、酒宴は禁じている。これはあくまでも〝遊び〟ではなく、学問的な知識交換の場であった。

会主は平賀源内、世話方は湯島二丁目植木屋義右衛門・本所三笠町植木屋藤兵衛、着座世話方本町二丁目相模屋藤四郎・本町四丁目相模屋彦兵衛、会席湯島天神前京屋九郎兵衛となっている。

しかし当時、相当な経費をかけて薬品会を開催する価値があったのであろうか。会主である源内が一人ですべての経費を負担したとは考えられない。そこにスポンサーとしての植木屋、薬師(くすし)などの介在したことが考えられる。さきに記した引札にも、開催するにあたって中心となる世話人がおり、義右衛門と藤兵衛を挙げている。この二人はともに植木屋である。この植木屋の協力があってこそ、薬品会の開催が可能になったのではなかろうか。

■ベースに園芸ブーム

江戸時代でも元禄・宝永年間は、景気が安定した時代で庶民生活では新たに園芸などの発達を促したと言われる。それは〝見るもの〟から〝集めて育てる〟時代へと進んだことになる。そこには植木屋が存在することによって、暇のある武家や僧侶たちの間では、趣味としての見るものよりは、育てる事によって、それを売買し実益に結び付けようとする傾向が見られるようになる。そこで植木屋の存在が重要な役割を果たすが、江戸駒込の染井などは植木屋の群集した所としてよく知られている。当時としては、かなり高価で取り引きされた植物もあったといわれる。

こうした園芸ブームの隆盛にともなって、薬品会の開催なども、単に薬種の植物を集めるだけでなく、新たな薬種をさがし出すよい機会でもあり、こうした人たちにとっては、薬品会の開催は必要にして欠くことのできないものであった。

平賀源内は、宝暦一三年（一七六三）『物類品隲（ぶつるいひんしつ）』六巻を刊行している。それまで開いた五回の薬品会に出品された資料の中から、三六〇種の自然物を取り上げて収載している。水部、土部、金部、玉部、石部、草部、穀部、菜部、果部、木部、虫部、鱗部、介部、獣部、図絵に分類し解説しており、国産のものばかりでなく、外国産のものも紹介している。附録には、朝鮮人参の栽培法、サトウキビの栽培法や製糖法なども挙げている。

本草学で用いられる「物類」は、単なる物の意味ではなく、主として鉱物、動物、植物を対象としていた。「品隲」は、物類の品質を定めるの意である。これは今日の博物館で開く特別展覧会の時に作成する〝案内解説書〟に相当する

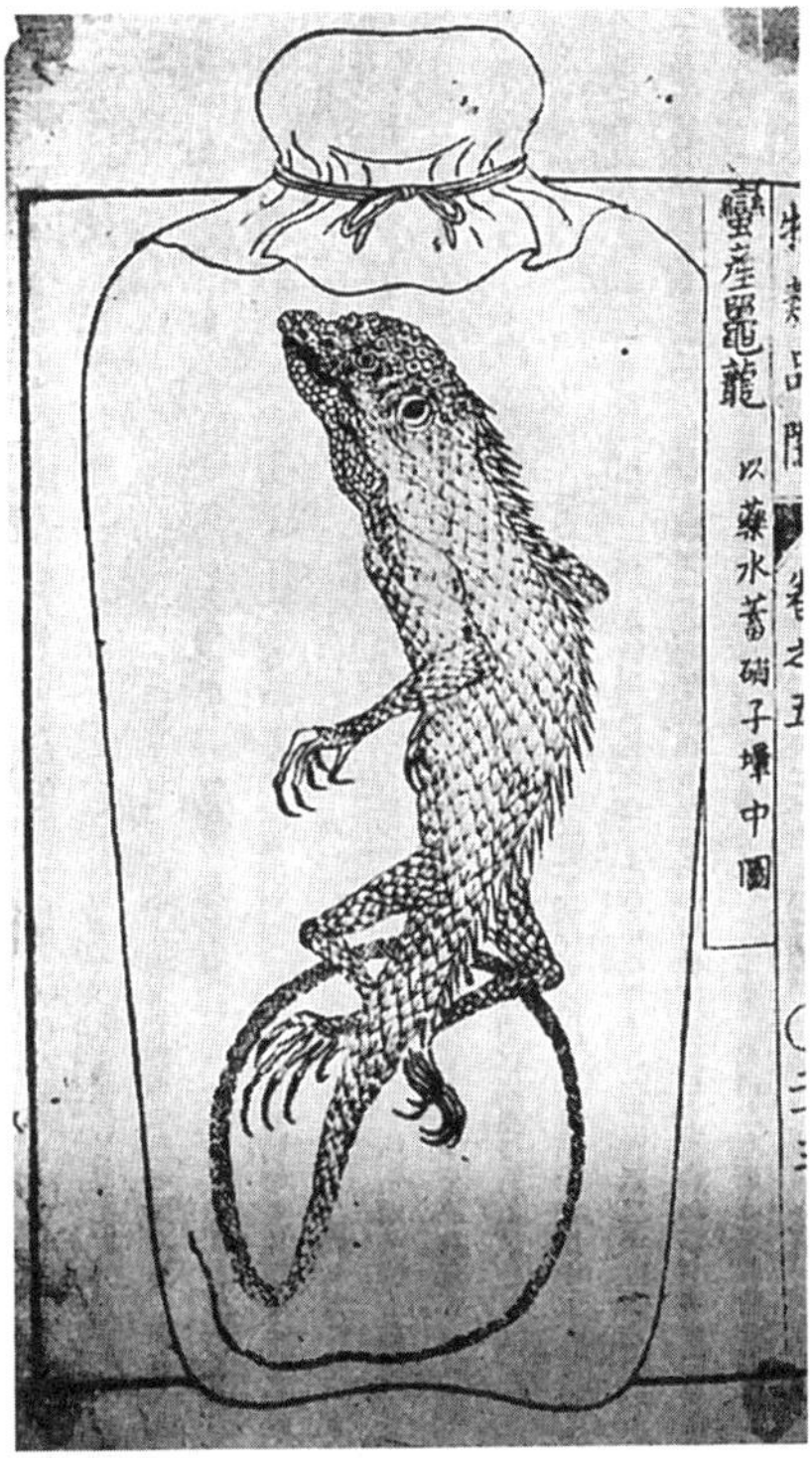

『物類品隲』に付された液浸標本の図

出版物であろう。

こうした成果がやがては、本草学としての研究に留まることなく、西洋の分類学が移入されたことによって、やがて学問としての体系が築かれることとなり、明治初期に植物学や動物学が展開する基ともなる。

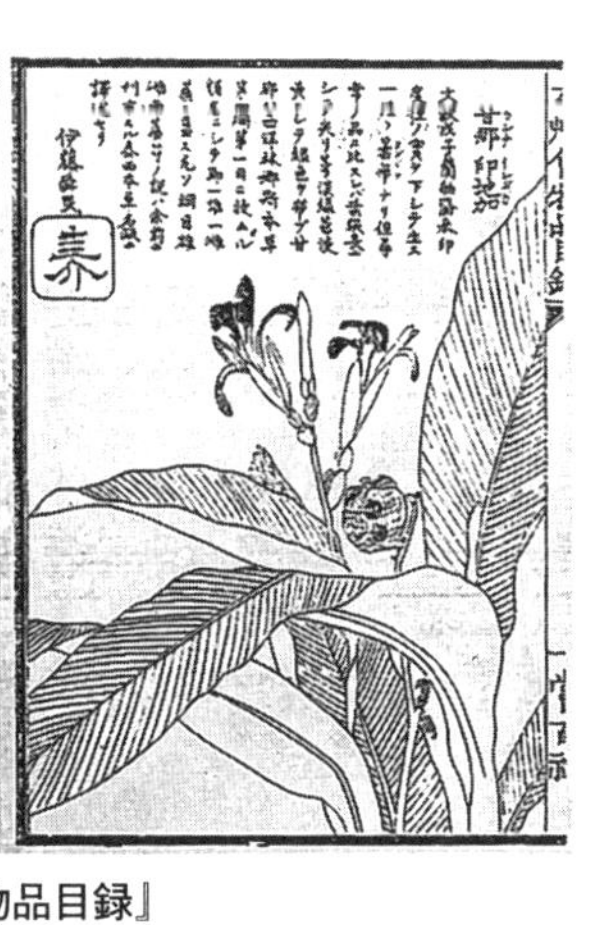

本草會物品目録　尾張　嘗百社

本州知多郡須佐村産　比目魚化石　真田又右衛門
フタツバグサ　津田喜兵衛
植藤子　莢　山中八十郎
貝多羅葉　有圖　大舘継二
蛇婆　三村玄澄
紅蟹　アサヒガニ　山碕總吉

『本草会物品目録』

■名古屋の〝尾張本草学〟

薬品会の開催は江戸のみでなく、各地の地方都市でも開催された。名古屋では〝尾張本草学〟と言われるように、水谷豊文（みずたにとよぶみ）、伊藤圭介（いとうけいすけ）らが一派を形成して隆盛をきわめた。

伊藤圭介の「尾張博物学嘗百社創始沿革并諸先哲履歴雑記」の中には

文化ノ頃、本草ヲ嗜（たしな）ムモノ頗（すこぶ）ル多ク、同好相集リ、時々互ニ講習セリ。……時々集会シ、薬物其他種々物品、腊葉（おしば）等ヲ袖ニシ来テ、互ニ鑑訂シ、其説、中不中（あたるあたらず）ヲ競ヘリ。……或ハ時々本草諸書ヲ会読シ、和産有無、各自ノ発見等、相謀リテ鑑定セリ。

或ハ相携ヘテ諸山ニ採集シ、毎月七ノ日ヲ以テ各自ノ家ニ輪会シ、諸品物ヲ携帯シ来テ、相共ニ討論シ、名実ヲ訂正シ、性質効用ヲ弁晰セリ。

薜茘庵（へいれいあん）（大窪昌章（おおくぼまさあき））ヘハ毎月一七日ニ集会セリ。

と記されている。これは嘗百社（しょうひゃくしゃ）の活動の一つとして、物産会の開催につい

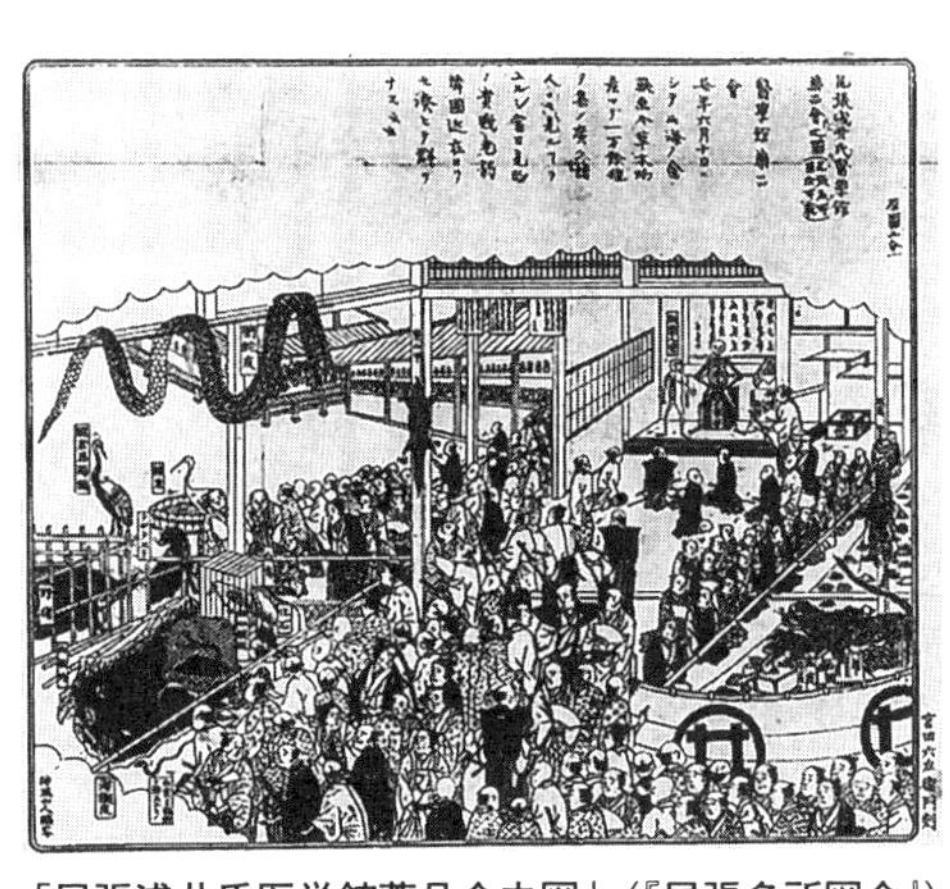

「尾張浅井氏医学館薬品会之図」（『尾張名所図会』）

て記した部分である。

ここでは、本草をたのしむ同好者が時々集って、お互いに持ち寄った品物を鑑定したり、討議したりしている。また、山野へ行って採集し、それを薬物としての効用を考えるために、毎月七日を定めて集って検討している。

嘗百社は、中国古代の帝王神農氏が百草を嘗めて薬物を探し出したという伝説に基づきつけた名称である。水谷豊文が中心となっていたが、後に伊藤圭介が引き継いでいる。

名古屋における薬品会の初めは、文政一〇年（一八二七）三月一五日に伊藤圭介の自宅修養堂で開いたものであると言われる。この時には同好者のみでなく一般の人々にも公開しており、江戸で開いた薬品会が特定の人の参加であったのに対し、名古屋での薬品会は一般の人も参加できるという新たな方向へと進んでいる。

この時の薬品会には、虎頭、象皮、象歯、鱧魚、竹苓、常盤柿などの博物分野の資料、それにかなりの盆栽が出品されている。更に貝原益軒、稲生若水、松岡玄達、小野蘭山ら錚々たる本草学者の遺墨なども展示されており、薬物を考える上での植物を意識しただけでなく、文化財的な資料にも関心がもたれている。薬品会というよりは、物産会的な性格が強くなっている。

天保六年（一八三五）三月一五日に水谷豊文の三回忌追善のため名古屋城下南寺町の一行院で開催した本草会は、三千余種が出品されている。『名陽見聞図会』には、当時のことが「本草会はまことに名も知れぬ珍しき物数多出るゆへ、是を見物の人夥しく朝より夕まで、押合へし合して、さすがの広き書院、つめも立ぬ程也」と表現されている。この時の出品物の中から三九七点が『乙未本草会物品目録』として、図入りで出版されており、当時の盛会であった状況を彷彿させるものがある。

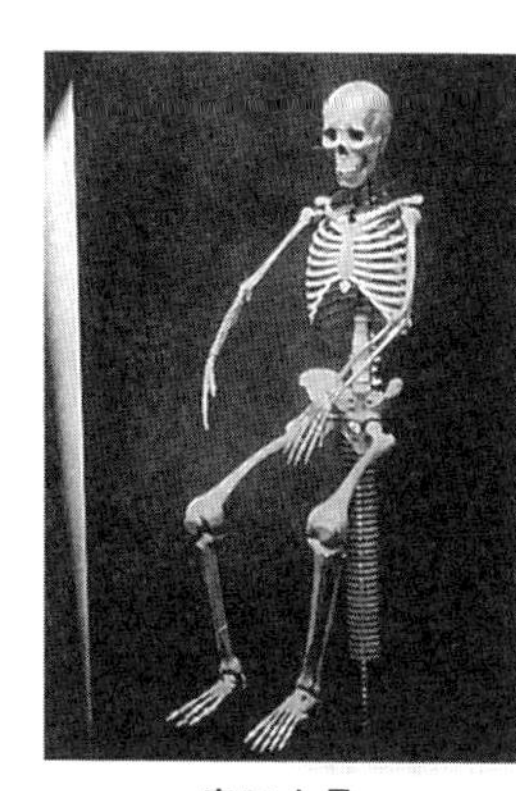

奥田木骨

名古屋ではまた尾張医学館の薬品会なども注目される。『尾張名所図会』には、「毎年六月十日にして、山海の禽獣虫魚、鱗介草木、玉石銅銭等あらゆる奇品をはじめとして、竺支・西洋・東夷の物産まで一万余種を集め、広く諸人にも見る事をゆるし、当日見物の貴賤老弱、隣国近在よりも湊ひて群をなす」とあり、薬品会の図には、木製の人骨、風鳥、大蛇の皮、トラの剝製、白鳥などが展示され、立っている人、座って見ている人などさまざまな場景で人があふれている。

薬品会の図の右奥の床の間に安置してある木製の人骨は「奥田木骨」とも言われるものである。この木骨は、各務文献の弟子奥田万里が、文政二年（一八一九）大坂の工人池内某に製作させたもので、ほぼ実物大で軟骨の部分は白く塗ってある。製作には二〇カ月を要したと言われる。文政五年（一八二二）、名古屋医学館に献納されたものである。もとは整骨医が教育・研究のために人骨を忠実に模して工人に作らせたものであり、実物の人体骨格を所持できなかった江戸時代には、その代用となるものであった。

尾張藩医浅井家は、浅井図南をはじめとして代々本草家として知られ、藩医という立場から薬品会を開いている。それは嘗百社のように新たな物品を採集することによって、研究的な集会を開き知識の向上を図ろうとする民間人が主体となっていた本草会の開催とは相違して、不特定多数の民衆に公開していた。

■京都・大坂でも

京都では、儒医であり本草学者として知られる山本亡羊（ぼうよう）が物産会を開いている。医を業とするものは、本草を研究し、薬品の真贋能毒を弁知していなければならないとして、文化五年（一八〇八）双林寺文阿彌で第一回目の物産会を開いた。出品された資料は、盆栽、切花、化石などであり、文化一三年（一八一六）以降は、自宅の読書室を会場にして、安政六年（一八五九）亡羊が亡くなるまで続け、その数四六回に及んでいる。その後、嗣子榕室、その弟秀夫らによって物産会は継続され、慶応三年（一八六七）に至る六〇年間に通算五〇回開催されている。（難波恒雄「『百品考』解題」）

読書室で開催された物産会は、文久二年（一八六二）の目録を見ると「五月九日十日」となっているので、通常は二日間の開催であったと考えられる。読書室は亡羊の自宅の講義室の名前であるが、もともとは西本願寺文如（もんにょ）上人の学問所の呼び名であった。亡羊の父封山が侍読となった時、上人から学問所である「読書室」と号する一堂を賜わった。封山はそれを自邸に移し、その名を用いて教えの場としていたものであった。また、物産会での成果は、亡羊の代表的著書である『百品考』に示されており、動物、植物、鉱物などの百品を取り上げ、『本草綱目』など多くの漢籍を引用して、亡羊なりの所見を述べている。

大坂では、「薬品会」という名称で、宝暦一〇年（一七六〇）四月一五日、大坂鍛冶町浄安寺を会場にして戸田旭山（きょくざん）によって開催されている。その時の参加勧誘状によると、旭山自身は医者として十数年経ったが、若い頃から橐駝（たくだ）（植木屋）のくせがあって、自宅で「百卉園（ひゃっきえん）」と号する小園を開いて楽しんでいた。そこで栽培してきた植物数十種を提示するので、それについて参加者からの質問などにより、「疑惑ヲ明メ、真偽ヲ弁ヘ正サント欲ス」という事にあった。そして、参加者は薬用になるような品物を一・二種もって来会して欲しい、としている。

江戸時代の薬品会については、その開催方法や執行の内容などを具体的に把握できない面が多いが、旭山が薬品会

の出品物に簡単な解説を付けて刊行した『文会録』には、当時の実態を知ることのできる規則が挙げられている。それには

一、御出座御望の方は、定日は雨天にても早朝より、辰の上刻迄に御出可相成候、午時前後には退散いたし候。乍然万一時刻のび候程も難レ斗候間、遠方の御方は御勝手に食物御持参可ニ相成一候。尤会料は少も入不レ申候。

出席希望の方はその日に雨天であっても八時頃までにはお出でください。十二時前後には解散します。万一時間の延びる事もありますので、遠方の方は食物を持参して下さい。会費はとりません、とある。基本的には午前中に終了するという事である。

『旭山先生文会録』

一、御出席御望の方は、草木、金石、虫魚、鳥獣等の薬食の用に立る物、一両種御携へ御出可相成候。会席狭く候間三種とは御出し被レ下間敷候。其内金石等は重高（かさたか）に無之候間、数多にても不レ苦候。乍レ然此以後は年々一度づつ断（たへ）ず相企候間、数多御貯御座候はば、永々御出し可レ被レ下候。但し遠方は重ての会に御出座の程も難レ斗候間、いか程にても御勝手に可相成候。尤草木の長大なるは枝を御折、花瓶に御さし御出し可ニ相成一候。

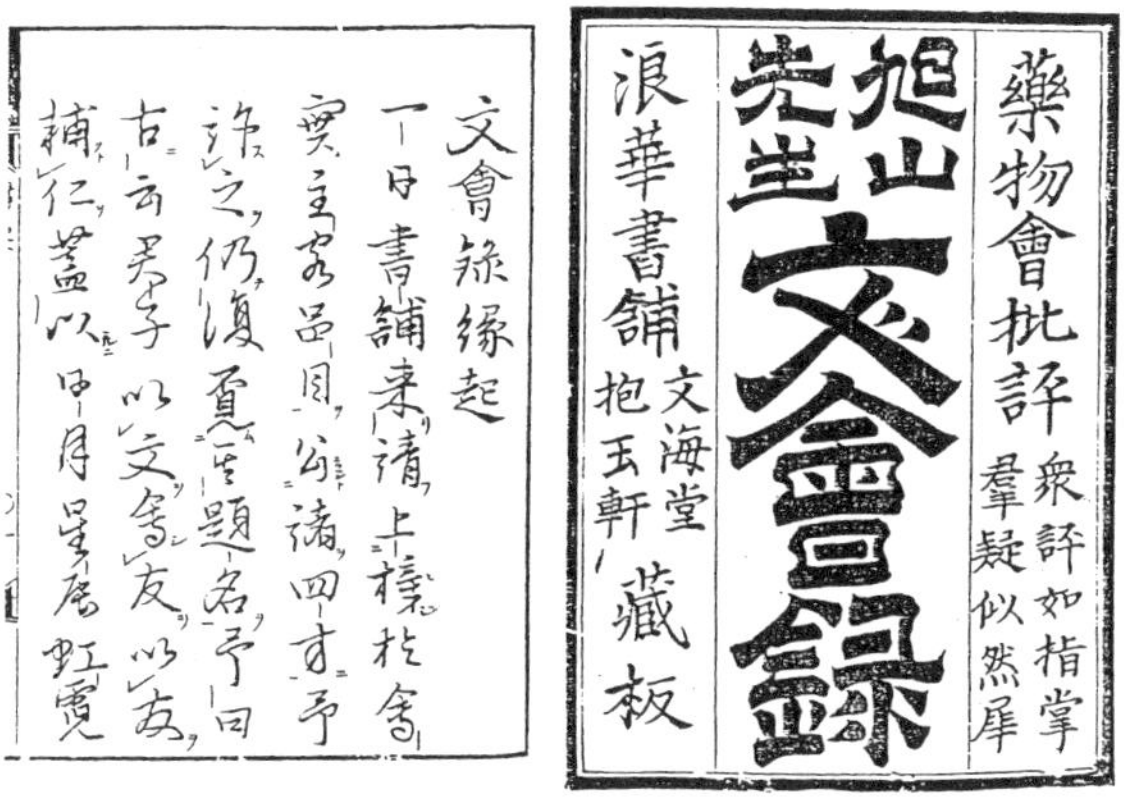

出席ご希望の方は、草木、金石、虫魚、鳥獣など薬となるもの一・二種持参して下さい。会場がせまいため三種の持参は駄目です。ただ金石はかさ張らないので、数多くてもかまいません。この会は以後毎年開きますので、数多くお持ちの方は、続いてお出し下さい。草木の大きいのは枝を折って花瓶にさして出品してください、とある。結局、会に参加するためには何かの品物を持参しなければならなかったのである。

一、無名の異物等御家蔵相成候はば、何によらず御出し可㆓相成㆒候。衆評の上、名も付候へ者、博物の一と存候。

家に名前の判らないものがあれば、何でもお出し下さい。参加者に鑑定してもらい名前を付けます、と言うことにある。ここには、薬物会とは言いながら、所蔵している古物などもそれが何であるか不明なものであれば出品が可能になっている。今日の鑑定会（同定会）のような性格が加味されている。そして、最後に

此会の儀は請啓に申候通り、御たがひに真偽を質明（ただしあきら）め、疑惑をわきまへ正（ただす）へき為に候へば、少にても疑しく思召候義は、無㆓御遠慮㆒可㆑被㆓御聞㆒候、衆評の上、致㆓決定㆒候。尤此方よりも疑しく存候事は不㆑致㆓遠慮㆒聞候、必御怒りなく衆評を御待可㆓相成㆒候。

とあり、この会の目的はたがいに真偽をただし、参加者が討議することにより疑問を明らかにすることにあった。今日的な言葉で表現するならば、ただ持参して見せ合うだけでなく、「勉強会」であり、「研究会」であったのである。〝衆評〟によって鑑定するという方式がとられている。

この時の参加者は百人、出品資料は一九一種、それに会主旭山の出品物を加えると合計二四一種であった。出品者

の中には、遠く江戸の地から田村元雄（藍水）・元長、松田長元ら田村一門や、この時たまたま故郷に帰って高松藩に抱えられていた平賀源内ら、著名な学者の名も見られる。

地元である大坂の参加者には、木村吉右衛門の名が挙げられる。通称は坪井屋吉右衛門であるが、酒造業を営んでいた町人で、屋号が蒹葭堂であったので、一般的には〝木村蒹葭堂〟としてよく知られている。

一六歳の時に津島桂庵に入門して本草学・物産学を学ぶ。その後独学で研究を続け四九歳の時に小野蘭山に入門している。

蒹葭堂の本草学の特徴は、伝統的な中国一辺倒を脱して、西洋に眼を向けた事であると言われる。物産会で同好の人々と交流し、実証的な研究へと進んでいる。考古資料の収集や鑑定、古今の稀籍、珍什の収集など好事家としてもよく知られており、詩文や絵画を嗜む文人でもあった。蒹葭堂の居宅には、常に全国から知識人が集まり、当時の学問文化の発展に大きな影響を与えたと言われる。

『西洋事情』の表紙

『西洋事情』に記された博覧会

『西洋事情』は、福沢諭吉が竹内使節団の一員として、ヨーロッパに派遣された時の見聞を基にして著されたと言われる。その初篇に「博覧会」という見出し項目があり、そこで博覧会の概念を説明している。

西洋の大都会には、数年毎に産物の大会を設け、世界中に布告して各々其国の名産、便利の器械、古物奇品を集め、万国の人に示すことあり。之を博覧会と称す。

とあり、最初に博覧会とはどの様なものなのか、その定義づけをしている。そして次に

凡そ当時、世に行はるる諸種の蒸気機関、越列機（エレキトル）、瓦児華〔尼〕（ガルハニ）の器械、火器、時計、竜吐水（りゅうどすい）、農具、馬具、台場、軍艦、家作等の雛形、衣服、冠履（かんり）、文房具、化粧道具、古代の名器、書画等、一々枚挙するに遑（いとま）あらず。之を概（がい）すれば、人間衣住食の需用、備はらざるものなしと云（いい）て可なり。斯く千万種の品物を一大廈の内に排列して、五、六ヶ月の間、諸人の展観に供し、器品の功用は各々其主人にありて之を弁解す。諸人之（これ）を観（み）て買はんと欲すれば、直（ただち）に博覧場の物は得べからざれども、之を産し之を製する所より、定価を以て買取るべし。又博覧会の終に至れば、会に出したる品物も入札の売買あり。

とあり、最初に展覧された具体的な内容を挙げている。「枚挙するに遑あらず」とあるので、これはほんの一例に過ぎないのであろうが、人間が生活する上で必要な衣食住に関するすべてのものが備わっているとしている。次に、その千万種に及ぶ物品が大きな建物の中に排列してあり、それを五・六か月の間、人々の展覧に供するものとしている。博物館であれば見せるための資料を恒久的に展示しているが、博覧会の方は見せるための期間が限られている。また、展覧されている品物を取得したい場合には、展覧期間中には引き取ることはできないが、博覧会が終了すれば購入することができた。ただ同種類の品物であれば販売している店ではいつでも購入することができるとしている。博物館であれば原則として展覧した資料は永久に保存するという面をもっているが、ここに博物館と博覧会の基本的な相違が見られるのである。そして次に

都会に博覧会を開く間は、諸邦の人、皆是に輻湊して、一時都下の繁昌を致す。千八百六十二年、竜動に博覧場を設け、毎日、場に入るもの四・五万人に下らず。来卯年は仏蘭西の巴理斯に之を設くと云ふ。

とあり、博覧会開催の状況を説明している。具体的には、文久二年（一八六二）に開催された第二回ロンドン万国博覧会の名を挙げている。この万国博覧会は、竹内保徳遣欧使節団が日本人として初めて開会式に招待され見学した所である。初代イギリス駐日公使オールコック（Sir Rutherford Alcock 一八〇九―九七）が収集した日本の美術工芸品が出品されており注目された。五月一日から一一月一五日まで、ケンジントン公園で開催され、六二一万人余が観覧した博覧会である。そして最後に

博覧会は、元と相教へ相学ぶの趣意にて、互に他の長所を取て己の利となす。之を譬へば智力工夫の交易を行ふが如し。又、各国古今の品物を見れば、其国の沿革風俗、人物の智愚をも察知す可きが故に、愚者は自から励み、智者は自ら戒め、以て世の文明を助くること少なからずと云ふ。（『福沢諭吉選集』第一巻）

と結んでいる。博覧会は〝相教へ相学ぶ〞ものとしており、それを与え教える側の立場と、それを学ぶ側の立場とがある、としているのである。

以上に挙げた引用文が博覧会に関する全文である。この『西洋事情』は、一八六六年（慶応二）秋に刊行され、二〇万〜二五万部売れたとされているので、これにより博覧会の概念は、広くわが国の知識階級に浸透したものと考えられる。この『西洋事情』は明治の新時代になっても慶応義塾出版局から刊行を続けているので、その広報効果は絶大なものであったろう。

〝博覧会学〟の提唱

明治の新時代になって、新政府は「富国強兵」（民族の独立）を達成するために「文明開化」（文明の欧米化）と「殖産興業」（産業の近代化）を急速に推進しなければならなかった。その過程の中で殖産興業をめざす一手段として〝博覧会〟の開催が考えられるに至った。

当時、文明開化のための七つ道具に「新聞」「郵便」「ガス灯」「蒸気船」「写真絵」「軽気球」それに「博覧会」が加わり流行語になっていて、博覧会が意識されているのである。

その博覧会も民間主導で博覧会社を創設し、それが主体となって実施した〝京都博覧会〟のように毎年開催されるようになった場合と、一方では、政府によって明治五年（一八七二）東京の湯島聖堂構内で初めて開かれ、予想外の盛況で明治新政府の偉大さを示した博覧会などがあり、これ等によって博覧会の概念は浸透したものと考えられる。

それが更に展開したものが、東京・内山下町に所在する山下門内博物館であるが、「博覧会」あるいは「連日開館」という呼称で示されたように、殖産興業に主体を置き関係資料を公開した博物館であった。

内務省第一回年報の勧業寮「博覧会ノ件」には

> 抑維新ノ初府県ニ於テ博覧会ノ挙アリシハ、京都、奈良、度会（ワタラヒ）等ヲ以テ旨唱トナス。他ノ地方ノ人民ニ至テハ、来タ博覧会ノ何物タルヲ辨セラルモノ居多ナリシニ、今ヤ各地人民官設ヲ待タスシテ相競フテ開設スルモノ歳ヲ逐ッテ増加セリ。然トモ其間或ハ射利ノ計ニ出デ、其展列スル所モ徒（イタヅ）ラニ古物翫物ニ偏シ、実用有為ノ物品ニ疎（ソ）ナルノ景況ヲ免カレザルモノアリトイヘ共、京都府ノ如キハ官民説意毎年開場スルガ故ニ時好ノ適否ヲ考察シ、農工ノ進歩ヲ鼓舞スルノ方法ニ於テモ頗ル観ルヘキモノアリ。

とあり、これによって判明するように明治の初め頃は、博覧会とはどのようなものか十分に理解していない人も多かったが、それがやがて各地で開かれるようになって〝農工ノ進歩ヲ鼓舞スルモノ〟と理解されるようになる。明治九年（一八七六）の府県博覧会開場一覧表を見ても、京都府御所内、石川県金沢町公園地、筑摩県信州上諏訪町、宮城県国分寺、堺県堺南宗寺、熊谷県上州高崎駅通町安国寺、筑摩県安曇郡明盛村、伊那郡上飯田村、伊那郡本穂町安養寺などを挙げており、特に東日本に広まっている。

明治の後半になると、博覧会に対する概念は、ほぼ定着したと考えられるが、一方では商業と結びつくと考えたものもあり、明治四〇年（一九〇七）に刊行された『最新商業辞典』には

学術を勧め農工商の事業を振起し、百般の技芸意匠を進歩せしむるの目的を以て、天然人口に亘りて種々の物品製作物及び諸国の物産其他汎く動物・植物等を蒐集陳列して衆庶の観覧に供する会をいふ。其の目的が専ら内国産業の改良発達を遂げんがために内国に開くを内国勧業博覧会、又は内国博覧会といふ。万国産業の進歩発達を計るの日的を以て世界各国より陳列品を蒐集して開設するを万国博覧会といふ。

とあり、商業という分野を中心とした辞典であるが、これまであまり意識していなかった〝動物〟〝植物〟などの表現が挿入されている。

■国際博覧会条約の成立

各国に参加を求める万国博覧会は、頻繁に開催されるようになったが、その開催場所や回数、運営方法などには問題が山積していた。それを国際間で検討するために大正元年（一九一二）にドイツ政府の主導でベルリンにおいて条約

制定の会議が持たれ、調印されたが、第一次大戦の勃発で発効するまでには至らなかった。この事については前節でも触れたが、その後、国際博覧会（万国博覧会）は、各地でむやみやたらに開催されるようになった。そこで無秩序な運営などによる弊害を除き、各国が秩序のある効果的な博覧会が開催できるよう、またそれに参加しやすいようにするために、昭和三年（一九二八）一一月二二日、パリで国際博覧会条約が成立するに至った。

この条約の目的は、

博覧会とは、名称のいかんを問わず、公衆の教育を主たる目的とする催しであって、文明の必要とするものに応ずるために人類が利用することのできる手段、又は人類の活動の一若しくは二以上の部門において達成された進歩、若しくは、それらの部門における将来の展望を示すものをいう。

となっている。至って概念的な説明であるが、ただ〝公衆の教育を主たる目的とする催し〟となっており、これまで挙げて来た博覧会の定義とは、かなり視点が異なっている。そして、この国際博覧会は、開催者がつけた名称のいかんを問わず〈登録博覧会〉と〈認定博覧会〉に区分している。両博覧会とも博覧会国際事務局によって認められる事となるが、開催期間だけを取り上げてみても、登録博覧会では六週間以上六ヶ月以内、認定博覧会では三週間以上三ヶ月以内となっている。

わが国で最初に万国博覧会の開催が進められたのは、紀元二六〇〇年記念祝典行事としての開催であった。商工省監督のもとに日本万国博覧会協会が設立され、昭和一五年（一九四〇）東京の月島埋立地と横浜の山下公園で開催する計画で、前売入場券まで発売したが戦争のため中止となった。

第二次世界大戦後、わが国の経済が回復し貿易の自由化が進む中にあって、昭和三九年（一九六四）国際博覧会条約が国会で批准された。これを契機に翌年四月に日本万国博覧会の開催を申請し、昭和四一年（一九六六）博覧会国際事務局理事会において、日本万国博覧会の開催が第一種一般博覧会として登録承認されるに至った。

この日本万国博覧会は、「人類の進歩と調和」を統一主題としており、昭和四五年（一九七〇）三月一五日から九月一三日まで一八三日間大阪の千里丘陵で開催されるに至った。一七か国が参加したアジアで初めて開かれた万国博覧会であり、博覧会史上最大の規模であったと言われ、六千四二二万人が観覧している。国民の国際的視野が広まり、日本やアジア諸国に対する国際的な関心が高まったという事では大きな意義があった。

「二〇〇五年日本国際博覧会」（テーマ・自然の叡智）は、名古屋の東部丘陵で平成一七年（二〇〇五）三月二五日から九月二五日まで一八五日間開催されるが、二〇〇二年（平成一四）十二月に登録が認められた国際博覧会である。皇太子殿下を名誉総裁とし、主務官庁は経済産業省、開催者は財団法人二〇〇五年日本国際博覧会協会となっている。

こうして日本国内にも博覧会は浸透するが、特に今次大戦後は、高度経済成長の波にのって、国際博覧会条約に則っての国際博覧会への参加、あるいは国内では地域社会の活性化のため特殊なテーマで開くなど、一種の博覧会ブームを巻き起こしている。（編集部註：記載データは初版の二〇〇五年時点のもの）

しかし、近年になって〝博覧会学〟を提唱している諸岡博熊氏は、その著『博覧会学事始』の中で、博覧会という行為を現代的なセンスで、次のように定義し説明している。

一定の敷地内に一定の期間にわたり不特定多数の人々を集め、多数の展示館やら食堂、売店、催物、サービス施設、輸送、宿泊施設などを計画的に排列して、展示その他の技術で明るい楽しい非日常の世界を現出し、その体験を通じて人々に感動を与え、思い出を創り出させるもので、主として大衆の教育に資する一過性のものといえよう。さらに、波及効果として、文化的創造活動を刺激して、長期にわたって文化や産業の発展に寄与し、開催地域の経済、社会、生活、文化などの振興に役立つもの。

わかりやすい文章で要を得ている。ただ、ここでは〝大衆の教育に資する一過性のもの〟としているが、現実問題としては、〝教育〟という事を度外視して極めて娯楽性の強いものもあり、現在各地で開かれる博覧会の内容は千差万別である。

2 「博物館」という言葉

よく耳にする言葉に〝博物館行きだ〟がある。この表現は、何か〝古くさくなったもの〟〝いらなくなったもの〟を強く連想させる。これは博物館へ見学に行っても、いつも同じ古めかしい標本が薄暗い展示室の中に並んでおり、説明札は赤茶けており、そうした事がまた〝古くさい施設〟であるという感を一層強くさせている。

英国公使の夫人であったメアリー・フレイザーは、明治二五年（一八九二）四月のある日、岡倉天心の案内で日本の代表的な施設である帝室博物館を見学している。その時の日誌に

陽光がまばゆく、桜の花の波また波が、黒々とした松の枝のあいだから泡のように吹きこぼれている世界から、ほの暗い館内のおごそかな大展示室へと入ってゆきました。そこには、過去のありとあらゆる遺産、武具や金の衣、笛や扇、刀剣や盃、刺繍や漆や七宝、絢爛（けんらん）を受する民族の、今やうち捨てられた虚飾のすべて——が集められ、埋

葬を待つかのように一列一列、一ケース一ケースと並べられているのです。このような場所の動かぬ空気には、奇妙に死の趣きが漂っています。――戸外の陽光あふれる生の世界の喜ばしい脈動から、あまりにも切り離され、動かしがたく静まり返った空気、変転きわまりない現実から、あれほどにも密封、隔離された空気なのです。（横山俊大訳『英国公使夫人の見た明治日本』）

とあり、静まりかえった空気の動かない館内を描写している。外の上野公園内は桜の季節で活気にあふれているが、何か捨てられた骨董的な明治の博物館を彷彿とさせる。

この見聞が日本を代表する人文系博物館の実状であったが、しかし現代博物館は、このような古くささを感じさせる所ではなく、時代の要請とともに改良され進化し、最新のあらゆる情報を的確に提供する施設となっている。

元来「博物館」という表現は、「博物」に「館」が合成されて一つの言葉になったものである。「博物」は、中国の古典である『史記』や『左伝』に記されている〈ひろく物を知る〉という意味であり、それに建物を意味する「館」が附加されて一つの言葉となり、中国からわが国へ伝えられたものと思われる。

しかし、「博物」という言葉には、よく言われるように「博物館」の博物と、別に「博物学」の博物とがある。どちらの博物も〈ひろく物を知る〉という意味から来ているが、西洋では博物館の方はミュージアム Museum であり、博物学の方はナチュラル・ヒストリィー Natural history であって、まったく別種のものとなっている。このナチュラル・ヒストリィーを訳して、わが国では〝自然史〟と記す人と〝自然誌〟と記す人の両者が見られる。その訳し方がどちらであったにしても、日本では、「博物館」と「博物学」は、相互に関連しあって発展したので、切り離して考えることのできない関係にある。博物学は江戸時代に物産学の一つとして発展し成立するが、その博物学を土台にして、わが国の近代博物館は誕生し、展開するからである。

幕末の使節団が見聞した博物館

かつて発行された博物館に関する概説書を開くと「博物館」という表現は、福沢諭吉がヨーロッパのミュージアムを見学して、初めて「博物館」と翻訳した事から始まる、と記したものがある。しかし、幕末の万延元年（一八六〇）日米修好通商条約の批准書交換のためアメリカに派遣された新見(しんみ)豊前守正興(まさおき)らの一行が見学した時の施設に、この「博物館」という表現を用いている。明治以前のことである。

この遣米使節団の一行は、万延元年（一八六〇）の二月に横浜を出帆し、同年三月にワシントンに着き、通商条約の批准書を交換するかたわら、議会議事堂、天文台、製薬場、教会、病院、図書館、学校など、あらゆる近代施設を見学しているが、その中の一つにPatent Officeがある。この施設は特許局の陳列場であるが、ここには特許に関する資料ばかりでなく、蒸気機関などの機械類、世界各地から集めた民族資料、日本に関するものとしては、農器具類、日本駐在総領事ハリス（Townsend Harris 一八〇四―七八）に献じた時服などが陳列してあった。この施設を見学した時、使節団一行の通訳であった名村五八郎元度は『亜行日記』の中で

パテントオヒスを訪問した使節団

当所博物館(パテントオヒス)ニ到リ、其掛官吏ニ面会諸物一見ス

肥後藩士木村鉄太の描いたスミソニアン研究所

と記してあり、「博物館」という表現を用い、それに「パテントオヒス」と仮名をつけているのである。これがわが国で用いられた初見のようにも思われるが、その他の表現では「機械局」「物品館」「医学館の類」「宝蔵」「博物所ト云フ義ナリ」など、様々な表現が用いられている。

この時には、またスミソニアン　インスチチューション（Smithsonian Institution）も見学している。現在は、一二種類以上の博物館施設をもった世界最大の研究機関であるが、創設からまだ一四年しかたっていない時で、世界各国から集めた鳥獣・虫魚などの標本が陳列してあった。水盤には生きたワニが入っており、棒で体をつつくと大きな口を開いた。また、ガラスケースの中に〝人骸の乾物（ミイラ）〟があった。男か女か見分けがつかなかったが、人間の死骸を鳥獣虫魚と一緒に展示しておくのは、仏教徒である日本人にとっては堪え難いことであったのであろう。「言語道断である。だから夷狄（野蛮人）と呼ばれるのも当然である」と、副使村垣淡路守範正は言っている。

この施設を見学した時には、誰しもここを「博物館」とは表現していない。ただ見学の時に使節団のために、特別に起電機による放電実験、マグデブルグの半球による実験、磁力に電流を通しての動きの観察などを見せている。これが印象的であったのか、博物館という見るための施設と言うよりは、〝理化学に関する研究をするための施設〟であるという受け止め方

マグデブルグの実験

をしている。

■「博物館」の呼称が定着

遣米使節団が派遣された二年後の文久二年（一八六二）、今度は江戸、大坂、兵庫、新潟の開市・開港の延期を求めて、竹内保徳使節団がヨーロッパに派遣され、フランス、イギリス、オランダ、プロシア、ロシア、ポルトガル等を巡回する。

一行は各国で代表的な博物館施設を見学するが、ロンドンでは大英博物館（British Museum）を見学する。この博物館は、ハンス・スローン卿（Sir Hans Sloane）の収集した自然史関係資料を中心に、それにジョージ二世から寄贈された王家所蔵資料などを加えて、一七五九年（宝暦九）に公開された施設である。一八四八年（嘉永元）に新しい建物が完成し、展示などが整備され、今日公開されている大英博物館の基礎が築かれる。使節団の一行が見学した時は、すでに公開されてから百年余が過ぎており、有名な円形図書館が利用されており、またミイラの展示などが特に注目された。この時の見学日誌などには、ここを「ブリッチュミュゼーム」それに「博物館」などと記した表現がよく見られる。「龍噸博物館」は、ロンドンを漢字で記したものであり、これは大英博物館のことを指している。

竹内遣欧使節団の人々が博物館的な施設を見学して日記などに用いた呼称については34ページに表示したが、遣米使節団の時と異なって、すでに「博物館」という表現は、普遍的に使用されている。ただ、同じ見るものでも、この時には前にも触れたが、第二回ロンドン万国博覧会が開催されており、この博覧会を見学しての記載には、すべての人が「展観場」という表現で表している。日本人として初めて見学した万国博覧会は、博物館と同じように見せるた

大英博物館（モンタギュー時代）

大英博物館のミイラの陳列

めの施設であったとしても、それは博物館という概念の中には包括されていないのである。

一方、使節団の一行は、イギリスだけでなく各国で「武器宝蔵所」を見学している。これを〝博物館〟と表現した例は見あたらない。やはり、「博物館」と「武器宝蔵所」とは、まったく別種の施設と考えていたのであろうか。

『西洋事情』に記された博物館

慶応義塾の創始者としてよく知られており、思想家、教育家でもあった福沢諭吉は、先に記した竹内遣欧使節団の一員として、ヨーロッパ諸国を巡回している。帰国後、その時に見聞した事実を基にして『西洋事情』をまとめ刊行した。その初篇の中の見出し項目に「博物館」がある。この『西洋事情』は、当時一五万部発行され、偽版も含めると二〇万部から二五万部発行されたとも言われ、当時の知識人に愛読されたベストセラーであった。

竹内遣欧使節団が観覧施設に使用した呼称

	武器宝蔵所	龍嶼博物館	古物有之館	宝庫	ブリッチュミュゼーム	宝蔵	展観場	博物館
福沢諭吉（傭通詞）					○	○	○	○
淵辺徳蔵（勘定格調役）							○	○
益頭駿次郎（普請役）	○	○					○	
野沢郁太（副使松平従者）			○				○	○
市川渡（副使松平従者）				○			○	○

使用した呼称を○印で示した

『西洋事情』は、「博物館」について、次のように説明している。

博物館は、世界中の物産、古物、珍物を集めて人に示し、見聞を博くする為めに設るものなり。ミネラロジカル・ミュヂエムと云へるは、礦品を集むる館なり。凡世界中金石の種類は尽く之を集め、各其名を記るして人に示す。ゾーロジカル・ミュヂエムと云へるは、禽獣魚虫の種類を集むる所なり。禽獣は皮を取り、皮中に物を填て其形ちを保ち、魚虫は薬品を用いて其儘干し固ため、皆生物を見るが如し。小魚虫は火酒に浸せるものもあり。又、動物園、植物園なるものあり。動物園には生ながら禽獣魚虫を養へり。獅子、犀、象、虎、豹、熊、羆、狐、狸、猿、兎、駝鳥、鷲、鷹、鶴、雁、燕、雀、大蛇、蝦蟇、総て世界中の珍禽奇獣、皆此園内にあらざるものなし。之を養ふには、各々其性に従って、食物を与へ、寒暖湿燥の備をなす。海魚も玻璃器に入れ、時々新鮮の海水を与えて、生きながら貯へり。植物園にも、全世界の樹木、草花、水草の種類を植へ、暖国の草木を養ふには、大玻璃室を造り、内に鉄管を横たへ、管内に蒸気を通じて温を取る。故に此玻璃内は、厳冬も常に八十度以上の温気ありて、熱帯諸国の草木にてもよく繁殖す。メヂカル・ミュヂエムとは、専ら医術に属する博物館にて、人体を解剖して、或は骸骨を集め、或は胎子をとり、或は異病にて死する者あれば、其病の部を切取り、経験を遺して後日の為にす。此博物館は多く病院の内にあり。

（「福沢諭吉選集」第一巻）

ここには、世界中の物産、古物、珍物を集めて人に示し、見聞を博くするために設けたものであるとしている。そして、この文中では五種の博物館を挙げて説明している。

① ミネラロジカル・ミュヂエム（鉱物博物館）
② ゾーロジカル・ミュヂエム（動物学博物館）
③ 動物園
④ 植物園
⑤ メジカル・ミュヂエム（医学博物館）

ミネラロジカル・ミュヂエムは、世界のあらゆる金石を集めてあるので、今日的な表現で示すならば〈鉱物博物館〉あるいは〈地学博物館〉であろう。ゾーロジカル・ミュヂエムは、鳥類・獣類・魚類・昆虫などを集めた所であり、当然ながら〈動物学博物館〉であろう。鳥類・獣類の皮の中に物を詰めて元の形にしたもの、これは、〝剝製標本〟であろう。魚類・昆虫を薬品で干し固めたもの、これは恐らく〝乾燥標本〟のことであろう。小さな魚や昆虫は火酒に浸した、とあるので火酒すなわち蒸留酒のことであり、アルコール浸けにした〝液浸標本〟のことになろう。

動物園・植物園は、今日と同じ概念のものである。いわゆる〝飼育〟〝育成〟している事になるが、海産動物は、ガラス器の中に入れて飼育しており、時々海水を入れ換えたりしている。今日的な表現の〈水族館〉的な要素も含まれている。

メジカル・ミュヂエムは、医学に関係する博物館である。病院の中にあるものが多いとされる。

『福翁自伝』によると、福沢自身は気が弱く、殺生が嫌い、人の血を見ることが大嫌いだと記してある。ロシアに滞在していた時、ある病院で外科手術があるので松本弘安、箕作秋坪らと見学した。その時は、石淋を取り出す手術で、執刀医師が合羽を着て、病人を俎のような台の上に寝かして、コロロホルムをかぶせて麻酔し、それから医師が執刀すると、大層な血がながれ出て、手術をする医師の合羽が真赤になった。それから切口に釘抜きのようなものを入れて、膀胱の中にある石を取り出すという手術であったが、そのうちに福沢は変な気持ちになって気が遠くなった。同行の友人が室外に連れ出して水を呑ませるとやっと正気にもどった、とされる。

また、ベルリンの眼病院でも、ヤブニラミの手術で、子供の眼に刀を刺し手術するところを半分ばかり見て、急いでその場を逃げ出したので、この時には気絶せずに済んだ、と記してある。

福沢は、ヨーロッパ旅行中になるべく多くの病院を見学し、手術なども見学しておくことにより、旅行中に得た知識や体験などを基にして、帰国後は病院を開設したいと考えていたとされる。その時のために手術なども見学しておきたかったのであろうが、失神するような事では、どうしても積極的に病院を設立しようとする心境にはなれなかったであろう。しかし、心の底には病院のメヂカル・ミュヂエムが強く意識されており、それが「メヂカル・ミュジエム」という特別な専門博物館として加えられるに至ったのであろう。

■「自然科学系」として認識

博物館を分類する時の一方法として「人文科学系博物館」と「自然科学系博物館」に分けて考えることができる。

『西洋事情』に記されているこの五種類の博物館は、いずれも人文科学系博物館ではなく、自然科学系博物館の範疇に属するであろう。この事は、別の観点から考えると、『西洋事情』の中には、人文科学系博物館すなわち歴史博物館、民族博物館、美術博物館などは含まれていないと言うことになる。

大英博物館（British Museum）は、今日、世界有数の歴史・美術を主とした人文科学系博物館として知られているが、一七五九年（宝暦九）モンタギュー侯邸を利用して初めて公開した時には、スローン・コレクションが主であり、このコレクションは自然史に関する標本類が中心であり、それに文書や文庫類が含まれているものであった。それが現在のような歴史・美術系分野の機能を備えるようになったのは、現在の建物が完成した一九世紀以降のことである。

このように考えると、初期の博物館は、わが国でも大英博物館と同じように自然史資料を中心とした施設であり、そこに介在した〝古物〟などが〝美術〟という表現の中に組み込まれることにより、新たな人文系博物館が誕生することとなる。

ner.
Muselmännisch, a.　仝上ノ教エノ
Musensitz, m.-e.　大學校
Musensohn, m.-söhne.　仝上ノ生徒
Museum, n.-seen.　學術ノ爲ニ設ケタル場所ニテ諸器械其他書籍等ヲ集メ置ク所
Musiciren, v. n.　音樂ヲ奏スル。鳥ノ囀ル
Musicus, m.　樂人
Musik, f.　音樂　「ル

『独和字典』に見られるMuseumの訳（明治6年）

Museumを「博物館」と訳していない

前にも記したがMuseumは最初から〈博物館〉と訳していない。それ等の表現は別表で年代順に示したが、慶応二年（一八六六）に発行された『英和対訳袖珍辞書』には「学術ノ為ニ設ケタル場所　学堂書庫等ヲ云フ」となっている。学術のために設けた施設を指すのではなく、その場所となっている。従って、この場所は、具体的には〈学堂〉や〈書庫〉という事になろう。

学堂については、万延元年（一八六〇）に発行された『華英通語』によるとAccademyになっているので、学校か学士院のようなものに相当するで

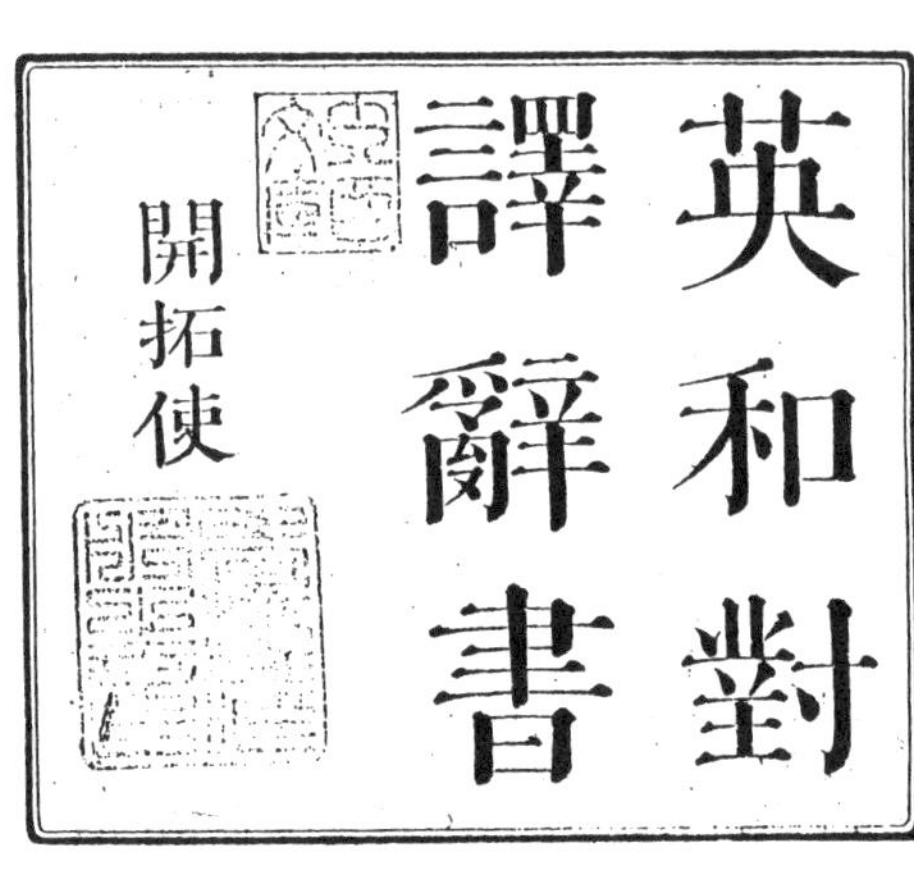

『英和対訳辞書』の表紙

あろうし、書庫は書籍の保管されている所であり、今日の図書館のことを指すであろう。

明治二年（一八六九）パリで刊行された『西語訳漢入門』には、ミュージアムを〈書房〉と記している。また、明治六年（一八七三）に発行された『独和字典』には、「学術ノ為ニ設ケタル場所ニテ諸器械其他書籍等ヲ集メ置ク所」となっており、〝諸器械〟という、更に具体的な表現が挿入されている。結局Museumは、各種の資料や図書が収集され、保存されている場所であって、至って広い意味に解されている表現である。

Museumを初めて「博物館」と訳した例は、明治五年（一八七二）開拓使が発行した『英和対訳辞書』であろう。開拓使は明治二年（一八六九）七月に創設された北海道の開拓事業を進めるための政府機関であり、黒田清隆が開拓使次官に任命されたことにより、積極的に外国人技師を招聘したり、アメリカに留学生を派遣したり、開拓のために必要な機械類の移入を進めたり、洋式技術を特に取り入れた時である。そのためには英語を理解することが必要であり、英和辞書の必要性を痛感しての刊行であったろう。

この『英和対訳辞書』に記された「博物館」という訳は、その後の明治六年（一八七三）に発行された『附音挿図英和字集』、明治一八年（一八八五）に発行された『英和和英字集大全』・『英和対訳辞典』などにも見られる。一方、「学術のために設けた」と表現した用例は次第に少なくなり、明治末期には辞書の世界から姿を消している。

「博物館」そのものの語義については、惣郷正明・飛田良文の編になる『明治のことば辞典』の中に〈はくぶつか

辞書などに記されたMuseum（Musée）の訳語

事典等の書名	発行年	訳名
1　英和対訳袖珍辞書	1866（慶応２）	学術ノ為ニ設ケタル場所学堂書庫等ヲ云フ
2　改正増補英和対訳袖珍辞書	1866（慶応２）	学術ノ為ニ設ケタル場所学堂書庫等ヲ云フ
3　改正増補英和対訳袖珍辞書	1867（慶応３）	学術ノ為ニ設ケタル場所学堂書庫等ヲ云フ
4　和訳英辞書	1869（明治２）	学術ノ為ニ設ケタル場所学堂書庫等ヲ云フ
5　英華字集	〃　（同治８）	博物院
6　西語訳漢入門	〃　（　〃　）	書房
7　大正増補和訳英辞林	1871（明治４）	学術ノ為ニ設ケタル場所（学堂書庫等ヲ云）
8　官許仏和辞典	〃　（　〃　）	博覧所
9　英和対訳辞書	1872（明治５）	博物館
10　孛和袖珍字書	〃　（　〃　）	学術ノ為ニ設ケタル場所（学堂書庫等ヲ云フ）
11　英華萃林韻府	〃　（同治11）	博物院
12　附音挿図英和字集	1873（明治６）	博物館
13　独和字典	〃　（　〃　）	学術ノ為ニ設ケタル場所ニテ諸器械其他書籍等ヲ集メ置ク所
14　広益英倭字典	1874（明治７）	学術ノ為ニ設ケタル場所（学堂書庫等ヲ云）
15　英和対訳字集	1885（明治18）	学術ノ為ニ珍器諸物ヲ貯置ク場所（学堂書庫等ヲ云フ）
16　附音挿図英和字集	〃　（　〃　）	博物館
17　英和和英字集大全	〃　（　〃　）	博物館
18　英和対訳辞典	〃　（　〃　）	博物館
19　英和字集	1886（明治19）	博物館
20　大正増補和訳英辞林	〃　（　〃　）	学術ノ為ニ設ケタル場所（学堂書庫等ヲ云）
21　仏和辞典	〃　（　〃　）	博覧所
22　仏和辞林	〃　（　〃　）	文藝講習館（古義）博物館（今義）
23　増補訂正和英対訳いろは字典	1887（明治20）	博物館
24　英和双解字典（第３版）	〃　（　〃　）	博物館
25　露和字集	〃　（　〃　）	博物館
26　挿入図書独和字典大全（第２版）	〃　（　〃　）	博物館
27　華英字典集成	〃　（光緒13）	博物院
28　仏和字集	1893（明治26）	文藝講習館（古義）博物館（今義）

（東京外国語大学附属図書館所蔵貴重書から作成）

ん〉という言葉の諸例が挙げられている。

明治八年（一八七五）に発行された『輿地誌略字引』には、「セカイニアラユルモノヲミセルトコロ」、翌明治九年（一八七六）に発行された『袖珍万国地誌略字引』には、「種々ノ品物ヲミセルトコロ」、時代が降って明治二六年（一八九三）の『日本大辞書』には、

博ク物ヲ示ス館。動、植、鉱物其他天然、人造スベテノ物ヲ衆人ノ縦覧ニ供シ、知識ヲ博メサセル所。

とある。翌明治二七年（一八九四）の『日本大辞林』には、

いにしへいまのよろづのものをならべあつめて、ひとにみするところ。されば動物館にいれば、すべての動物みるべし、植物館にいればすべての植物みるべし、鉱物館、美術館もおなじ。

とある。博物館はひろく物を見せ、知識をひろめさせる所であるが、その中には、動物館、植物館、鉱物館、美術館などが含まれており、幅の広い解釈となっている

大正六年（一九一七）に発行された『日本百科大辞典』には

古今・東西の天然若くは人口ノ諸物を蒐集・保存・展覧・研究する所、昔時は単に鑑賞を目的とせるも、近代の博物館は教育を主要なる目的とし鑑賞を副位に置。

と記している。ここには博物館そのものの用語の解釈というより、近代博物館が備えている、資料を収集する、整理・保存する、調査・研究する、教育普及のため観覧に供する、という四つの機能の面から見た博物館というものを説明している。とりわけ〝教育施設〟であるということが強調されている。

イコムの規約に見られる博物館

イコムICOMはInternational Council of Museumsの略で、わが国では一般に〝国際博物館会議〟と訳している。このイコムは、国連教育科学文化機関（ユネスコ）の下部組織として昭和二一年（一九四六）創設された。事務局はパリに置かれ、博物館相互の情報交換と協力のため、各国に国内委員会が置かれており、加盟国は一二〇か国に及んでいる。その規約には「博物館の管理と運営に関する博物館学その他の分野の利益を推進するために設立された博物館及び博物館専門職員の国際的非政府機関である」と位置づけられている。

イコムの規約は、一九八九年（平成元年）オランダのハーグで開かれた第一六回総会において採択され、一九九五年（平成七）ノルウェー・スタバンゲルの第一九回総会において一部が改正されるに至った。その第二条が定義になっており、

博物館とは、社会とその発展に貢献するため、人間とその環境に関する物的資料を研究、教育及び楽しみの目的のために、取得、保存、伝達、展示する公開の非営利的常設機関である。

とあり、この博物館はまた、各機関の管理機構の性格、地域の特性、機能構造、又は収集品の傾向などによって、制

限を受けることのない施設としている。ここでは利潤を追求する企業とは異なり、〝非営利的常設機関〟という形で常に公開している機関として規定している。

また、イコムでは、「博物館」と指定している機関のほかに、次のものも博物館と見なしている。

（一）天然の、及び考古学上、民族学上の記念物・遺跡、並びに歴史的記念物及び史跡のうち、人間とその環境に関連する物的資料を取得、保存、伝達する博物館的性格を有するもの
（二）植物、動物の生物標本を収集・展示する機関、即ち植物園、動物園、水族館、ビバリウムなど
（三）科学センター及びプラネタリウム
（四）非営利の美術展示ギャラリー
（五）自然保護地
（六）国際単位、国単位、地域単位又は地方単位の博物館団体、本条の定義による博物館を所管する省庁または公的機関
（七）博物館及び博物館に関する保存、研究、教育、研修、ドキュメンテーションその他の活動を行う非営利の機関又は団体
（八）有形又は無形の遺産資源（生きた遺産及びデジタルの創造活動）を保存、存続及び管理する文化センターその他の施設
（九）諮問委員会に意見を求めた後、執行委員会が部分的若しくは全体的に博物館の特性を備えているもの、又は博物館学研究、教育若しくは研修を通し博物館及び博物館専門職員を支援しているものと考えるその他の機関

そこには、歴史的な記念物や遺跡、自然保護地、文化センターや科学センター、プラネタリウムなどの教育施設、或は資料に関する整理や保存を進めている研究施設など、営利を目的としない機関や施設などが含まれている。また、(八)項に見られる博物館を所管する省庁や公的機関、(七)項に見られる博物館的な活動をしている非営利の機関または団体とあり、博物館とは施設があって資料を見せるだけの機関ではないということになる。

ただ、(九)項に見られる諮問委員会と執行委員会は、国際博物館会議（イコム）規約に定められたイコム運営の基本となる組織で、諮問委員会はイコムの方針、事業計画、財政に関する事項などを執行委員会や総会に助言する事になっている。一方、執行委員会は、イコム運営の事務的な実施機関とも言うべき委員会で、総会で決定されたことを実施するために必要な措置を講じる所となっている。

国際博物館会議には各国に国内委員会が設けられており、その規約には「この会はイコム規程に従いその目的達成を図ると共に、国内における会員の諸活動の向上に資することを目的とする」とあり、イコムとの情報交換、イコム本部事業への参画、関連する国際機構への協力・援助、機関誌の発行などを挙げている。わが国には「イコム日本委員会」があり、事務所を財団法人日本博物館協会内におき活動を続けている。

博物館法に規定された博物館

わが国において博物館の振興に関する法律を制定することにより、博物館施設の充実発展を図ろうとする運動は、すでに明治期には芽ばえており、事あるごとにその制定が提唱されるに至った。特に昭和三年（一九二八）昭和天皇の御大典を記念して、各地に郷土博物館を設置するための運動が広がり「博物館事業促進会」が組織される。この促進会は「本会ハ博物館ニ関スル思想ヲ普及セシメ、之レガ建設・完成ノ機運ヲ促進スルヲ以テ目的トスル」とあり、博物館に関する調査や広報をすすめ、博物館相互の交流と質的な向上を図るが、昭和五年（一九三〇）には「日本博物館協会」と改称されるに至った。これを機に毎年〝全国博物館大会〟を開催するようになるが、この大会の協議議題などでしばしば〝博物館令〟の制定が協議され、文部省などにその制定を上申している。

この日本博物館協会で用いている博物館という概念は、至って広く解釈されており、動物園、植物園、水族館なども包括している。そのため一般には〝公開実物教育機関〟という表現を用いているように、その施設の多様性から一つの法律で律するまでには至らなかった。

ようやく今次大戦後の昭和二六年（一九五一）一二月一日、法律第二八五号で「博物館法」が公布されるに至った。その冒頭に「社会教育法の精神に基き、博物館の設置及び運営に関して必要な事項を定め、その健全な発達を図り、もって国民の教育、学術及び文化の発展に寄与することを目的とする」とあり、規定されるに至った。その博物館法の特質は

1　新しい博物館の機能を確立し、博物館が教育委員会の所管に属することを明確にした
2　専門職員の資格及びその養成の方法を定め、職員制度を確立した
3　民主的な運営を促進するため、博物館協議会を設け、博物館のあり方を規定した
4　公立博物館に対して補助金の交付を規定し、助成措置を講じた
5　私立博物館については、各種の課税免除を規定し、独自な運営発展を促進するようにした

として、この五項を挙げている。これによって新しい博物館の在り方が示され、社会教育施設としての機能を果たすこととなる。

史にこの法律に記された博物館とは、その第二条が「定義」になっており、それには

> 歴史、芸術、民俗、産業、自然科学等に関する資料を収集し、保管し、展示して教育的配慮の下に一般公衆の利用に供し、その教養、調査研究、レクリエーション等に資するために必要な事業を行い、あわせてこれらの資料に関する調査研究をすることを目的とする機関

と記されている。ここには、近代博物館の四大機能である資料を収集する、整理・保存する、調査・研究をする、教育普及に供する、という面がすべて書き記されている。その収集する資料もまた歴史、芸術、民俗、産業、自然科学などあらゆる資料が含まれており、特別に制限が設けられているものではない。前記したイコムの規定に見られる博物館と同じように具体的な施設名こそ挙げていないが、博物館の範囲がかなり広い意義に解されている。

博物館は概念的には、〝見せるための施設〟であり、〝知識を買うための施設〟である。美術館もまた同様である。筆者はいくつかの大学で非常勤講師として博物館学を教えているが、最初の講義で学生に問い質してみると、「博物館」と「美術館」は、まったく別種なものだと思っている人が多い。「法律上は〝美術館〟も〝博物館〟なんだよ」と言うとびっくりする学生がいる。両者とも見せるための要素をもっており、教育的施設として利用することができるもので、博物館法の中では、動物園や植物園も同じく、それが法律を遵守し営利を追求する施設でなければ同種の仲間と見なしている。先に記した福沢諭吉の『西洋事情』でも、博物館は動物園や植物園を含んだ広い範囲のものを指しており、古代ギリシアのピナコテーカ（Pinacotheca）に始原を求めることのできる美術館も、それと同じような発想から出発しているものである。

ところが近年になって、動物園、植物園を博物館施設として認めるかどうか問題になったことがある。

戦後の日本社会が安定し、社会教育が整備される過程で博物館法が制定されるが、当時この法律制定の立役者であった棚橋源太郎は、「博物館と動植物園とはなぜ同一法で律するを可とするか」(日本博物館協会会報第9号)の中で、動植物園を博物館と同じように〝実物的教育及び学術研究の機関〟としている。

動物園は世界の水陸の鳥獣虫魚を飼育しているが、水族館、爬虫類館、昆虫館などの別があり、学術団体、研究機関などと密接な関係にあり、学術の発達、産業の振興などに重要な役割を果たしている。また、一般民衆の知識・趣味の向上、学校教育補充の機関として偉大な貢献をしている。

植物園は、樹木園・分類園・地理分布園・植物温室及び冷室・高山植物園・生態園・応用植物館・児童園・園芸花壇などに分かれており、世界のあらゆる地域の植物を収集・栽培している。それは学術上の研究や産業に貢献するばかりでなく、一般公衆に対しての園芸知識の普及、趣味の向上、あるいは学校教育の上でも重要な役割を果たしている。

このような点を考えると、一般の博物館が標本、模型など各種の学術資料を保存し展示するための施設であるのに対し、動植物園は活きた動物・植物を飼育・栽培して展示している事になる。したがって、動植物園・水族館などは一種の〝自然科学博物館〟と見なすことができるとしているのである。当時の学会の意見の中には、博物館と動植物園は、切り離して考えるべきとする案もあったが、わが国での最初の博物館法を制定するにあたっては、博物館の中に動植物園また美術館も包括して考えるに至った。

第2章　わが国における博覧会と博物館の接点

1　博物館を構想して博覧会が生まれる

本草学者田中芳男は回想する

上野の東京国立博物館で保存している「博物館書籍館事蹟表」によると、明治四年（一八七一）二月に「九段坂上三番薬園地大学南校御用地として、東京府より請取候事、但、追て博物館建設之積に候事」と記してあり、同じような内容の事に関して、文部省第一年報には「他日博物館ヲ建築センカ為メ、明治四年二月、九段坂上三番薬園ヲ所管トス」と報告している。

この事は、大学がわが国で初めての博物館を建設するために、まず土地の確保から着手したことになる。ここに記されている三番薬園は、旧幕時代に田中芳男が緒方洪庵（おがたこうあん）から依頼され管理していた西洋医学所の薬草園のあった所で、維新により東京府が管理していた。『東京国立博物館百年史』に記されている内容によると、この場所は、現在の千鳥ヶ淵の西方にあたり、その広さは二千八二九坪（九三五二平方メートル）となっており、その附近の土手などを含めると三千九六七坪（一三一一四平方メートル）の土地であり、これを受領したことになる。

明治新政府は、新時代に即応した指導的人材の養成をはかるとともに、欧米の学術・文化を摂取し、学校制度の刷新をはかるが、それには何よりも教育制度の改革が先であり、旧幕府の直轄であった昌平坂学問所を昌平学校、開成所を開成学校、医学所を医学校と改称して改革をすすめている。ところが明治二年（一八六九）六月、これ等の三校を統合して「大学校」を創設する。この時に昌平学校を大学校本校とし、開成学校と医学校を大学校分局とした。しかし同年一二月には、この大学校をさらに「大学」と改称し、一つの組織体に統一したのである。開成学校は「大学南校」、医学校は「大学東校」となった。

この「大学」という名称は、今日の大学というイメージとは多少相違しており、それは単に学生を教育するというだけではなく、同時に教育行政に関する事務を取り扱う所でもあったからである。しかし、現実問題としては、大学本校、大学南校、大学東校という形で三校に分かれ、それぞれの学問分野は独立し、その所在地も異なっていた。

田中芳男

大学本校は、お茶の水の湯島聖堂構内にあり、旧幕時代に幕府の学問所であった昌平坂学問所のあった場所である。前述のように、明治新政府の管理下に移った明治二年（一八六九）六月に大学校となり、それが一二月には「大学本校」となったもので、ここでは主として国学、漢学に関する分野を担当していた。

それに対して大学南校は、旧幕時代に外国事情を調べるために創設された蕃書調所の後身となるが、明治の新時代になってから再興され、主として洋学を教授する所であった。大学本校の南に位置するので、この名で呼ばれたが、かつて開成所のあった一つ橋門外の護持院ヶ原（現・千代田区一ッ橋二丁目）にあった。

この大学南校に物産局が設置された事により、やがてこの物産局に田中芳男らが出仕することによって、新時代の到来が告げられる。そこには物産学の研究と同時に新時代にふさわしい博物館創設の気運が高まり、実行に移されることとなる。この頃の事情を文部省第一年報は

明治三年九月、田中芳男旧大学南校ニ出仕シテ、時々其官員ヲ府外ノ地ニ派出シ、産物ヲ捜索シ物産局ニ聚ルヲ以テ此局（博物局）ノ濫觴トス。爾後、局宇狭隘ナルヲ以テ、十一月之ヲ元官坂所（昌平坂学問所）ニ移ス、猶其盛大ヲ希望シ、他日博物館ヲ建築センカ為メ、明治四年二月、九段坂上三番薬園ヲ大学南校ノ所管トス。五月物産会ヲ招魂社内ニ開設シ衆庶ノ観覧ヲ許ス。七月物産会ニ陳列セシ物品ヲ吹上苑ニ於テ御覧ニ備フ、九月文部省内ニ博物局ヲ置キ田中芳男ヲ以テ博物局掛トス、尋（つい）テ大成殿ヲ以テ博物局観覧場トナシ、物産局ノ物品悉ク博物局ニ転移ス。


と記している。これは最初の博物局の沿革として報告された文章であるが、博物館を創設しようとしたその発端は、大学南校に設置された物産局が始まりである事が判明する。この物産局のかかえていた資料を土台にして、わが国の黎明期の博物館は誕生することとなる。

大学東校は、旧幕時代の医学校の後身で下谷御徒町にあった。

その後、この学問の中心となっていた大学本校は、国学と漢学の間で何かと紛争が絶えなかったので、遂に太政官は、明治三年（一八七〇）七月、大学本校を閉鎖し、大学南校と大学東校のみを存続させる。

この大学南校の中に先に挙げた文部省第一年報に記されているように「物産局」が開設され、それが後に「博物局」となって、博物館の設置や博覧会の運営に大きな役割を果たすこととなる。その物産局の業務を推進させるため、当

時大坂で舎密局の開設計画を担当していた田中芳男を急遽東京へ呼びもどし、その物産局の業務を担当させたのである。

■町田久成の登場

田中が帰京して大学南校へ出仕したのは、明治三年（一八七〇）九月六日であるが、当時大学南校を管理していたのは、かつて開成所教授であった大学大丞加藤弘之であり、それに田中が出仕する四日前の九月二日に大学大丞に任命されたばかりの町田久成がいた。

加藤弘之は、東京大学が創設される時に綜理（学長）となり、帝国大学では総長としての役職を務めた人である。文学博士、法学博士の学位を授けられ、後年枢密顧問官にも任じられた。それに対して、町田久成は、この大学へ転ずることにより、以後、生涯を通じて博物館の創設とその事業運営に携わるという大きな転機をむかえる事となった。

町田の経歴をたどると、慶応二年（一八六六）三月、薩摩藩英国留学生の責任者として、ロンドンに滞在し西洋文明に接している。二年間の留学生活を終えて帰国する時に、後にわが国で博物館を創設するときにモデルとなったパリのジャルダン・デ・プラント（フランス国立自然史博物館）を見学している。

町田久成

帰朝の翌年明治元年（一八六八）正月、新政府に出仕し参与職外国事掛を命ぜられ、翌年には外務大丞となり、外交関係の事務処理にあたっていた。それが明治四年（一八七一）七月、文部省の設置にともない突然文部大丞となり、文部省へ異動となったのである。その転勤の詳しい理由は明らかではないが、もともと町田は、日本の伝統文化に対して造詣の深いことで知られており、書画、陶磁器、彫刻、武具の類に至るまで鑑識眼があり、自らも書画をものしている。

英国留学中は、足繁くケンジントン博物館や大英博物館へ通いつめており、書画骨董には特別な関心を寄せていた。それが書画・骨董を取り扱うことのできる文部省ともなれば、水に放たれた魚のような立場であったろう。町田久成は、よく奇人であったと言われる。大久保利謙は、東京大学史料編纂所で所蔵している「町田久成略伝」の資料を取り上げ、雑誌「ムーセイオン」でその一部を紹介している。

戓日、上野桜雲台ノ料理店主人ハ石谷（久成の号）ト知合ノ間柄ナルニ因リ、来リテ曰ク、此ノ一玉ニ御上人ノ御鑑定書ヲ願度ト、石谷曰ク、夫レハ易キ事ナリ、シテ其ノ鑑定書ヲ貰ッテ何ニスルカ、主人答テ曰ク、実ハ御上人ノ鑑定書アレバ、某銀行家ガ金二万五千円ニ買ウ約束ナリ、故ニ御鑑定書ヲ願フ訳デアリマスト、夫レハ面白キコトナリ、乞食坊主ガ一片紙ノ鑑定書ヲ二万五千円ニ買手ガアルトハ恐入ル、併シ此ノ坊主ニ貴公ノ御儲ノ何程ヲ布施スルヤ、ソレハ一般ノ商習慣に因リマシテ一割、即チ二千五百円ヲ布施シマス、石谷真面目ニ夫レハイカンワイ、夫ナレバ何程布施シマショウカ、石谷曰ク、二万五千円ヲ全部布施スレバ立派ナ奉書紙ニ認メテヤル、ドウダト、座中一同大笑ヒトナリタリ

この奇行譚でもわかるように奇人的な面がしのばれる。

当時、わが国では祭政一致、神祇官再興の布告を発し、神と仏の分離が行われた。それがやがては、排仏毀釈運動へと進み、仏像・仏具などを焼き棄てることや文化財を破壊する方向へと発展している。この破壊を憂えたのが文部省の関係者であり、そのために集古館などの設置を献言し、その結果として明治四年（一八七一）五月〝古器旧物保存方〟が布告され、文化財保存に関する思想を高揚させることが急務となって来た。それには、ヨーロッパの文化財に接しており、現地の博物館事情に詳しい町田が最も適切な人物であったであろう。

とにかく、この転勤によって町田と田中は、大学南校でともに仕事を続ける関係となり、二人とも幕末にヨーロッパで万国博覧会を体験しており、古文化財などの保存思想の高揚には、博覧会を開催することが最も適切であると考えるに至った。

ここに町田と田中の二人三脚による博覧会の開催が実現し、わが国で初めての博物館が創設されることとなるのである。

■「日本の博物館の父」田中芳男

田中芳男は、東京へ帰り大学南校へ出仕した頃の動向を、七六歳の時の回顧談では次のように述べている。

東京の大学南校の官舎に住いまして物産局へ出勤致しました。其時の物産局は以前の物産局ではない。是から殖産興業の途を開かねばならぬから、其方をやれという事であった。それについては一つ博覧会というようなものを開こうという事になりました。ところがこれという品物もない、しかし、其頃開成所の方に他から引継がれた物もあり、又西洋から来た物もある。又私が持って居った物もあるから、それ等を合せて博覧会というようなものを開くことになりました。

そこで(明治)四年五月に九段坂上の招魂社の祭りの時に物産会を開設しました。陳列品はそんなに沢山ではなかったが、この開会について取扱御用といふことを命ぜられた。斯ういふ博覧会のやうなものを拵えたところが、是は面白い趣向だといふので、それが方々に弘がって京都でも大阪でもそれに似寄った事が始まりましたが、東京で私がやったのが一番始めでありました。

ここでは殖産興業のための一方法として、博覧会を開催しようとしたのであるが、こうした構想が台頭する背景には、江戸時代に物産会（薬品会）を開いた経験があり、これに準じた事業であるため容易に実施することが可能であると考えたからであったろう。ところが田中は、博覧会を開くと言いながら、現実の問題としては、博覧会を開いたのではなく〝物産会〟を開いたと言っている。博覧会と称するためにはあまりにも貧弱であったからであろうか。この事に関しては、次章で詳しく述べるが「博覧会」という表現がまだ十分に理解されていなかった事にもよるであろう。

田中芳男は、更に回想を続けており、次のように語っている。

殖産興業を以て国を富まさねばならないという議論で、物産所を建てましたが、教育することは第二であって殖産興業の途を研究させると云ふのが主でありました。ところが伊藤圭介先生は博物の大家であるけれども、殖産興業といふ方は大得意ではない。それはあの先生ばかりではない。あの頃の先生方は、百姓や植木抔(など)のことは知って居らるるものの、格別研究といふことはして居られぬ、蘿蔔(ラフク)、胡蘿蔔(コラフク)、牛蒡(ゴボウ)の事などに至っては存外冷淡であり、又百姓が耕作した人生の日用の品物を調べるといふことは存外迂闊(ウカツ)である、殖産興業の方は先生は極く適当といふ方ではなかった、それから又外の先生方が這入って来たけれども、それは蘭学をする者とか、或は昔の本草家と云ふ方であるから、どうしても殖産興業といふ方には疎い人が多かった。

かつての物産会の開催は薬草の発見や利用など、健康を維持するための方法に結び付ける事にあったが、ここでの博覧会の開催は、ダイコン、ニンジン、ゴボウなど身近な野菜などの栽培・研究に目を向けさせようとするものであった。師である伊藤圭介のように本草学者としてはすでに大家ではあるが、それを殖産興業政策のために活用するという事までには至らなかった。それに対して田中の構想は時代を先取りした斬新なものであった。

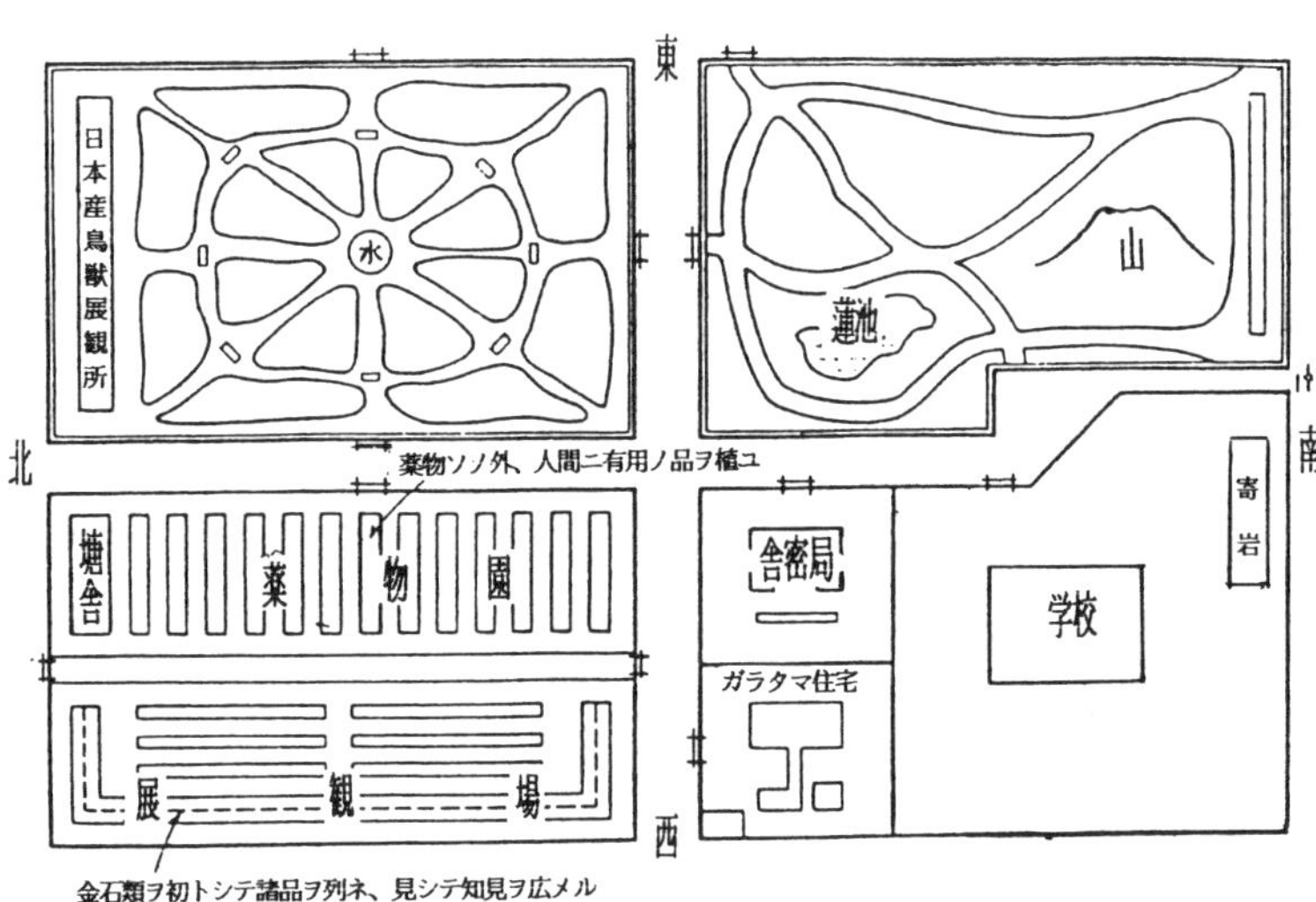

田中芳男の構想した舎密局計画模式図

この田中芳男は「日本の博物館の父」とも言われるように、生涯を博物館との関係によって成し遂げて来た。

天保九年（一八三八）信州飯田の医師田中隆三の三男として生まれる。二十歳の時、名古屋の伊藤圭介の門に入り、蘭学、医学、本草学などを学ぶ。文久元年（一八六一）九月、蕃書調所（ばんしょしらべしょ）に物産学が設けられ、圭介がここに出仕となったため、それに随行して江戸に行き、圭介の手伝いとして、蕃書調所で物産の調査や洋書の研究などにあたっていた。

慶応二年（一八六六）、『英和対訳袖珍辞書』の物産名の校正などにも関係したが、慶応三年（一八六七）パリで開かれる万国博覧会に出品するため、昆虫標本の採集を命ぜられ、相模、駿河、下総地方などへ行って捕獲し、この年の暮れにこれ等の標本をもってパリへ出張する。

パリでの仕事は、出品する資料の整理から、それを陳列する事までであったが、博覧会が始まると暇になったので、市内にある広大な薬草園として知られるジャルダン・デ・プラントを幾回となく見学し研究者とも交流するに至った。

ここで見たものは、フランス進化論発祥の地としての研究施設、古生物標本や人類標本、医学標本などを展示した公開陳列施設、全域が植物園であり、開設当初は、薬草園であったため、熱帯植物栽培のための温室、あるいは動物の飼育場などもあり、今日私たちが表現する博物館、動物園、植物園が一体となって運営されていた施設であった。この時の見聞が後にわが国で博物館を設置する時に大きな影響を与えることとなる。

明治元年（一八六八）六月、開成所御用掛を命じられた田中は、同年九月には大坂舎密局御用掛を命じられ、大坂へ赴任する。大阪舎密局は、開成所内の理化学校を大坂へ移すことにより、新たな見地から日本の理化学教育を推進させることにあった。この舎密局の全体計画は、田中が中心となって構想したが、その基本設計は敷地を東西南北に四区分して、山や蓮池を配した自然景観の遊歩区域、花木園と日本産鳥獣の展観区域、薬草を中心とした植物園と金石標本などを展示した観覧施設の区域、それにいわゆる舎密局と言われる学校区域に分けて構成したものであった。しかしこの構想は、明治三年（一八七〇）田中が太政官の命により東京へ引き揚げたため、全体計画は中断され、博物館的な施設は完成するまでに至らなかった。

東京に帰った田中芳男は、大学南校に設置されたばかりの物産局に勤務したが、その頃のことが先に挙げた回顧談であり、「其時の物産局は以前の物産局ではない。是から殖産興業の途を開かねばならぬから、其方をやれという事であった」と語っている。

ここでの物産局は、前にも記したように「博物局」の前身であるが、当時はまだ大学南校の敷地内にあった。大学は教育機関であると同時に教育行政機関でもあり、その組織の中での物産局であったため、当然学生に教授するための局であったと考えられるが、実際は全国の産物の調査、研究などが主となった施設であった。

博覧会の計画が「物産会」となる

明治新政府は、富国強兵をめざして、産業の近代化を急速に推進しなければならなかった。先に挙げた物産局の業務が、結果的には〝殖産興業〟への推進にも繋がるので、それを推進する最初の段階として、まず〝博物館〟を設置しようとする動きが胎動するのである。

こうして、前述した如く九段坂上三番薬園に博物館を設置するため東京府より土地を取得した。しかし、土地を取得した大学は、明治四年（一八七一）二月になって、弁官に対し次のような伺いを提出した。

九段坂上兵部省地内并今度東京府ヨリ南校へ受取候　元三番薬園ニテ、別冊ノ仕組ヲ以テ博覧会相催シ度　尤兵部省へハ談判済ニ有之候間、此段相伺候也

これが二月二九日には「可為伺ノ通事」として裁可を得たのである。これまで博物館を設置するために東京府から取得した土地に、ここでは博物館を設立するのではなく、ここで〝博覧会〟を開催するという事に変更しているのである。そして、三番薬園を管理している兵部省には、すでにこの事の了承を得ているとしている。

この上申の中に記されている〈別冊ノ仕組〉は、その内容が明確でないが、さらに翌三月になると、その別冊中の一部を変更訂正して再提出している。その中に添えられている〝博覧会大旨〟は、先に記した〈別冊ノ仕組〉に附されていたものとほぼ同じ内容であったと考えることができる。その博覧会大旨には、

博覧会ノ主意ハ、宇内ノ産物ヲ一場ニ蒐集シテ其名称ヲ正シ、其有用ヲ弁シ、或ハ以テ博識ノ資トナシ或ハ以テ証

徴ノ用ニ供シ、人ヲシテ其知見ヲ拡充セシメ寡聞固陋（かぶんころう）ノ弊（へい）ヲ除カントスルニアリ。然レトモ、皇国従来此挙アラサルニヨリ、其物品モ亦随テ豊贍（ほうせん）ナラス。故ニ今者此会ヲ創設シテ百聞ヲ一見ニ易ヘシメント欲スルトイヘトモ、顧ミルニ隆盛ノ挙ニ至ツテハ之ヲ異日ニ待サルモノアリ。因テ、姑（しばら）ク現今官庫ノ蔵スル所及ヒ自余ノ物品若干ヲ駢列（へんれつ）シテ、暫ク人ノ来観ヲ許シ以テ其開端トナス。自今、爾後毎歳一次其会期ヲ定メ、日ヲ逐ヒ月ヲ累ネテ、漸々宇内ノ珍品奇物ヲ網羅シ、人ヲシテ遠ク万里ノ外ニ遊フヲ用ヒス、座シテ全地球上ノ万物ヲ縦覧セシメンコトヲ期ス

とあり、その主意は、宇内の産物を一場に収集して、その名称を正しその有用を弁じて、人の知見を広めることにある、としている。わが国では従来このような事業がなかったので、その物品は豊富ではないがこの会を創設して、取りあえず官有物などを並べて一般の観覧を許しその始まりとしたい。その後は、毎年一回期日を定めて開催し、わざわざ外国へ行かなくても、座して地球上の万物が見られるようにしたい、という将来への期待感などにも及んでいるのである。そして、次に五か条の周知事項を挙げている。

一、当今、官品未タ完足セス、故ニ金石ノ属、草木ノ類ヨリ、鳥獣魚介虫豸等ニイタルマテ、総テ天造ニ属セシ物、又、諸器械、奇品、古物及ヒ漢洋舶賫ノ諸品等、総テ博識ノ資トナスヘキ人造ノ物ヲ所蔵シ、展観ニ供セント欲スル有志ノ輩ハ、会前ニ之ヲ当館ニ携ヘ来ルヘシ、且ツ最奇ノ物品ヲ出セシ輩ニハ、褒章ヲ賜フヘキ事

二、会期ハ来ル五月五日同月晦日マテノ間ヲ限リ、展観ハ毎日朝九字（ママ）ヨリ午後五字（ママ）マテノ間ヲ限トス

三、来観ノ輩ハ、男女貴賤ヲ論スルコトナシ　但シ一時ノ雑沓ヲ防ク為ニ南校ニ於テ予メ切手ヲ渡置ヘシ

四、持参ノ品物ハ、其持主ノ姓名ヲ記シ之ヲ列スヘシ、尤預リ証書渡シ置会後引替品物差戻スヘシ

五、商売売買ノ品、若シ贖ヒ度者アラハ売主ト談判勝手次第ナリトイヘトモ、会中ハ其品物ヲ列シ置ヘシ

ここには、展観できる物品の概念から、それを出品した者には褒章制度のあること、会期は五月五日から晦日までの毎日午前九時から午後五時まで、男女貴賤を問わず誰でも観覧できること、出品された物品には持ち主の姓名を記して展観すること、展観した物品は買う人があれば売買は自由であるが、会期中は物品を展示して置かなければならない事、などを挙げている。これ等の事項は、観覧者に対しての注意事項というよりは、出品させるための周知内容となっている。

■〝最初の〟出品物

こうして三月には「大学南校博物館」の名で五月五日から晦日まで三番薬園で博覧会を開くことを公示したのである。この事は大学南校が三番薬園を取得してから僅か一か月しか経過していないのに、博覧会を開催することになる。これでは広報して開催期日までに出品物を集めるためには、あまりにも短期間であり、開催が懸念されるに至った。そこで結局、この博覧会の開催にかかわっている関係者が所蔵しているコレクションを自ら提供することにより、その場をしのがねばならなかった。

しかし、この時の出品にあたり、積極的に協力を申し出た者もおり、内田正雄、加藤弘之、高橋由一らであるが、その書簡が和田千吉によって、「本邦最初の博覧会」に紹介されていて、当時の出品状況の一端を知ることができる。

内田正雄が伊藤圭介・田中芳男両名に宛てた手紙には

一、　油画類　五面
一、　鳥　二ツ
一、　同小ユリプリノ　二ツ

> 一、　穿山甲（センザンコウ）　一
> 右御渡申上候、油絵者明リ受宜敷所江御かざり　願上候
> 鳥類者献納品の箱の内江御入れ置被下度、ガラスの外より見江候様仕度、二品至而愛玩ノ鳥故見物の手の触れざる様堅く御取計ひ被下度奉願候　以上
> 前文之内穿山甲者献納可仕候

とあって、展示方法などに注文を付けており、手で触れないようにして欲しいという事にまで及んでいる。なお、出品とは言いながら、この機会に〝献納〟するという事があり、その例として〝穿山甲（せんざんこう）〟で知ることができるが、『明治期府県博覧会出品目録』によると、この外にハリネズミ、ムササビ、ヤマアラシ、獺面獣が献品されている。

後に東京大学綜理になる加藤弘之は、田中芳男にあて、

> 乳呑道具差上候、御落手可被下候、新聞初号出来候間、是亦最新物同様之もの故、引札の積りに衆人の見る場所へ御差出置有之度候也

と記しており、当時珍しかった乳呑（ちのみ）道具とそれを紹介した新聞を添えて、引札のつもりで衆人の見る場所へ掲げて欲しいと言うことにある。『明治期府県博覧会出品目録』の方を見ると、護謨（ゴム）製吸乳器・大小二点、とスクールアタ（ト）ラスを出品したことになっている。

油絵師として知られる高橋由一は、田中芳男様「至急」となっており、「田中先生御欠席ならば補助衆之内御開封貴答可被下候事」となった添え書きがあり、「堀端一番丁物産会　行」となっている。

（前略）扨甚ハナハダ汗顔至極に者奉存候得共、蔵品油画二張並拙画四張為持差出候間、格別御迷惑にも無之候はば架末に御差加被下度存候、とても田之助の足に者及び申さず候、若不都合にも御座候はば、直に御投却可被成下候、外拝眉上　早々頓着

とあり、至って丁重な表現である。日付が五月一八日となっているので、五月一四日から七日間の物産会では、会期はあと数日しかない。そのため焦っているのであろう。それが「至急」であり、田中先生が不在であった場合は、補助衆に開いて欲しいという事にあったのであろう。文中の田之助とは、当時、俳優田之助が脚を切ったことで評判になっており、出品してもそれほど評判にはならないであろうとかなり謙遜している。『明治期府県博覧会出品目録』には、高橋由一出品として「一・油画額」とだけ記されている。

■招魂社の境内を会場に

わが国で最初となる予定のこの博覧会は、当初計画された開催予定日の五月五日になっても開催されなかった。この辺の事情については、今日残されている文献からでは明らかにできないが、大学南校は、開催予定日より三日後の五月七日になって、太政官に対し次のように上申している。

兼テ当校ニテ相設可申物産学諸器械等、漸々相備リ候処、右備場ハ勿論植物園ノタメ元薬園地御渡シ相成候ヘドモ、未ダ営繕等ノ儀ニ付御未定ノ儀ニモ御坐候ニ付、右場所接近ノ処兵部省管轄ノ建物有之候ニ付、同省ヘ相談ノ上、此隣招魂社祭礼旁来ル十三日ヨリ日数一週間ノ間、前文品々相備置、篤志ノモノハ勿論諸人一覧候ハハ智識相養可申ノ一端トモ相成儀ト存候ニ付、兵部省ヘ打合済ニ付、此段申上置候也

この博覧会場となる三番薬園は、前記したように、博物館を設置するために東京府から大学南校に管理が移された土地である。それがこの地で博物館の設置ではなく博覧会を開くことになり、前に記した様に博覧会大旨まで示し、五月五日から開く予定になっていた。それが三番薬園の整備が進まなかった事などもあって、その隣に位置する招魂社で五月一四日から一週間の開催となって示されたのである。ただ、前記の上申書には、招魂社の祭礼の関係で一三日から一週間となっている。

当時の招魂社は、招魂場が仮設され、そこで招魂祭を行なっており、後に社殿が建てられるが、明治四年（一八七一）は、まだ仮設の社殿時代であった。年に数回例祭が開かれており、その一つに五月一五日（上野での彰義隊敗走の日）から一八日（五稜郭開城の日）まで実施する例祭があった。それにあわせての開催であった。

ところが博覧会を開催するにあたり、大学が開催する四日前の五月一〇日に各省庁へ配布した連絡便には

今般、伺済ニテ招魂社地ニオイテ来ル十四日ヨリ七日ノ間、◆◆◆物産会相催候ニ付、拝見ノモノ混雑不致様、印鑑相渡候間、御官ヘモ百枚御回シ申候、御落掌有之度此段申進候

但、印鑑一枚に付五人までは不苦候間、若御不足に候ハハ、猶御申越有之度候也

とある。これまで博覧会を開くという事で準備を進めて来たものが、ここでは〝物産会〟を開催するということに名称が変更されているのである。博覧会を開催するということは、大学が決めた事であり、その大学が今度は、「物産会」の開催という表現に改めているのである。「博覧会」の開催がなぜ急に「物産会」という名称に変更されたのか、その理由は明確ではない。この事業を推進してきた伊藤圭介や田中芳男ら大学の関係者は、文明開化の新時代の波にのって、博覧会の開催というハイカラなことを考えたが、集まって来た出品資料を見ると、江戸時代に各地で開催した物

産会を連想させるようなものばかりであった。それによる名称変更であったろうか。

この「物産会」という名称に変更してまで、是が非でも開催しなければならなかった意図もまた明確ではない。ただ、この物産会を開催するにあたっての経費についてはあらかじめ定めてあり、和田千吉が「本邦最初の博覧会」の中で〈蜷川式胤（にながわのりたね）書留〉とした文献には

明治四年五月十四日ヨリ七日間、九段ニ於テ文部省ヨリ（文部省は此時まだ成立していない）博覧会ヲ初メテ開カレ衆人ノ横観ヲ許サレシナリ。此時ニハ誠ノ小会ニテ諸入用金高百両也、此金大学南校ヨリ出ル

と記されている。経費として百両が大学南校より支出されたのである。

見学にあたって、大学は各省使庁の官員に物産会の入場券（印鑑）を百枚ずつ配布している。配布便には、足りなければ連絡して欲しいと書き添えている。この入場券は一枚で五名の入場ができたので、一人でも多くの入場者を期待しての事であり、何よりもさきに官吏に観覧してもらうという事が先決であった。

この時のことを斎藤月岑（げっしん）の『武江年表』には、

同（五月）十四日より二十日迄、九段坂上御薬園の跡に、南校物産局より西洋其の外の物産を飾り、諸人に看せらる。終日群集ある事夥し。同十五日より、招魂社祭礼御執行、同所前にて夜花火、十六日夜、同十七日には昼夜の花火あり。十八日、十九日、雨天にて延び、二十日、昼夜花火、この間競馬花火あり。

と記してある。招魂社の祭礼に合せて内外の物産を飾ったのである。江戸時代の物産会が特定の人の参加であったの

に対し、ここでの物産会は、あらゆる人に観覧させている。「終日群集ある事夥し」とあり、その賑わいを彷彿させる。

結局、当初は〝博覧会〟という名称で〝大学南校博物館〟という施設名を用いて、五月五日から月末まで、九段坂上三番薬園と隣接した兵部省用地で開く予定であったが、〝博覧会〟という名称ではなく「物産会」という名称に変更して、五月一四日から七日間、招魂社の境内で開催したのである。このように名称を変更し、期間を変更し、場所を変更するという諸事情があったにしても、それは明治新政府にとっては、組織的に〝ものを見せる〟という初めての行為であった。

物産会に出品された資料

物産会に展示された資料は、東京国立博物館で所蔵している「明治辛未物産会目録」で知ることができる。この目録は、『東京国立博物館百年史』の資料編に全文が掲載されており、最近発行された東京文化財研究所美術部編の『明治期府県博覧会出品目録』にも収載されている。その目録による分類は

鉱物門　化石之部
　　　　土石之部
　　　　鉱石之部
植物門　澳大利産草木
　　　　木之部　盆種
　　　　草之部　盆種

種子果実並木材腊葉之部
海藻之部

動物門　活獣之部
獣骨並画図之部
鳥之部　籠養・剝製
魚之部　活魚・剝製
介之部
虫之部
爬虫之部
植虫之部
測量究理器械之部
内外医科器械之部
陶器之部
古物之部
雑之部

となっている。

今、この目録を整理してみると、動物、植物などのいわゆる博物標本が中心であるが、総種類数は、二四一〇種となり、鉱物門八七三種、植物門五一四種、動物門六九五種、それに測量究理器械之部一三種、内外医科器械之部二三種、陶器一二九種、古物八一種、雑之部八二種となっている。鉱物門が最も多く、次に動物門、植物門の順になっている。

ただ、一般から出品された植物門の木之部、草之部は、すべて「盆種」となっているので、いわゆる〝盆栽〟であろう。生育している植物であるため、また、盆架に載せて展示したものもあったと思われるので、短期間であったとは言いながら、枯れないように、あるいは手入れなど、その管理は大変なことであったろう。更に動物門の鳥の部には「籠養」と「剥製」の別があり、籠養はいわゆる〝かごの鳥〟であろうが、町田久成と竹本要斎の二人だけが出品しており、餌を与えるなど毎日の飼育には誰かをつけておかねばならなかったであろう。また、魚之部では、大多数が剥製であるが、竹本要斎が活魚として、金鯉（ヒゴヰ）、鯽魚（フナ）、金魚、琉キン、ツマリ、金亀（マルコ）、丁斑魚（ヒメダカ）を出品している。

■伊藤圭介の貢献

この分類別にみた出品者名を表示したが、「官品」、「工部省」とある以外は、四〇名にわたっており、その中で一部門への出品者は二二名で全体の半数以上を占めている。また、この中で鉱物、植物、動物の三部門への出品は、伊藤圭介と田中芳男の二人だけである。物産会の開催そのものが、この二人が中心的な役割を果たしていたので、これを成功させるには率先して出品しなければならない立場であった。

田中芳男の経歴については、前章で詳しく述べたが、出品内容を述べる前に田中芳男の師である伊藤圭介については、便宜上ここで触れておこう。

伊藤圭介は、享和三年（一八〇三）一月、名古屋呉服町で生まれる。名は舜民（しゅんみん）、通称圭介、錦窠（きんか）と号した。父西山玄道より医学、本草学を水谷豊文、洋学を京都に赴き藤林泰助から学んだ。文政九年（一八二六）二月、師水谷豊文らと共に江戸参府途上のオランダ商館医師シーボルトに面会したことが縁で、翌年長崎に遊学し蘭学を修めている。

物産会の部門別出品者名

	部別の出品物／出品者名	1 化石の部	2 土石の部	3 鉱石の部	4 澳太利産草木	5 木の部	6 草の部	7 種子果実木材部	8 海藻の部	9 活獣の部	10 獣骨画図の部	11 鳥の部	12 魚の部	13 介の部	14 虫の部	15 爬虫類の部	16 植虫の部	17 測量究理器械の部	18 内外医科器械の部	19 陶器の部	20 古物の部	21 雑の部	計
1	官品	○	○	○	○			○		○	○	○	○	○	○	○	○	○	○	○	○		17
2	工部省	○																					1
3	田中芳男	○	○	○				○	○	○	○			○	○	○	○			○	○	○	14
4	竹本要斎					○	○	○		○		○	○							○	○		8
5	伊藤圭介	○	○	○				○			○										○		6
6	小野苓菴		○								○					○	○			○	○		6
7	内田正雄									○		○		○								○	4
8	鈴木荘司	○																			○	○	3
9	蜷川少史		○																		○	○	3
10	クラマ					○	○															○	3
11	町田久成											○								○	○		3
12	池田哲之丞																			○	○	○	3
13	松浦弘	○																			○		2
14	柏木政矩	○																			○		2
15	東文堂清蔵		○																	○			2
16	栗田万次郎					○															○		2
17	河内屋藤三郎										○					○							2
18	田中仙永																○				○		2
19	森如軒		○																				1
20	榊原芳野		○																				1
21	瑞穂屋卯三郎			○																			1
22	森山眉山						○																1
23	万屋六左衛門													○									1
24	松田主記														○								1
25	彫工六左衛門																○						1
26	松本良順																		○				1
27	横山少史																				○		1
28	長井十足																				○		1
29	木村正辞																				○		1
30	板橋貫雄																				○		1
31	黒川真頼																				○		1
32	西宮松宇																				○		1
33	久保熹三郎																				○		1
34	神田孟恪																				○		1
35	加藤弘之																					○	1
36	井戸盛平																					○	1
37	市川渡																					○	1
38	野村茂平																					○	1
39	高橋由一																					○	1
40	由良源太郎																					○	1
41	筆匠清蔵																					○	1
42	スミス																					○	1
	計	7	8	4	1	3	3	4	1	4	5	4	2	4	3	4	5	1	2	7	21	14	107

伊藤圭介

もともと日本での本草学の研究は、『本草綱目』など漢籍に記された知識の習得にあったが、水谷豊文ら名古屋を中心とする地域の本草学者は、書物から得る知識ばかりでなく、現地で実際に採草することによって、実証的な研究を重ねてきた。圭介もまたこの実証的な研究を継承する。

こうした名古屋での動向は、同志が毎月、日を定めて回り持ちで会合を開いていたが、文政一〇年（一八二七）三月、自宅の修養堂で第一回薬品会、天保三年（一八三二）に第二回薬品会を開いており、この時には同志のためばかりでなく、広く一般衆人にも開放している。

圭介は安政五年（一八五八）二月、名古屋の朝日町に薬園を開設し、ここで多くの内外植物を栽培する。四月には本草会（博物会）を開き、植物の研究や後進の指導にあたっている。この薬園を訪れる人はあとを絶たず、杉本勲はその著『伊藤圭介』の中で「あたかも幕末本草学のメッカの観を呈していた」と表現している。

文久元年（一八六一）三月に開いた本草会には、剝製標本、それに古瓦など二百種余が出品され注目されている。翌文久二年（一八六二）に開催された出品勧誘書には「動植諸品斯学に係わる所の物を初めとして、博く物産・珍玩に至る迄品物御差出被下度」となっており、動植物に関する標本ばかりでなく、珍玩に至るものまでとあるので、出土品や美術品などに至るまでその出品を期待した。

文久元年（一八六一）九月、幕府から蕃書調所出役を命じられる。この蕃書調所は、外交上、軍事上重要な洋書の調査や翻訳、殖産の研究などにあたっていたが、国富増進の手段として、物産学科の必要性が建白されたことなどもあって「物産局」が開設される事となった。その頃、江戸には物産学に造詣の深い専門家がいなかったので、圭介が名古屋から呼び寄せられたのである。

圭介は物産局の主任格となり、業務を遂行する傍ら江戸においても物産会（博物会）を開いている。しかし文久三年（一八六三）十二月、その理由は明確でないが、洋書調所（旧蕃書調所）を辞任して名古屋に帰っている。その後は尾張藩の奥医師として藩主につかえ、採集旅行などにあたっている。

明治三年（一八七〇）明治新政府の要請により上京する。同年一二月に大学出仕となり、近代植物学の形成に寄与することとなる。翌明治四年（一八七一）五月、前記したように招魂社境内で物産会が開かれた時、多量の所蔵コレクションを出品したのである。

この物産会が終了すると、大学南校物産局では次の事業を考えるが、たまたま明治四年（一八七一）七月、廃藩置県が行なわれ、これに伴って七月一八日これまでの〝大学〟が廃止され、全国の教育行政を総括する機関としての「文部省」が設置される。伊藤はその直後の七月二七日に文部省出仕となり、八月二二日文部少教授に任じられる。九月五日になると文部省内に「博物局」が置かれた事から、学者としての業務ばかりでなく、教育行政にも携わることともなる。

翌明治五年（一八七二）三月、後記するようにわが国で最初の博覧会を湯島聖堂構内で開催するが、その時の推進者の一人として七〇歳の高齢であったが尽力する。この博覧会開催中の四月二〇日、文部省七等出仕を仰せ付けられ博物専務となる。その後『日本産物誌』の編集などに従事し、明治一〇年（一八七七）東京大学理学部員外教授となり、小石川植物園の植物取調担当となる。のちに東京学士院会員に推選され、明治二一年（一八八八）八六歳の時にわが国で最初の理学博士の称号を授けられた。

■ナウマンゾウの化石も

さて、再び出品目録に目を移そう。

鉱物門の中の化石は、大部分が官品で名称と数量のみの記載であるが、工部省が一点だけ出品した象歯顎骨化石には、

慶応三年丁卯、武州横須加白仙山打崩ノ時堀出ス古物ニシテ、形尋常ノ象歯ニ異ナルコト無シ　外面総テ灰白色其噛面ノ横紋ハ黒色ニシテ光沢アリ撰ノ化石図譜ニ〇〇ト云太古象ノ義ナリ
又「カラームル」説ニハ「マムムート」或ハ「マモント」此名韃靼語「マムマ」ノ土義ヨリ出ツ。是詳ナラサル前世界ノ極大ノ陸獣ニシテ、西伯利又北亜墨利加ノ「オヒヨ」ヨリ堀出シ、象骨或ハ象牙トシ諸器ヲ製造スル者トス、又米人「シント、ジョン」地質学ニモ図説アリ

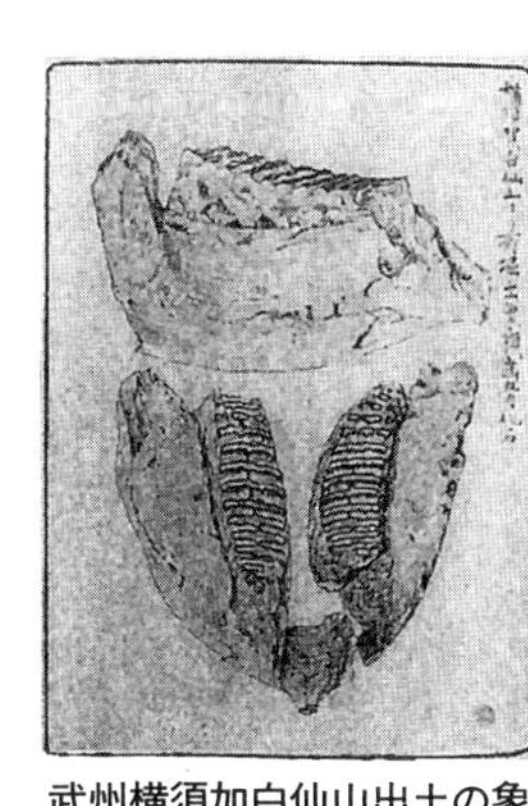
武州横須加白仙山出土の象歯顎骨化石

と説明が附されている。この目録で特別に解説が詳細に附されている化石は、この象歯顎骨化石だけであり、何か特別な意味があったのであろうか。

東京国立博物館で所蔵している『明治四年物産会草木玉石類写真』には服部雪斎(はっとりせっさい)の写生した図が「横須賀白仙山ヨリ所堀出象歯顎骨化石」と記して伝えられている。やはり象歯顎骨化石は、当時としては貴重な注目すべき資料であったのであろう。

この象歯顎骨化石は、ドイツの地質学者で明治八年(一八七五)東京大学地質学教師として来日したナウマンが明治一五年(一八八二)に「史前時代の日本の象」という題で記載した四種のゾウ化石標本の一つに挙げられている。そこではインドのシワリク山地から産するナルバダゾウと同定している。その後槇山(まきやま)次郎によってナウマンゾウと同定されたものである。発見された時には、左右の下顎と臼歯が揃っていたが、現在国立科学博物館に所蔵されているもの

は左下顎骨の一部だけである。

服部雪斎は、文部省博物局に所属し、博物画を専門に描いた画家である。動植物を綿密な筆致で写実的に描き、鮮やかな色彩で表現した画風は、田中芳男の監修で発行した「小学掛図」などに見ることができる。

鉱石の部では、日本各地の鉱石、金銅、銅鉱、銀などが目立っている。官品と伊藤圭介、田中芳男の出品で占められている。その最後の記載の所に「元素類　三六品　瑞穂屋卯三郎出品」とある。

この瑞穂屋卯三郎は、本名清水卯三郎であり、文久二年（一八六二）武蔵国神奈川生麦村で島津久光の行列を騎馬で横切ったイギリス人の殺傷事件の講和談判の調停などに尽力したことでよく知られている。語学が極めて達者であったといわれ、応用化学などの科学技術に強い関心を抱いていた。

慶応三年（一八六七）パリで万国博覧会が開かれた時に民間の商人として参加し、和紙を中心として特産の美術工芸品などを西洋諸国に紹介している。柳橋の三人の芸者を同行し、日本茶屋での奉仕はよく知られている所である。明治元年（一八六八）五月に帰朝したが、活字印刷や石版印刷の機械器具などを持ちかえり、東京浅草で瑞穂屋を開き、洋書や機械類を販売し、後に窯業用薬品の製造販売などにもあたっている。

鉱物部門は、数の上から見ると土石之部が五一六種で最も多く、中でも水晶の出品が目立っている。官品が八点、伊藤圭介は二二点出品している。次が陶器を製作する陶土となっている。外国産のものがあり、フランスの家屋を建てる石、道路に敷く石、柱にする石、陶器に用いる石、塩を含むエジプトの石などがあり、シェヱス地峡砂には、「是アラビア、エジプト堺ノ地ニアル砂漠ノ砂磧(しゃせき)ニテ至テ堅キ砂ナリ。此地雨ナケレバ石面ニ塩ヲ被ルコト多シ」と解説を入れている。岩塩の混入している砂であることが判明する。

この目録の記載にあたっては、原則として「名称」と「産地」のみであるが、なかには特別に説明を附しているものが見られる。

龍山イシ　播磨龍山産、赤白青三種　石ノ宝殿ノ山ノ石と同質ニシテ、山ノ表面ハ紅或ハ白ヲ帯ビ下面ハ青色ヲ帯ブ
テシマイシ　讃岐産　砂ノ塊リ成リタル石ニシテ疎ナルアリ、密ナルアリ、淡黒又灰色ニシテ火ニ強シ
青石〔イヅミイシ〕　青緑色ニシテ石燈・敷石等ノ細工物ニ用ユ火ニ弱シ
三合イシ　大阪城内ニアリ　豊太閤ノ時、貧民ニ米三合ツツ与ヘテ集メタル扁円ノ石ニシテ、大サ拳大ニ過ギス、是和泉ノ産ナリ
京愛宕山ノ石　砥石ノ如キ石ニシテ種々ノ細工ヲ成シ出ス者
磬石〔カンカンイシ〕　蝦夷クスリ　阿寒湖産　白色ノ者

などのように、形状や色、その用途、故事などを添えてある。これ等の資料を提示して日本地質学会会長斎藤靖二氏にご教示を乞うた。それによると、

龍山イシは、別名「宝殿石」と呼ばれている岩石で、兵庫県高砂市産の熔結凝灰石であると思われる。青い色や赤色および黄色の三色を呈するものが知られている。

テシマイシは、おそらく香川県の白亜紀和泉層群の砂岩で、「手島石」と呼ばれているものであろう。

青石〔イヅミイシ〕は、大阪府泉南郡阪南町桑畑産の和泉青石であるとすると、手島石と同じように白亜紀の和泉層群の砂岩となる。青緑色で火に弱いとあるので、和泉層群の南側に分布する緑色岩（変成玄武岩）か、あるいは緑色片岩であるかも知れない。直接見ることができれば、わかるのですが。

三合イシ　石の名前というよりは、重さを測るのに使った石ころを表現したものだと思われる。「扁円ノ」という表

現からは、結晶片岩かなと思われるが、和泉の産ということからは、白亜紀の砂岩でないかとも考えられる。京愛宕山ノ石は、京都府右京区高雄、鳴滝、梅ヶ畑、愛宕山月輪寺、越畑などで採掘されていた砥石、すなわち珪質粘土岩であると思われる。

磬石〔カンカンイシ〕は、「けいせき」と読み、輝石安山岩のことである。もともとは、香川県の讃岐石（サヌカイト）として知られたもので、叩くと、とてもきれいな音がでるため、カンカンイシとも呼ばれた岩石と同じものと思われる。

これ等は、現在の地質学上から見た検討であるが、出品された当初の説明から、更に一歩進んだ解明であり、今日の地質学の研究成果が高度化されていることを感じさせる。出品物はいずれも田中芳男の所蔵品である。東京大学附属図書館で所蔵している田中芳男コレクションを見ても、「捃拾帖（くんしゅうじょう）」のように印刷紙片や広告のビラに至るまで整理保存しており、田中の几帳面な整理の一端をうかがい知ることができる。

■でいご（梯沽）の盆栽

植物門は、総計五一四種の出品であり、その中で田中芳男が一九六種、竹本要斎が二七一種で、二人の出品を合計すると四六七種であり、全体の九割を占めている。

田中芳男は、この物産会を主催する担当者の一人として、それまで従事してきた専門の種子・果実が中心であるが、竹本要斎は、木の部、草の部とも、その内容は「盆種」となっているので鉢植や盆栽の類であったと考えられる。これ等は〝生きた植物〟であるため展示期間中における管理などは大変であったと思われる。

植物門のもう一つの部である「種子果実并木材腊葉之部」には、皇国穀物類と木材類が官品となっているが、その他の印度産草木乾腊葉品は、伊藤圭介、食用となる植物や果実、ノリなど海藻の類は、田中芳男の出品となっている。ここに〝生品〟を中心とする竹本要斎の出品、〝標本〟を中心にした伊藤圭介・田中芳男という二人の出品があり、資料の内容に生品か標本かの差異が見られるのであるが、前者は園芸家であり、後者は学者であるという面もある。

植物門の中で竹本要斎が出品した盆栽の一点だけに特別に詳しい説明を附してある。

> 梯姑　琉球方言「デーグ」ハコリスエムブスコラールツリー鶏冠珊瑚ノ義　図説質問本草ニ出ツ　此樹琉球諸島巴西ニ産ス　幹直立シ枝ヲ分チ枝円ク緑色ニシテ刺アリ　葉互生シ形長卵円ニシテ一柄ニ三葉ヅツ着キ品字形ヲナス葉背及ヒ柄トモ鉤アリ　夏月枝上ノ葉間ニ花梗ヲ抽テ廿余花攅簇シ穂ヲナシ漸次ニ開テ端ニ至ル　蕚ハ唇蛾形花ニシテ瓣殷紅外面粉白ヲ帯ビ甚鮮美ニシテ実ニ紅霞ノ如シ

本物産会目録の中で、その形状や産地など詳しく記した例はこの梯姑のみである。なぜこの植物だけ詳しく記したのかその理由は明確ではない。

でいご(梯沽)は、一五メートル位にもなるマメ科の落葉喬木でインドが原産である。出品されたものは盆栽であるため、あまり大きな木ではなかったろう。南国沖縄を象徴するにふさわしく、三月から五月にかけて深紅色の花を咲かせる。昭和四二年（一九六七）二月七日、琉球政府は県の花として制定し、昭和四七年（一九七二）本土復帰後も引き続き県の花となっている。

竹本要斎（正明）は、天保二年（一八三一）生まれの旗本出身である。園芸家としてよく知られている。観賞用植物としてのアサガオの同好者を集めて「穠久会（じょうきゅうかい）」を興している。

文久元年（一八六一）から元治元年（一八六四）の間に二回外国奉行を勤めており、慶応四年（一八六八）三月、お役御免となった。明治新政府になってからは役人として仕えることなく、北豊島郡高田村の屋敷内に「含翠園（がんすいえん）」と名をつけて窯業を始め、主として輸出用の花瓶や壺などいわゆる〝竹本焼〟を嗣子竹本隼人（はやと）（正典）と共同で製作し、生計を立てている。目録の陶器の部に竹本要斎出品として「陶器類百三十品、自製陶器二八品」と記しているが、この自製陶器とは竹本焼のことであったろう。

■剥製標本や各種器械も

動物門は、種類別では三三一点で貝類がもっとも多く、次が一二九点の鳥類、九八点の魚類の順となっている。出品者別では、内田正雄の三四四点、次に官品の二〇三点、田中芳男の七一点、の順となっている。

内田正雄の出品は、活獣之部の剥製、鳥之部の剥製、それに介類となっている。

活獣之部の剥製では、猬〔ハリ子ツ（ネズ）ミ〕、鼯鼠〔ムササビ〕、豪猪〔ヤマアラシ〕、穿山甲、懶面獣の五種であるが、鳥之部の剥製では、雀鷹〔ツミ〕の類、倒掛鳥〔サタウチヤウ〕、蚊母鳥〔カスヒドリ〕、戴勝〔ヤツガシラ〕、紺瑤錦〔ゴシキガラス〕、蜂雀〔ハメンボウ〕、霧鳥〔フウチヤウ〕、鳲鳩〔カッコウドリ〕、鶯〔テウセンウクヒス〕、松鶏〔ライチャウ〕、などの他に各国珍禽類二七種とあり、それに食火鶏（ひくいどり）、駝鳥の卵、と記されている。

介類の出品では、総数三三一種、その中の三一六種におよぶ大部分を内田が出している。産地を記したものは、二・三種類だけで大多数は名称のみとなっている。郎君子〔スガヒ〕、ツンナシ、クシャク介、淡菜〔イノカヒ〕の四種のみはフランス産となっており、外国産のものも含まれている。内田は、文久二年（一八六二）に幕府のオランダ留学生として派遣されているので、その時に入手したものであろうか。とにかく内田の剥製標本、貝類コレクションは、当時の動物関係資料では名の知られたものであった。

内田正雄は、天保一〇年（一八三九）一月、旗本万年三郎兵衛の二男として江戸に生まれる。初名は成章、通称は恒次郎。安政四年（一八五七）長崎海軍伝習所が設置された時、選ばれて伝習生となる。航海術、測量術、蘭学等を修めるが、二年後に伝習所が廃止されると、長崎に留まってオランダ人から、微分、積分などの高等数学を学んだ。江戸に帰ってからは、築地の軍艦操練所の教授に命じられる。万延元年（一八六〇）旗本一五〇〇石内田左膳の養子となった。

内田は文久二年（一八六二）六月に幕府のオランダ留学生の取締役として派遣される。この時の同行者には、明治になってそれぞれの分野で活躍する榎本釜次郎（武揚）、赤松大三郎（則良）、津田真一郎（真道）、西周らが参加している。その留学の目的は、幕府が発注した軍艦を建造している間に、海軍に関する知識や技術を学ぶことにあったが、現地ではむしろ洋画の勉学など自己の趣味に没頭していたと言われる。

慶応三年（一八六七）三月に帰国し、開成所の教授となったが、明治元年（一八六八）一〇月に箕作麟祥、福沢諭吉らとともに学校取調御用掛を命ぜられ、明治二年（一八六九）七月大学少丞となり、大学南校で蘭学を講じ、十月に大学権大丞にすすむ。明治四年（一八七一）文部中教授、五年四月に文部省六等出仕となる。この時博物局に関係し物産会の開催に協力する。しかし、内田には、偏屈でひねくれた所があり、同僚との交際などもうまくゆかず明治六年（一八七三）七月には辞職して著述にはげんでいる。

著書には留学中収集した写真を基にして編輯した『輿地誌略』があり、アジアやヨーロッパ諸国の風土や地理などを記した書であるが、当時としてはよく読まれた本である。また、訳書『和蘭学制』は、明治二年（一八六九）に出版されたが、「学制」を制定する時の参考になったと言われる。

測量究理器械は一三点、内外医科器械二二点はともに理化学系に属する資料であり、松本良順が出品した西洋人頭骨一点を除き、他はすべて〝官品〟となっている。

この測量究理器械には、テヲドリート、マイコロスコープ、ガルハヱレキ、摩擦ヱレキ、ホワイリングテーブル、バロメートル、ヲクダント、測量家望遠鏡、太陽系旋転雛形、地球衛星運転雛形、排気鐘、リイトレイジヘボイス、バランス、と記してあり、内外医科器械には、人身内景模造、人骨図、模造眼球、男女陰部、妊娠之最初～初月～第九ヶ月、模造胃喞筩（いそくとう）、義脚、解剖器械、外科器械、顕微鏡、男女頭骨などと記している。

松本良順は、佐倉藩医佐藤泰然の二男、幕府の医官松本良甫の養嗣子となった。安政四年（一八五七）幕命で長崎へ行き、蘭医ポンペから西洋医術をならう。この時に洋式病院である長崎養生所を設立する。文久二年（一八六二）江戸に帰り一四代将軍家茂の侍医となり、翌三年六月には、西洋医学所頭取となる。維新の時に子弟を率いて会津に逃れ軍陣病院を設けて東北軍の負傷者の治療にあたる。明治三年（一八七〇）夏、早稲田に私立の病院を経営するが、兵部省に出仕し衛生部の設置に尽力した。明治四年（一八七一）陸軍最初の軍医頭となり、医療体制を整備し、明治六年（一八七三）陸軍軍医総監に任ぜられた。

陶器は一二九点中、その九割を田中芳男が出品している。薩摩窯、京窯、常滑窯、瀬戸窯、信楽窯、相馬窯、会津窯、九谷窯、佐渡相川無名異（むみょうい）陶器など、その収集が九州から東北地方まで全国にわたっているコレクションである。出品物は、ほとんどが窯名のみを記しているが、中には「肥前天草の土ト近江信楽ノ土ト交製者」「瀬戸窯ノ上ヘ大阪ニテ薬ヲ懸ル者」「伊豆天城山ノ土ヲ以テ製者」「インベノ土ヲ以テ製者」「備後深津郡引野村四山ニテ製者」などのように説明を加えたものもある。

外国産のものでは、広東窯、交趾窯、西洋窯、英吉利窯とあり、支那陶器九品、仏蘭西陶器一五品を出品している。

■文化財への関心

古物は八一点中、官品が一四点、蜷川少史が一一点、田中芳男が一〇点、鈴木荘司と横山少史が五点ずつとなっている。

官品一四点中一三点は石砮（せきど）である。

この「石砮」という言葉は、近年はほとんど使用されないが、『本草啓蒙』には、

> 石砮、矢の根石、かみのやのね、てんぐのやのねいし（紀州）一名水花石（大明一統志）　砮石（広興記）　箭石鏃石（雲林石譜）　石鏃（せきぞく）（客斎随筆）鏃形の石なり、其の形一ならず、或は円或は長、或は両岐、皆馬脳（メノウ）なり、五色あり、白き者最透明なり、小なるものは多く大なるものは稀なり。皆大風雨の後山野にて拾ひ得、稀に朽笴（やがら）を存するものあり。

とあり、関東、東北地方の出土地を挙げている。この石砮は、今日では「石鏃」という表現を用いている。鏃は古来〝夜佐岐（ヤサキ）〟と訓じている。その石鏃の名は古く『三代実録』や『続日本後紀』などに見られる。『三代実録』の元慶八年（八八四）には、秋田城内に雷雨があり、天地が暗くなった時石鏃が降ってきた等とあり、天上で神軍が射合って落下してきた等と考えられていた。江戸時代になって人工的に製作されたものと考えられるようになり、一般には〝やじり〟又は〝やのね〟と呼ばれている。明治初期にはすでに〝石鏃〟という表現は知られていたであろうが、ここでの出品物の目録では、すべて〝石砮〟という表現に統一されている。なお、石砮の外の出品物には〝勾玉〟〝雷斧〟〝古玉〟〝天狗ノ飯匙（めしがい）〟〝石笛〟〝石鉾〟〝管石〟〝石剣〟などの表現も見られる。

古物を出品した蜷川少史（にながわしょうし）（式胤（のりたね））は、天保六年（一八三五）京都で生まれた。幼名与三郎、幼い頃から古物が好きであった。

明治二年（一八六九）三五歳の時、東京に出て明治新政府の制度局取調御用掛となり、各種の制度の立案に関係した。明治三年（一八七〇）七月には権少史、九月には少史へと進むが、翌四年（一八七一）七月に官制の改正で制度局が廃

止されると職を辞し郷里の京都へ帰った。しかし、一〇月には再び上京して外務大録になり編輯課出仕となる。一二月には外務大録のまま文部省博物局御用兼務を命ぜられる。この時すでに蜷川は、文部大丞町田久成と相談して湯島の聖堂で博覧会を開くことの準備に取り掛っている。

また、この頃、古社寺の保存調査と博物館設置に関する上書の草案を残しており、蜷川の文化財に対する考え方の一端を知ることができる。その草案には、

蜷川少史（式胤）

此頃西京辺の社寺の内には什物の宝器内々売却候者も有之哉に伝承仕候、既に外国人の説にも方今日本人は新奇を競ひ候心より古器物等を疎み、此後数年後には其国の上代の事蹟考証とも、可二相成一品物は皆無と可二相成一歎息の至に候旨申居候由、且古器物の内梨子地物及び銅鉄器等は潰しと致し、或は事柄も不レ弁各国人へ売渡し候て、尽く散失可レ仕、其節に至り俄に之を保護可レ致と存候とも最早致方も無レ之儀に被レ存候　依りて只今内速に官員を派出し、其取締を為すべしと雖も、是亦等級高き人を御遣しに相成候ては入費も嵩み候に付、下等の人に画工写字等相添差遣し、夫々写取之上沿革之考証とも可二相成一品は板行して之を公にし、又工職の者は新古の別無く比較して新器発明の益ありて、国産を開く一端とも可二相成一又類多の品物は博物館に備置、衆人の放観に供し候様致度候、且

> 博物館は世人の知見を拡充する事に於て最必用のものなれば、三都及大和に備へて互に有無と通じ、各館の取締は東京博物館に於て主宰致し、官員は其地方官にて選挙可レ致、然れども之を主る人博覧ならざれば人を博覧に導く事能はず、依て一両人　両京半年替に往復して互に知識を練磨し永世不朽の博覧場取建度候也。（蜷川新正編『観古図説』から）

とあり、文化財の散失を憂慮しており、それを保護するため、調査し、模写して研究すれば、新器発明にもつながり国益になるとしている。そのためには博物館もまた必要であり、これを東京、京都、大阪、奈良に置き、人事も交流させることにより、おたがいに知識を練磨することができる。そこから「永世不朽の博覧場取建度候也」となる。

太政官は、明治五年（一八七二）五月一五日、社寺宝物調査のため、文部大丞町田久成、文部省六等出仕内田正雄を近畿地方へ派遣するが、その時に蜷川式胤も参加している。

この時には「大和国東大寺倉庫始社寺宝物検査ノ儀……」となっており、五月二七日に東京を出発し、名古屋、京都、大阪をまわり、奈良での調査となっているが、実際には東大寺宝庫の調査、すなわち正倉院の開封調査をすることが主眼であった。そのため、宮内省からは世古延世が〝勅封開緘の為〟として出張を仰せ付けられ、さらに宮内省から岸光景が参加している。

この時の正倉院調査については、『蜷川式胤追慕録』や『壬申（じんしん）検査社寺宝物図集』などで知ることができるが、かつて江戸時代に穂井田忠友（ほいだただとも）によって古文書の調査・整理がなされ、それが『観古雑帖』として刊行されている。それ以降の近代になっては初めての学術調査であった。これはまた将来博物館を設置する時のための基本的な調査でもあり、当然な事とは言いながら資料の写真撮影も初めてであり、将来の一般公開なども念頭に入れての調査でもあった。正倉院の開封調査は八月一二日からであった。蜷川は御物の拓本をとっており、九日間の調査で二〇日に終了したが、

「休日もなく飽もせず、夕方に及ぶもおそしとせず、ほこりをかぶるも気にすることなし」と心情を述べている。
蜷川式胤は、その後山下門内博物館での博覧会の開催にも尽力し、自らも英国製の海底電信線見本などを出品しており、明治八年（一八七五）三月には町田久成と共に第二回目の開封調査もしている。明治一〇年（一八七七）一月健康を害して内務局の博物館掛を退職するまで、博覧会の開催、文化財の保存事業などに尽力した。

横山少史（由清(よしきよ)）は、文政九年（一八二六）江戸で生まれる。国学を本間游清、歌学を井上文雄に学んだ。初め和学講談所の教授であったが、明治二年（一八六九）昌平学校史料編修、大学中助教に任じられ、ついで制度取調所が制度局と改称された時、制度局御用掛語箋編輯に任じられ法律制度の発布に尽力した。この頃、二等議官の細川潤次郎らとともに勲章制度の調査研究や草案の作成などにもあたっている。

明治八年（一八七五）元老院小書記官に進み、黒川真頼(まより)らとともに元老院が立法の参考にするための『旧典類纂』のうち「皇位継承篇」「田制篇」の編纂などに従事している。

吹上御所での再展観

招魂社境内での物産会は、予定通り終了したが、その後これ等の資料を明治天皇がご覧なさることになり、吹上御所で再び展示された。田中芳男は、その時のことに関して、先にも記した七六歳の時の回顧の中では

此の九段の招魂社の内に開いた物産会が非常に評判が宜(よ)かったので、宮内省の方にもそれが聞えて、あの会が済んだら吹上の御庭に持ってきて陳列するようにとの命を受けました。

とあり、吹上御所で再展観しなければならなかった。ただ、この時に関係者の間で問題になったことは、蛇や骸骨を天皇陛下の観覧に並べるべきかどうかであったが、結局、招魂社の展示をそのままの形で再現することとなった。その後のことを田中芳男は七六歳の時の回顧録の中で更に次のように述べている。

そこで此吹上の御庭にはお茶屋とか馬見所とかいろいろな建物が散在して居りますから、其所を陳列場として、幕張りをして此建物には活きた物を置くとか、此建物には機械を置くとか、いろいろ分けて陳列しました。それが出来上って遂に、陛下のご覧に供することになりまして、私も親しくご案内を申し上げました。其時内田正雄という人が西洋から持ち帰った鳥獣の剝製などは、既に献納してありました。又「カメラオブスキュラ」という機械を拵え暗室の戸に穴を開け、太陽の光線を中に引き入れて絵画を大きくして映した。今の幻灯の形であります。「ランプ」でなく太陽の光線を取って映すものである。我々はまだ幻灯などというものは知らなかったが、吹上の御庭でそういう面白いものを見ました。天覧が済みました翌日、皇后陛下も御覧になるということでありました。皇后陛下の御覧の時は男は這入られぬ、其時男の連中は悉く遠方に居ったのでどんな御方が見られたのか少しも分らなかった。それから翌日は華族方が見られるとか、地方官が見るとかして、三日、四日吹上の御庭に陳列して置きまして、いよいよ済んで元に戻すことになりました。それが日本での博覧会というものの始めをなし居るのであります。

これによって、吹上の御庭で資料を陳列して、明治天皇、皇族方がご覧になられた事が判明するが、この時は、物産会に陳列された資料のみばかりでなく、すでに献上されていた品物なども併せて陳列されていた事が判明する。特に内田正雄が西洋から持ち帰った鳥獣の剝製、それに幻灯器による投影が目に触れている。内田正男は、前記したように幕末にオランダに留学しており、維新後は大学南校で蘭学を講じている。この招魂社境内での物産会でも二三点の剝製を出品しており、それに献上された剝製が含まれていたものと思われる。

剝製標本は、動物の皮を剝ぎ、内臓や肉を取り除き、その中に綿などをつめて縫い合わせ、生きていた時の形に製作した標本であるが、ヨーロッパでは一七世紀には普及しており、自然物収集家が家庭内に陳列し愛好したりしている。

わが国へは一九世紀には伝えられ、蘭学を積極的に取り入れた事で知られる薩摩藩主島津重豪は、文政九年（一八二六）シーボルトに面会した時、鳥の剝製術について質問しているし、また薩摩藩が江戸高輪に建てた「聚珍宝庫」には、鳥類の剝製標本が多かったと言われる。すでにこの頃から大名や知識階級には関心が持たれており、それが明治の新時代ともなると、次第に一般に知られるようになり、わが国なりの剝製術が考案される。

『剝製の沿革』によると、「わが国では、明治の初年に織田信徳、名倉宗次郎、榊某の三氏が剝製に着手されたのが、そもそもその始めである」と記してある。後に詳しく説明するが、ウィーン万国博覧会に出品する時に全国から資料を収集するが、特に剝製の出品を奨励している。しかし当時は、剝製標本の作り方を知らなかったので、「鳥獣類剝製大略」という一枚刷りの印刷物を添えて、その製作方法の普及にもあたっている。

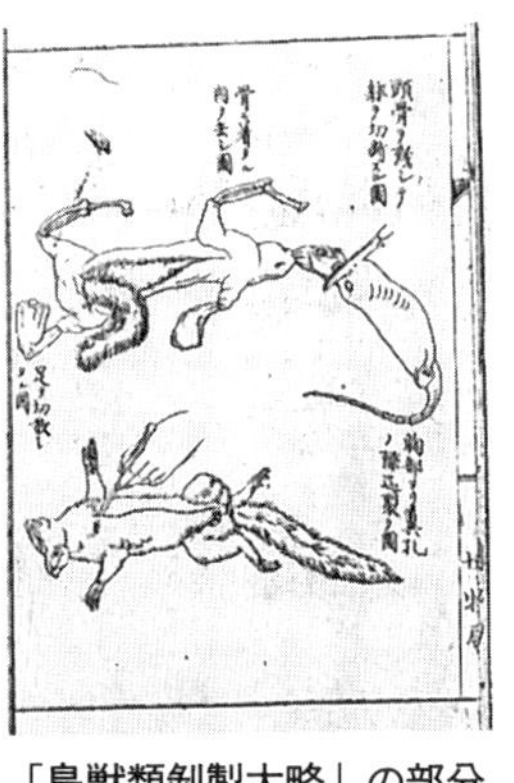

「鳥獣類剝製大略」の部分（明治５年）

こうした事から、剝製標本に対する関心は高まり、大学南校物産会には、哺乳類ではイタチ、カワウソ、キツネ、タヌキなど二〇点、鳥類では七八点の剝製標本が出品されている。

田中が知らなかったとしている太陽の光線を利用した幻灯は、わが国では江戸時代の〝うつし絵〟に、この原理を取り入れた幻灯が見られる。しかし、

「カメラオブスキュラ」と田中は言っているので、〝うつし絵〟とは別の装置であったろう。国立科学博物館で開催した「モノづくり・江戸大博覧会」の図録には、「カメラオブスクラは、風景や事物を正確に記録するための写生器。写真発明以前は、カメラオブスクラに映る像を手書きでトレースしていた。また、肉眼で見るよりも暗箱内に映った像の方が鮮やかに見えるため、娯楽機器としても流行した」と解説されている。吹上御苑にあったものが、どのような形式のものであったかは不明であるが、見世物の道具というよりは実用品としての道具であったと考えられる。

明治天皇の見学については『明治天皇紀』の明治四年（一八七一）五月二九日の所に

午前一〇時過吹上御苑に出御して、諸国の物産及び器械等を天覧あらせらる。是れ則ち本年一四日より七日間、招魂社境内ニ開催せし大学南校物産会の陳列品なり、午後一時還御あらせらる。尋いで皇后亦之れを覧たまふ。

と記してあり、天皇・皇后両陛下が見学なされたことが判明する。

2　古器旧物保存方の献言と布告

明治四年（一八七一）五月に九段坂上三番薬園で博覧会を開く計画が進んでいた頃、一方では、博物館のような施設を設置しようとする構想が進んでいた。

それは具体的には、明治四年四月二五日「大学」の名で、太政官に対して「集古館」を設置するようにとの献言で示されるに至った。

その献言の内容は、維新以来天下の宝器珍什が遺失しており、いたずらに〝厭旧尚新〟の弊風を生じている。西洋諸国には、古器旧物を保存するための「集古館」があり、時勢の沿革や往昔の制度文物を考証するために役立っている。そのためには、わが国も速やかに集古館を建てるべきである。もし集古館を建てることが不可能であるならば、府藩県に対して、古器旧物の保存を図るように布告してほしい。さらに専任者を任命して、各所にある古器物を模写して保存を図るようにさせてほしい、という内容のものである。そして最後に、維新以来すでに歴史的に由緒のあるものが次々に破壊され、散逸しつつあるので、一刻の猶予もゆるされない事態に直面していると付け加えている。

ここには、わが国の伝統的な古器旧物を破壊するのではなく、保存しようとする思想が強く示されており、それを保存するための施設として〝集古館〟を設置しようとするものであった。

当時、わが国では、明治元年（一八六八）三月、神仏分離令が布告され、神社の社僧・別当に還俗（げんぞく）することが命ぜられ、神主・社人などと称されるようになる。また、神社が仏語を神号とすること、仏像を神体とすることなどが禁示されるに至った。そのため、仏教関係の仁王門、五重塔、鐘楼などの建造物が破壊される運命にあった。

これ等のことは、神社という地域内にあった仏教的色彩の強いものを廃止したことになるが、やがてこれが起因となって、いわゆる〝廃仏毀釈（はいぶつきしゃく）〟へと進むこととなる。この廃仏毀釈は、地方官僚をはじめ神道家、儒者に指導されることにより、神道国教化の為の役割も果たしている。それはまた、寺院の廃寺、合寺となって示され、帰農する僧侶も少なくなく、寺院を支える経済力は極めて深刻な事態になった。そのため仏像、経巻、仏具などを焼きすてたり、破棄したり、建造物も破壊するなど、あるいは経巻などを古物商に売り渡すなどという行為が、全国的な風潮となって示されるに至ったのである。

奈良にあっては、数十巻ずつ荒縄で束ねた天平写経が古物商の店頭で売られていたり、興福寺五重塔が二五円で売

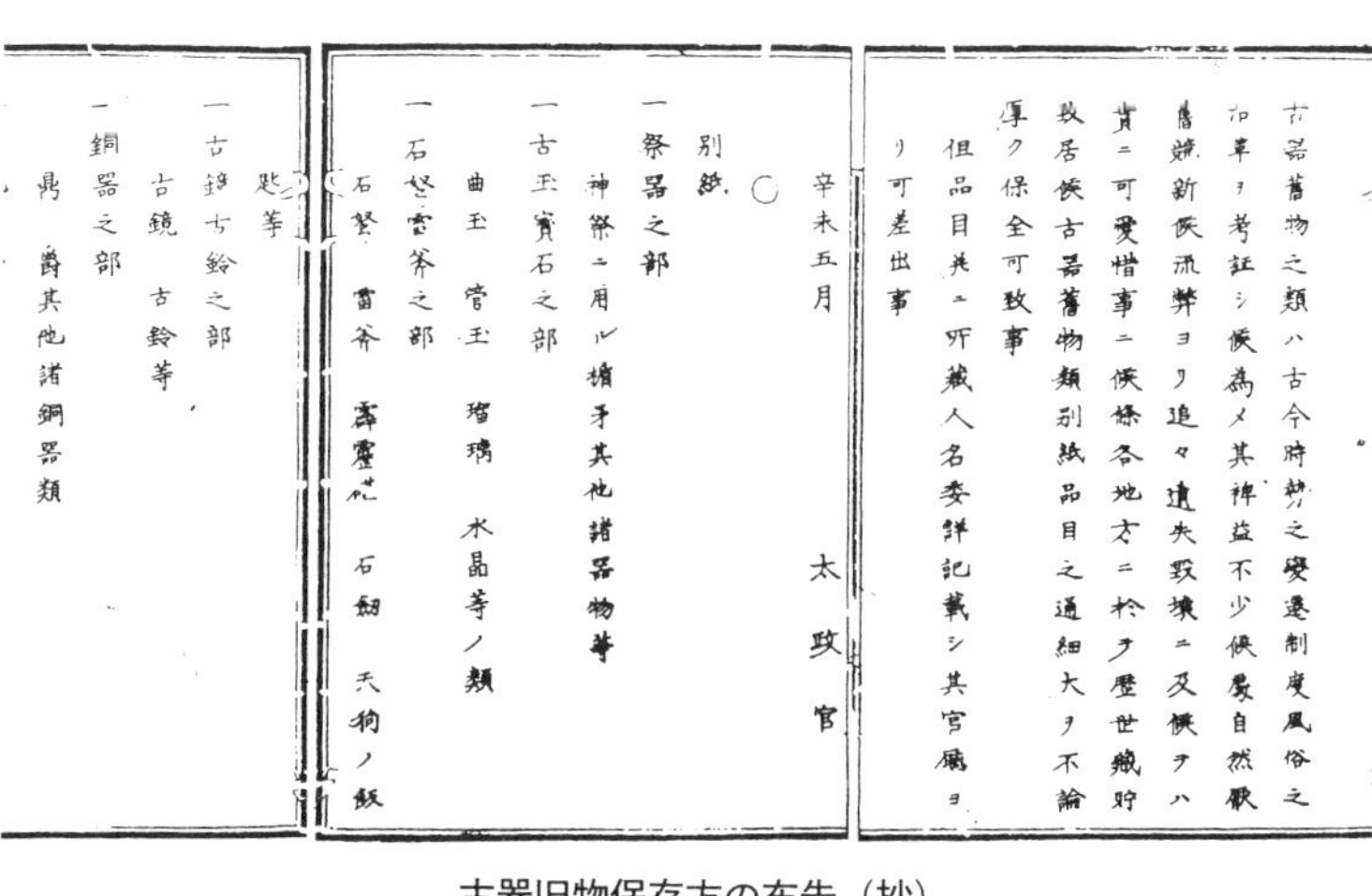

古器舊物之類ハ古今時勢之變遷制度風俗之沿革ヲ考証シ候爲メ其裨益不少候處自然厭舊競新候流弊ヨリ追々遺失毀壊ニ及候テハ實ニ可愛惜事ニ候條各地方ニ於テ歴世藏貯致居候古器舊物類別紙品目之通細大ヲ不論厚ク保全可致事
但品目並ニ所藏人名委詳記載シ其官廳ヨリ可差出事

辛未五月　太政官

○別紙

一祭器之部
神祭ニ用ル楯矛其他諸器物等

一古玉寶石之部
曲玉　管玉　瑠璃　水晶等ノ類

一石弩雷斧之部
石弩　雷斧　霹靂碪　石劔　天狗ノ飯匙等

一古鏡古鈴之部
古鏡　古鈴等

一銅器之部
鼎　彝其他諸銅器類

古器旧物保存方の布告（抄）

り出されたり、姫路城天守閣・彦根城天守閣等がひととき払い下げられる運命にさらされたり、鎌倉大仏が外国へ潰しの値段で売られようとした事など、古文化財に対する扱いは憂慮すべき事態にあったのである。

この廃仏毀釈は、明治四年（一八七一）を頂点として、しだいに平穏となるが、こうした事が背景にあって、古器旧物は保護しなければならないと認識されるようになり、それを痛切に感じとったのは、大学物産局にかかわっていた町田久成や田中芳男らであったろう。特に町田は古美術には造詣が深く鑑識眼があり、こうした資料の散佚には頭を悩ましていたであろう。それが結果的には大学からの「集古館」を設置して、古器旧物を保存するという〝献言〟となって示されたものと考えられる。

■文化財保護思想の端緒

大学からの献言に対して、太政官はその趣旨を認め、二八日後の明治四年五月二三日「古器旧物保存方」を布告したのである。それには

古器旧物ノ類ハ古今時勢之変遷制度風俗ノ沿革ヲ考証シ候為メ其裨益不レ少候処自然厭旧競新候流弊ヨリ追々遺失毀壊ニ及ヒ候テハ実ニ可二愛惜一事ニ候条各地方ニ於テ歴世蔵貯致シ居候古器旧物類別紙品目之通細大ヲ不レ論厚ク保全可レ致事、但品目並ニ所蔵人名委詳記

載シ其官庁ヨリ可二差(さし)出(いだすべき)一事

とあり、別紙には

祭器之部　神祭(しんさい)ニ用ル楯矛(たてほこ)　其他諸器物等
古玉宝石之部　曲玉(まがたま)　管玉(くだたま)　瑠璃(るり)　水晶等ノ類
石弩雷斧(せきどらいふ)之部　石弩　雷斧　霹靂碪(へきれきちん)　石剣(せっけん)　天狗ノ飯匙(てんぐのめしがい)等
古鏡古鈴(こきょうこれい)之部　古鏡　古鈴等
銅器之部　鼎(てい)　爵(しゃく)　其他諸銅器類
古瓦(こが)之部　名物並名物ナラズト雖(いえども)古キ品
武器之部　刀剣　弓矢　旌旗(せいき)　甲冑(かっちゅう)　馬具　戈戟(かげき)　大小　銃砲　弾丸　戦鼓(せんこ)、哱囉(ぼっら)等
古書画之部　名物　肖像　掛軸　巻軸　手鑑(てかがみ)等
古書籍並古経文(きょうもん)之部　温古ノ書籍図画及古版古写本、其他戯作ノ類ト雖モ中古以前ノモノニテ考古ニ属スル者　等
扁額(へんがく)之部　神社仏閣ノ扁額並諸名家書画ノ額等
楽器之部　笛　笙　篳篥(ひちりき)　太鼓　鐘鼓　羯鼓(かっこ)　箏　和琴　琵琶　仮面　其他猿楽装束並諸楽器歌舞ニ属スル品
鐘鉐碑銘墨本之部　名物並名物ニアラスト雖モ古キ品
印章之部　古代ノ印章類
文房諸具之部　机案(きあん)　硯(すずり)　墨　筆架(ひっか)　硯屏(けんびょう)之類
農具之部　古代ノ用品

工匠器械之部　古代ノ用品
車輿之部　車　輿　籃輿等
屋内諸具之部　房室諸具　屛障類　燈燭類　鎖鑰類　庖厨諸具　飲食器具　煙具等
布帛之類　古金襴並古代ノ布片等
衣服装飾之部　官服　常服　山民ノ服　婦女服飾　櫛簪ノ類　傘笠　雨衣　印籠　巾着　履屐之類
皮革之部　各種ノ皮革並古染革之紋図
貨幣之部　古金銀古銭並古楮幣等
諸金製造器之部　銅　黄銅　赤銅　青銅　紫金　鉄　錫等ヲ以テ製造セル諸器物
陶磁器之部　各国陶器磁器等
漆器之部　蒔画　青貝　堆朱等ノ諸器物
度量権衡等之部　秤　天平　尺　斗升　算盤等古代ノ用品
茶器香具花器之部　風炉　釜　茶碗等ノ茶器　香盒　香炉等ノ香具　花瓶　花台等ノ花器類
遊戯具之部　碁　将棋　雙六　蹴鞠　八道行成　投壷　楊弓　投扇　歌骨牌等
雛幟等偶人並児玩之部　這子　天児　雛人形　幟人形　木偶　土偶　奈良人形等其他児童玩弄ノ諸器
古仏像並仏具之部　仏像　経筒　五具足　宝鐸等ノ古仏具
化石之部　動物ノ化石並動物ノ骨角介殻ノ類
右品物ハ上ハ神代ヨリ近世ニ至ル迄和品舶齎ニ不レ拘

とあり、三一部門を挙げている。ここには、古器旧物の類は、古今時勢の変遷、制度や風俗の沿革を考証する上に役立っている。旧いものを嫌い新しいものを競う流弊から、失われたり毀されたりすることは、実に惜しむべき事である。別紙品目の通り古器旧物は細大を論ぜず保全するように、とあり、その所蔵者や資料内容を記して、所管官庁から提出させるように命じたのである。ここには献言の趣旨にあるような集古館の設置については、何も示してはいないが、とにかく古文化財は保存して後世に伝えなければならないとする意図が率直に示されている。そこに集古館の必要性が必然的に生じてくることになる。

別紙三一部門の分類は、松平定信の『集古十種』の分類によく似ていると言われる。集古十種は、碑銘部、鐘銘部、兵器部、銅器部、楽器部、文房部、印章部、扁額部、肖像部、古書画部の十種に分け模写図を添えてある。今日的な表現ならば、考古学資料、美術資料、信仰資料、娯楽資料、生活資料等となるであろうが、いわゆる〝人文科学資料〟の範囲に属するものである。しかし、この度の布告の中には、一種だけであるが〝化石之部〟がある。これは今日では〝自然科学資料〟の範疇に属するものであり、この頃はまだ〝古器旧物〟という概念が至って曖昧であった事を意味するであろう。

古器旧物の保存を願って、大学物産局の関係者は集古館設置の献言をしたが、それは直ちに集古館の設置に結びついたと言うよりは、古器旧物の保全を図った政策として示されるに至った。わが国における文化財保護思想の端緒となるが、これがやがては古社寺保存法の制定（明治三〇年）、史蹟名勝天然記念物保存法の制定（大正八年）、国宝保存法の制定（昭和四年）、重要美術品等ノ保存ニ関スル法律の制定（昭和八年）、文化財保護法の制定（昭和二五年）へと順次展開するが、それはすべての資料を指定することによって保存を図るのではなく、その一部だけを指定することによって、後世へ伝へようとするものであり、イギリスにおけるすべての文化財を登録し保存しようとする思想とはかなり異なっている。

3　文部省の設置と幻の博覧会

明治四年（一八七一）は、行政面でも大きな変革の年であった。四月には戸籍法が制定され、五月には日本初の金本位制である新貨条例が制定され、七月には刑部省・弾正台が廃止されて司法省が設置される。更に廃藩置県へと進み、民部省が廃止され、これまでの太政官官制が改定されて、太政官を正院、左院、右院に分ける。正院は最も重要な中枢的な機関で、その構成は太政大臣、納言、参議、枢密大史、枢密権大史、枢密少史、枢密権少史、大史、権大史、小史、権小史などである。左院は「議院諸立法ノ事ヲ議スル所」とあり、議長および議員を置いている。右院は各省より正院への奏事および正院より各省への下問を商議する所で、各省の長官、次官で構成されている。

こうした中で、明治四年（一八七一）七月一八日、これまでの「大学」が廃止され、「大学ヲ廃シ文部省被置候事」とする布告が出され、新たに「文部省」が設置されるに至った。教育事務全般を統轄する中央官庁となり、府県にある学校についても管理することになった。卿、大輔、少輔、大丞、少丞、大録、権大録、少録、権少録の官を置き、太政官出仕の江藤新平が文部大輔に任じられ、初代文部卿には大木喬任（おおきたかとう）が任命され、旧大学東・南校の官員が執務にあたった。

これに関連して、これまでの大学東校および大学南校は、文部省直轄となり、単に「東校」および「南校」と改称されるに至った。

こうした推移の中にあって、九月二九日になると、大学物産局の業務を引き継いで「博物局」が設置される。博物局掛には、本省で事務を担当していた文部大丞町田久成、編輯権助であった田中芳男らが任命される。

この頃のことは一〇月四日の「町田年報報告」の記載には

大成殿

一　物産局御備の品物悉く博物局御備品と相成候事
一　元大成殿博物局展観場と相成候事
一　小石川薬園博物局管轄と相成候事
一　九段坂上薬園地は東京府へ返却の積相成候事

とあって、博物局はそれなりに整備されるに至ったのである。

かつての物産局が所有していた品物は、旧幕時代に蕃書調所物産方にあったものを引き継いできており、それ等すべての物品がこの新たな文部省博物局の備品となった。そして、その博物局の展観場として湯島の大成殿がその役割を果たすこととなったのである。

大成殿は、聖堂構内で孔子像を安置した中心的な建物である。この聖堂は幕府の儒臣林羅山が寛永九年（一六三二）上野忍岡（しのぶがおか）の邸内に孔子廟を創建したのが始まりであるが、元禄四年（一六九一）二月、将軍綱吉の意向により、現在の湯島聖堂構内に移された。以後、林家はこの地で経書を講義し、やがてこの地の坂が昌平坂と名付けられた事もあって、「昌平坂学問所」と称され、幕府の家臣を教育する場所となって続いてきた。

王政復古により新政府の接収する所となり、主として文教関係の施設として利用され、文部省も常磐橋内旧津藩邸に移転するまでは、この地で業務を執行していた。

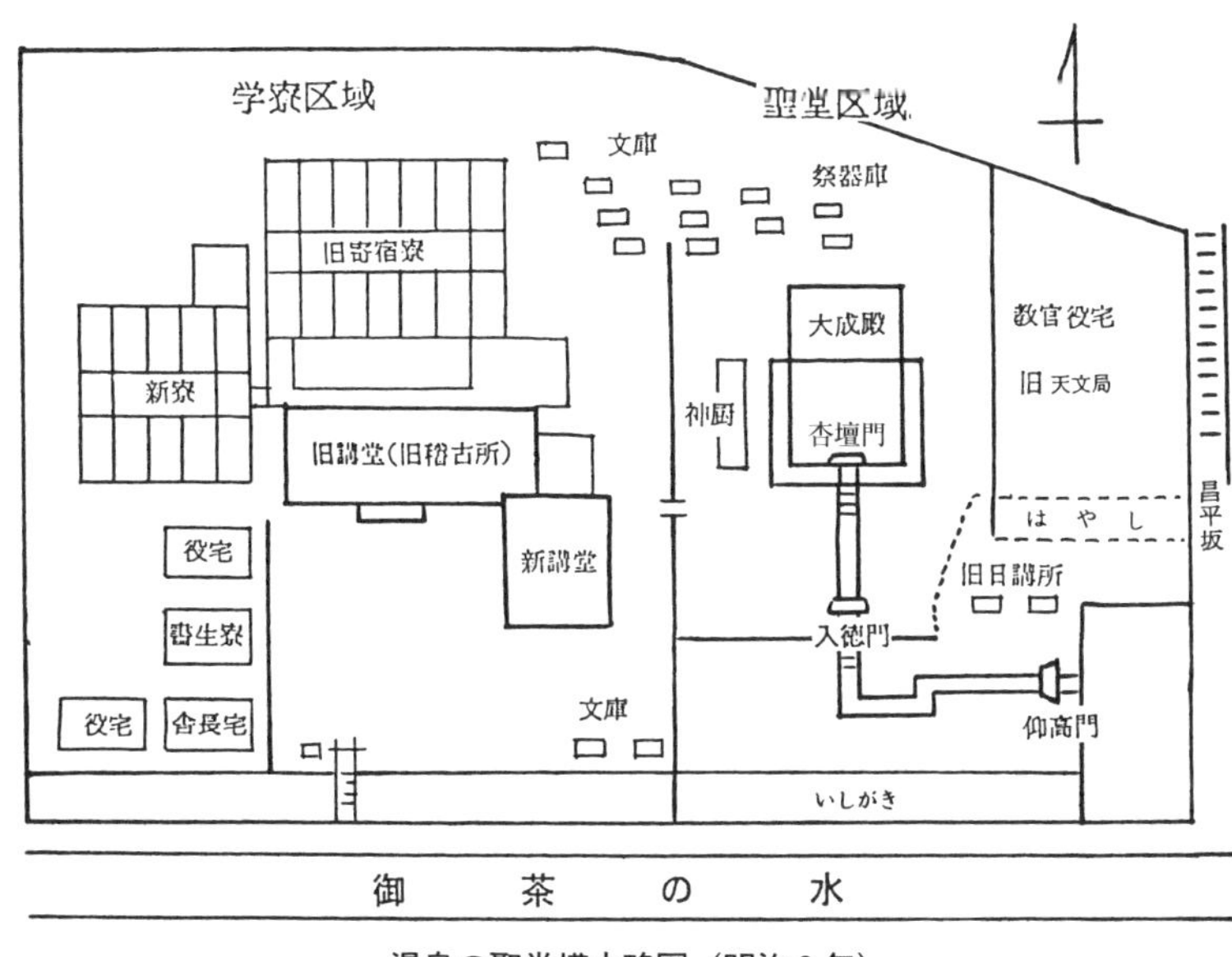

湯島の聖堂構内略図（明治3年）

孔子を祭るこの聖堂は、入徳門を入ると参道がまっすぐに通っており、その正面奥に大成殿があり、左右に回廊がめぐらされている。大成殿は、間口五間五尺（一〇・六メートル）、奥行三丈七尺五寸（一一・四メートル）、高さ四丈三尺三寸（一三・二メートル）の銅瓦ぶきで、柱や梁にはすべて朱漆を塗り、正面には綱吉の筆になる黒漆金字の「大成殿」の額がかかっていた。この大成殿を博物局の展観場としたのである。

■「薬園」も文部省の管轄に

博物局の管理となった小石川薬園は、旧幕時代には「小石川御薬園」として、その始源は寛永年間にまでさかのぼる。三代将軍家光は、寛永一五年（一六三八）江戸城の南北に薬園を開設した。南薬園は麻布南御園または品川御薬園と称され、現在の麻布広尾光林寺の隣にあった。北薬園は大塚御薬園または目白北御薬園などと称され、現在の小石川音羽の護国寺境内にあった。

天和元年（一六八一）、北薬園地に護国寺を創建することになり、北薬園は廃止され南薬園へ併合された。しかし、南薬園も貞享元年（一六八四）白金御殿地を拡張するため廃園となった。その時、この地にあった薬草類は、元館林城主（後の五代将軍綱吉）の下屋敷のあった小石川御殿地（白山御殿とも言われる）の一部に移され、木下道円によって薬園として改造されるに至った。

この薬園が八代将軍吉宗の勧業政策によって、享保六年（一七二一）六月拡張され、東西二区に分けられ、東地区は岡田利左衛門のお預り薬園、西地区は芥川小野寺元風のお預りとなり、以後は両家の世襲で管理されるに至った。

この享保年間の整備によって、小石川御薬園としての形が整い、薬種の供給も豊富になったと言われる。享保二〇年（一七三五）幕命を受けた青木昆陽が、ここで救荒作物として知られていたサツマイモの種芋を薩摩から取り寄せて試作し、関東でもサツマイモの育つことを実証した事でよく知られている。

小石川薬園は、明治元年（一八六八）六月一一日、維新によってその広さ四万八千余坪が東京府の管理に移され、大病院の所属となり、それを「大病院附属御薬園」と称していたが、翌明治二年（一八六九）五月大学校の管理となり、「医学校薬園」と改称されるに至った。文部省が設置されるとその管轄下に置かれ、明治四年（一八七一）七月、「東校薬園」となったが、旧幕時代に小石川にあった薬草園が母体となっている事から、一般には「小石川薬園」、或は「小石川植物園」とも言われており、現在は東京大学理学部附属植物園となっている。

九段坂上の薬園地は、東京府へ返却の予定であるとしている。この事は、前章でも述べたが、この地に博物館を設置するという理由で東京府から取得したのであるが、湯島聖堂内の大成殿を文部省博物局の展観場としたために、九段坂上三番薬園に新博物館を建設する必要が無くなった事によるであろう。

当時、湯島聖堂構内は、広大な敷地で現在東京医科歯科大学の所在する地域にまで及んでおり、聖堂区域と学寮区域とに分かれていた。聖堂区域は、聖堂の一の門である仰高門、二の門である入徳門、三の門である杏壇門を通って中庭があり、その正面奥に孔子をまつる大成殿があり、その東側に旧天文局や教官役宅、旧日講所などが所在した。学寮区域は大成殿の西側で新・旧講堂、旧寄宿寮、舎長宅、役宅などを含めて昌平坂学問所が中心となった地域であ

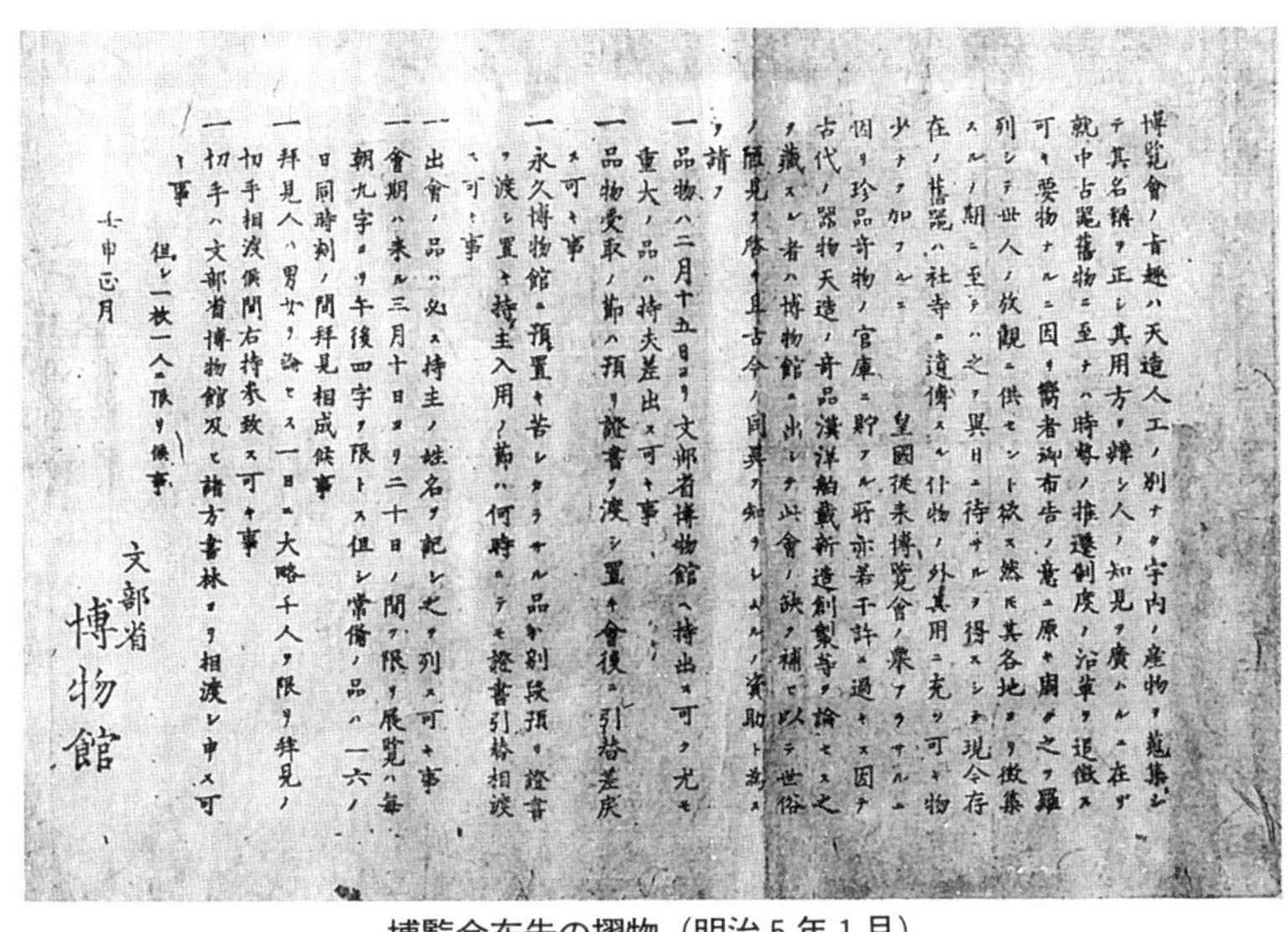

博覧會ノ旨趣ハ天造人工ノ別ナク宇内ノ産物ヲ蒐集シテ其名稱ヲ正シ其用方ヲ辨シ人ノ知見ヲ廣ムルニ在リ就中古器舊物ニ至テハ時勢ノ推遷制度ノ沿革ヲ追徴ス可キ要物ナルニ因リ嚮者御布告ノ意ニ原キ周ク之ヲ羅列シテ世人ノ放觀ニ供セント欲ス然ドモ其各地ヨリ徴集スルノ期ニ至テハ之ヲ異日ニ待タサルヲ得スシテ現今存在ノ舊器ハ社寺ニ遺傳スル什物ノ外其用ニ充ツ可キ物少ナク加フルニ　皇國従来博覧會ノ擧アラサルニ因リ珍品奇物ノ官庫ニ貯フル所亦若干許ニ過キス固ナ古代ノ器物天造ノ奇品漢洋舶載新造創製等ヲ論セス之ヲ藏スル者ハ博物館ニ出シテ此會ノ闕ヲ補ヒ以テ世俗ノ陋見ヲ啓キ且古今ノ同異ヲ知ラシムルノ資助ト為スヲ請フ

一　品物ハ二月十五日ヨリ文部省博物館ヘ持出ス可ク尤モ重大ノ品ハ持夫差出ス可キ事

一　品物受取ノ節ハ預リ證書ヲ渡シ置キ會後ニ引替差戻ス可キ事

一　永久博物館ニ預置キ若レタラサル品ハ別段預リ證書ヲ渡シ置キ持主入用ノ節ハ何時ニテモ證書引替相渡ス可キ事

一　出會ノ品ハ必ス持主ノ姓名ヲ記シ之ヲ列ス可キ事

一　會期ハ来ル三月十日ヨリ二十日ノ間ヲ限リ展覧ハ毎朝九字ヨリ午後四字ヲ限トス但シ常備ノ品ハ一六ノ日同時刻ノ間拝見相成候事

一　拝見人ハ男女ヲ論セス一日ニ大略千人ヲ限リ拝見ノ切手相渡候間右持参致ス可キ事

一　切手ハ文部省博物館及ヒ諸方書林ヨリ相渡シ申ス可キ事　但シ一枚一人ニ限リ候事

壬申正月

文部省
博物館

博覧会布告の摺物（明治5年1月）

った。

それが明治四年（一八七一）大学が廃止され、新たに設置された「文部省」がこの地を使用していたが、あまりにも広大であり、恵まれ過ぎていた。そのため、この地を一般庶民に開放することにより、新たな教育の流れを築く必要があり、それが文明開化の一翼をになう書籍館、博物館の設置となって示されたのである。

■開催の公示と民間への呼びかけ

文部省博物局は、この湯島聖堂構内において、その最初の事業として、「文部省博物館」の名を使用し、明治四年（一八七一）一〇月一日から十日間、博覧会の開催を公示したのである。その時の布告の摺物には、開催の趣旨が次のように記されている。

博覧会ノ旨趣ハ、天造人工ノ別ナク宇内ノ産物ヲ蒐集シテ、其名称ヲ正シ其用方ヲ弁シ、人ノ知見ヲ広ムルニ在リ。就中、古器旧物ニ至テハ、時勢ノ推遷制度ノ沿革ヲ追徴ス可キ要物ナルニ因リ、嚮者御布告ノ意ニ原キ、周ク之ヲ羅列シテ世人ノ放観ニ供セント欲ス。然レドモ、其各地ヨリ徴集スルノ期ニ至テハ之ヲ異日ニ待サルヲ得スシテ、現今存在ノ旧器ハ、社寺ニ遺伝スル什物ノ外、其用ニ充ツ可キ物少ナク、加フルニ、皇国従来博覧会ノ挙アラサルニ因リ、珍品奇物ノ官庫ニ貯フル所亦若干許ニ過キス。因テ古代ノ器物天造ノ奇品、漢洋舶載、新造創製等ヲ論セス、之ヲ蔵スル者ハ博物館ニ出シテ、此会ノ欠ヲ補ヒ以テ世俗ノ陋見ヲ啓キ、且古今ノ同異ヲ知ラシムルノ資助ト為スヲ請フ

一　品物ハ来ル十五日ヨリ文部省博物館へ持出ス可ク尤モ重大ノ品ハ持夫差出ス可キ事

一　品物受取ノ節ハ預リ証書ヲ渡シ置キ会後ニ引替差戻ス可キ事

一　永久博物館ニ預置キ苦シカラサル品ハ別段預リ証書ヲ渡シ置キ、持主入用ノ節ハ何時ニテモ証書引替相渡ス可キ事

一　出会ノ品ハ必ス持主ノ姓名ヲ記シ之ヲ列ス可キ事

一　会期ハ来ル十月朔日ヨリ同十日ノ間ヲ限リ、展覧ハ毎朝九字（ママ）ヨリ午後四字（ママ）ヲ限トス　但シ常備ノ品ハ一六ノ日同時刻ノ間拝見相成候事

一　拝見人雑迷セサル為メ一日ニ大略千人ヲ限リ日割ノ切手相渡候間右持参致ス可キ事

一　切手ハ文部省博物館及ヒ諸方書林ヨリ相渡シ申ス可キ事　但シ一枚一人ニ限リ候事

辛未九月　　　　文部省博物館

辛未九月であるから明治四年九月の広報である。ここでの文案は、春に招魂社境内で開催した時の趣旨と同一であり、〝人の知見を広める〟ことを目的としているのである。しかし、この度の博覧会は、「さきは御布告の意にもとづき」と記されているように、五月二三日に公布された古器旧物保存方の精神をこの博覧会で生かそうとするものであった。同時に〝皇国従来博覧会ノ挙アラザルニ因リ〟とあるように、わが国で開催される初めての博覧会であるため、

所蔵している古代の器物、自然の奇石、外国から渡来した品物などを出品して欲しいという事にあった。これは古器旧物保存方の精神をこの博覧会で実践しようとするものであったが、それには官品だけを出品して開催するよりも、広く民間に協力を得て出品してもらう方が、古器旧物保存方の精神を生かす最もよい方法であると考えるに至ったのであろう。

すでに古器旧物保存方の布告に示された別紙三一部門の資料にしても、それが実際にどの程度保存されているのか、政府としてはその実態は把握していなかったからである。それを博覧会の開催という名のもとに一般から出品してもらう事により、ある程度まで実態を把握することも可能であり、博覧会の盛況へと連動させようとするものであった。そのためには、何よりも出品者が安心して出しやすい体制をつくることが必要であり、また、それを意識させることであった。それを具体的に示す方法として実施されたものが、資料を預った場合には、まず、〝預証書〟を発行するという事で、箇条書きの頭初にそれを挙げて意識させている、それは、古くから民衆が持ち続けていた〝とりあげられる〟という旧弊を払拭しようとするものでもあった。

預けられた資料は、所有者の氏名を記して展示するが、それは官吏であれ、民衆であれ、預ければ預証書が渡されることが前提になっている。永久に預けることも可能であるが、これはまた所有者が必要な時には、何時でも預証書と引き換えに返却されることとなっている。

■〝仔細あって〟中止に

明治四年（一八七一）九月に発行された「新聞雑誌」第一四号は、その時の博覧会の事を次のように報じている。

来ル十月朔日ヨリ同十日ノ間　文部省博物館（ハクブツカン）ニ於テ古代ノ器物（キブツ）天造ノ奇品及ビ漢洋舶載（ハクサイ）新製ノ諸器械等展覧ノ会ヲ

設ケラル　毎朝九字（ママ）ヨリ午後四字（ママ）ニ至ル迄一日大略千人ヲ限トシ切手ヲ以テ入観ヲ許サル　切手ハ博物館及ビ諸方書肆ヨリ相渡サルルヨシ　又珍奇ノ物品ヲ蔵スル者ハ之ヲ斉出シテ博覧ヲ助クル事ヲ許サルト云

この「新聞雑誌」の報道では、さきに挙げた開催の摺物に記されている内容を要約したような形になっている。混雑を防ぐため一日一千人の観覧者に限定し切手（入場券）を発売することなどは、まったく同一であり、これにより、明治四年（一八七一）一〇月に博覧会は予定どおり開催されたものと思われていた。それは、明治二七年（一八七四）博文館で発行した『明治節用大全』にも、博覧会について

明治四年一〇月一日より十日間、文部省博物館にて古代の器物天造の奇品及ひ漢洋舶来新製の諸器械等及ひ諸人の珍奇物品をも集めて博覧会を開設せらる。是我邦博覧会の称ある始とす。

とあり、わが国で最初の博覧会として開催したことになっている。また、戦後の発行になる某博物館学教師の著した博物館概説書にも開催されたと記されている。従って、筆者もある時点まで明治四年の一〇月に博覧会は開かれたものと信じていたのである。しかし、実際は突然中止となり、開催されていなかったのである。

この博覧会の開催を広報した「新聞雑誌」は、その一五号で「文部省御改正ニ付十月朔日ヨリノ博覧会延引ニ相成候」と報じている。すでに博覧会は始まっていなければならない一〇月になってから、博覧会延引の記事を掲載したのである。博覧会延期の理由をこの「新聞雑誌」では、ただ文部省改正のためとしているが、文部省は設置されてからまだ二か月しか経過しておらず、実務を担当する博物局は、設置されてまだ数日であり、行政が十分に機能するに至らなかったためと考えられる。

開催することを公示しながら実施しなかったこの幻の秋季の博覧会を、和田千吉は、雑誌「新旧時代」の中で次のように述べている。

> 明治四年七・八月文部大丞町田久成と蜷川式胤とが相談して、再び博覧会を催して、其跡へ常備の博物館を設けんと謀った。そこで場所を芝及び上野、其外所々見に行ったが、適当と思うところもなかった、此時分蜷川も非役となったので郷里西京に帰ったのであった。
>
> 同年九月町田久成は横山由清と相議して、同一〇月博覧会を開かんと企てた。此月文部省内元大成殿を以て博物館となしたく、文部卿大木喬任、文部大丞、文部少丞へも伺って聞済になったが、仔細あって九月十八日此ことが中止になった。

ここには、文部大丞の町田久成と蜷川式胤が相談して秋に博覧会の開催を考え、その開催場所を決めるために方々を回ったが適当な所がなかった。その後にはまた町田久成と横山由清（よしきよ）が相談して十月に開くことを考えた。この両人による博覧会の計画は、前記したように一〇月一日から実施する方向で文部省博物館の名で広告したが、しかし、結局〝仔細あって〟九月一八日に中止することに決まった。これは博覧会が開催される十二日前のことである。この中止理由が〝仔細あって〟であるが、博物局が組織されて数日であったため事務的な準備ばかりでなく、何か別の理由もあったのであろう。

昇斎一景筆『東京名所三十六戯撰』より
「元昌平坂博覧会」（慶應義塾所蔵）

第3章　わが国における最初の官設博覧会

前章で述べた通り、東京・湯島聖堂構内で明治四年（一八七一）一〇月一日から一〇日間、文部省博物館の主催で開催する予定だった博覧会は、急に中止となり、幻の博覧会となった。この頃、京都において、三井八郎右衛門、小野善助、熊谷直孝の主唱によって博覧会の開催が構想されるに至り、民間人主導の下に実施される。これがわが国における最初の博覧会となった。

明治維新によって千年の帝都であった京都は、火の消えたような寂しい町となった。その活性化のために実施されたのが博覧会であった。その時の広告には、「西洋諸国ニ博覧会トテ新発明ノ機械、古代ノ器物等ヲ普ク諸人ニ見セ智識ヲ開カセ新機器ヲ造リ、専売ノ利ヲ得サシムル良法ニ倣ヒ一会ヲ張ン……」とあり、京都でなければ調製できない衣服や調度品など伝統的な特技産業の再興でもあった。西本願寺の大書院を会場にして、明治四年（一八七一）一〇月一〇日から一一月一一日まで開催された。広告で期待していたような新機器などは出品されなかったが、会期中の入場者は一万一千二一一人で、二六六両の利益をあげるに至った。

この博覧会は、翌年から会社組織の博覧会社によって、毎年開かれるようになり、明治一八年（一八八五）第一四回京都博覧会まで続いている。

この京都博覧会の目的は、沈滞しきった旧帝都の産業経済の復興にあり、京都という地域社会を意識してのもので、国内全体を考えたものではなかった。それに対して、大局的な見地から、日本の殖産興業に役立つものとして、文部省博物局によって構想され、政府によって実行された博覧会は、産業の振興、博物館施設の誕生などに影響を及ぼすこととなる。

大成殿前の撮影（左ケース内は金鯱）

1　博覧会開催の趣旨

明治四年（一八七一）一〇月一日から一〇日間開く予定であった博覧会は、なぜか突然中心になった。それを挽回するかのように、その年の一二月には、はやくも明治五年（一八七二）三月に改めて博覧会を開きたい、とその計画が文部省から上申され裁可された。そして、翌明治五年二月一四日になって博覧会を開くことが全国に布達される。しかし現在伝えられている関係資料の中には「壬申正月」と記された広報の摺物（93ページ写真参照）も存在するので、博覧会の開催が全国に布達された時には、すでにこうした摺物によって一部の人たちには知れわたっていたものと考えられる。

この明治五年（一八七二）三月に開くとする博覧会開催の摺物は、明治四年（一八七一）一〇月に開く予定で突然中止となった幻の博覧会の摺物に記載されている開催趣旨とまったく同一の文章である。

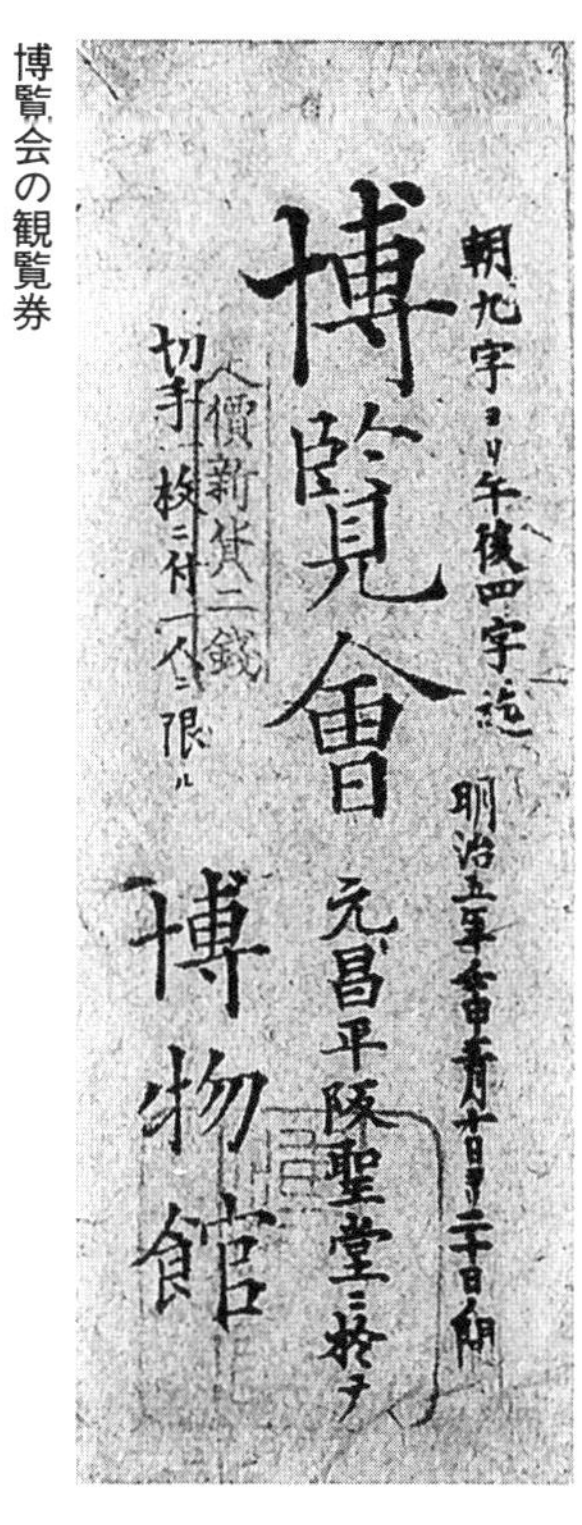

博覧会の観覧券

　基本的には、本文の主旨部分は「博覧会ノ旨趣ハ天造人工ノ別ナク宇内ノ産物ヲ蒐集シテ其名称ヲ正シ其用方ヲ弁シ人ノ知見ヲ広ムルニ在リ……」とあり、以下まったく同文である。ただ、箇条書きの部分のみに相違が認められる。

　それは当然の事ながら出品の期限、会期など、日数の記載が異なっている。

　観覧に関する事では、四年の時の摺物には「拝見人雑迷せざる為」となっているが、ここには「一日千人」として、一種の入場制限について記している。加えてこの度のものには「拝見人ハ男女ヲ論セス」とあり、とかく男女は何かと差別がちの社会の中にあって、博覧会のみは差別される事なく観覧できたのである。

　その他には、明治四年の時には「日割ノ切手」となっていたのが、この度は「拝見ノ切手」となっている。開催布告の摺物の外に会期、会場などを記した一枚刷りの〈びら〉が作成されている。それには「切手一枚ニ付定価新貨二銭之事」と記されているので、無料ではなく、縁日や開帳などに開かれる見世物と同じように有料であった。その観覧料は新貨二銭であった。当時盛んであった西洋画の覗きからくりが一銭であった事を思い合せると、決して高い観覧料ではなかった。

2　博覧会に出品された資料

博覧会の出品物は、先に挙げた開催の趣旨からも明らかなように、「皇国従来博覧会ノ挙アラサルニ因リ、珍品奇物ノ官庫ニ貯フル所亦若干許ニ過キス、因テ古代ノ器物天造ノ奇品漢洋舶載新造創製等ヲ論セス之ヲ蔵スル者ハ、博物館ニ出シテ此会ノ欠ヲ補ヒ……」とあるように、官有品と個人所蔵の資料が出品されたのである。

これ等の出品物については、『東京国立博物館百年史』の資料編に「明治五年博覧会出品目録・草稿」の全文が掲載されており、それにより出品物の内容を把握することができる。

最初に「御物」が挙げてあり、その後に個人の出品物が列記されている。御物には、

一　御笙　鈴虫　迦陵頻　二管
一　御篳篥（ヒチリキ）　蜩　一管
一　御笛　占月丸　一管
一　御琴　聞天　南風　虞舜　大雅　四絃
一　菅公真蹟法華経　一巻　元熱田神庫所蔵
一　古銅瓶　一箇
一　古銅鐘　一箇
一　古銅卣（ゆう）　一箇
一　山水大理石挿屏　一箇

一　景泰藍挿屏　一箇
一　彫漆果盤　一箇
一　双口磁瓶　一双
一　名護屋城金鱐（きんしゃち）　一管
一　古金銀銭貨類
一　御琵琶　白菊　一
一　千鳥香炉　一箇
一　小野道風書　一巻
一　御料紙箱　一
一　御硯箱　一

の一九種を挙げている。この外に宮内省からは

一　髪上　一
一　打袴　一行
一　帖紙　一帖
一　裳　一行
一　唐衣　一
一　檜扇　一握

の六点が出品されている。

この御物については、出品にあたり、特別な取り扱いがなされている。前に挙げた博覧会開催の摺物には、出品資料は二月一五日から受け取ることになっているが、はやくも御物のみは一七日に到着している。そのためこの夜から博物館は特別警戒となり、博物局の者二人、見張の者一人、小使二人、時廻りの者一人、計六人体制で宿直にあたった。

政府機関からの出品としては、工部省が横須賀白仙山発掘の「象歯顎骨化石三箇」を出品している。この化石は、すでに前章で述べたが、明治四年に開かれた物産会にも出品されており、『明治辛未物産会目録』には、名称のみでなく、その由来など簡単な解説も付してあり、この度の出品は二回目の公開であった。

■電信機も出品

それに電信寮が伝信器械一一品を出品、東校が仏国製模造人形を出品している。

電信器は開国した日本に各国から実験段階の電信機の売り込みや贈与などがあり、急速に注目されることとなった。アメリカのペリー提督が嘉永七年（一八五四）和親条約の交渉で来航した時、大統領からの贈り物として徳川将軍に電信機を献上しており、送受信の実況を一般にも公開している。この時はエンボッシングモールス電信機であったという。その後オランダやプロシャ（ドイツ）からも献上されている。福沢諭吉の『西洋事情』の中で「現今、西洋諸国には海陸縦横に線を張ること、あたかもクモの網のごとし。たがいに新聞を報じ、緊要の消息を通じ、千里外の人と対話すべし。」「西洋人の諺(ことわざ)に、伝信機の発明をもって世界を狭くせりと言うも、また溢言(いつげん)（過言）にあらず」と記しているように、新たな通信手段になるものであった。明治元年（一八六八）電信を官営とすることが決定し、「伝信機役所」が設けられた。翌明治二年一二月二五日、東京・横浜間に電信線が取りつけられ初めて電信が開始される。料金はカナ一字で銀一分であった。明治三年（一八七〇）一〇月、工部省が設置されたことにより、電信事業は同省の所管となり、はじめは伝信機掛であったが、明治四年（一八七一）官制制定により「電信寮」となる。この頃、電信寮で持っていたと思われ、今日に伝えられているものに電信博物館が所蔵しているエンボッシングモールス電信機とグレー印刷電信機が挙げられる。あるいはこれ等の電信機も出品された一一点の中に含まれていたのではなかろうか。

■神道関係資料も

教部省が皇大神宮、神武天皇陵関係の資料として、

一　皇大神宮印　印文内宮政印　銅筥一口
一　皇大神宮神蔵銅印　一顆
一　豊受大神宮印　印文豊受宮印　銅筥一口
一　旧大神宮司印　印文大神宮印　銅筥一添
一　皇大神宮神蔵古銜　一口
一　豊受大神宮神蔵百歳鐘　一面
一　菱花形鏡　一面
一　円鏡　二面
一　皇大神宮神蔵古鞆　一枚
一　皇大神宮神蔵古土器　一口
一　古剣　三口

一　神官旧神宝之図　一帖
一　神武帝山陵営繕之時所堀出古器　一〇品
一　同所堀出古銅銭　二箱

以上一四種を出品している。この教部省は、神道・仏教および国民教化に関することを司った役所で、かつての神祇省を発展的に解消して新設された。その設置が明治五年（一八七二）三月一四日であるため、上記の皇大神宮関係の資料が博覧会の初日から出品されていたとなると、この時にはまだ教部省は存在していなかった事になる。従って、神祇省によって出品されたものとなろう。神祇省は、宣教事業の隆盛を願って明治四年（一八七一）八月八日設立されたものであるが、その所期の目的を十分に達することができなかった。西郷隆盛は、「神祇省は昼寝の官なり」と罵ったとも言われるほど、低調な何もしない官庁であったのであろうか。しかし後に

敬神愛国の旨を体すべき事
天理人道を明かにすべき事
皇上を奉戴し朝旨を遵守せしむべき事

とする三条の教則を示し実施に移している。このような趣旨に沿った皇大神宮・豊受大神宮関係の資料、それに神武天皇陵から発見された土器の出品となったのであろう。

博覧会を通じての国民への教化、それはまた、伝統的な古物を見せるだけではなく、そこから〝皇国〟を意識させ、敬神愛国の精神を発展させることにあったろう。

この外に公共機関としては、神奈川県が鎌倉八幡壇葛辺所から出土した古釘二本と木片を出品している。

■民間の出品者が四倍に

以上に記した出品物以外は、すべて個人の所蔵品である。寺院も含めると総計一六一名が出品している。前に紹介した明治四年（一八七一）の物産会では、出品者の大多数が官吏であり、それ以外の民間出品者は四〇名であったが、この度の博覧会では出品者が四倍にも膨(ふく)れあがって民間人が増加している。それは博覧会の趣旨を記した摺物を配付し、広く一般に呼びかけて勧誘し、それによって博覧会に対する関心を高めたことにも拠るであろう。また、前の物産会の時と同じように、出品者には「預かり証書」を発行している。それには「右之品博覧会江被差出候ニ付展観ニ供ス　会後証札引替差戻申候也」となっている。出品しても官が取り上げてしまうということはなく、必ず展示され、博覧会が終了すれば必ず返却されるという安心感を与えている。

出品された資料を概観すると、前年の物産会の時には、鉱物門、植物門、動物門に分類して、いわゆる〝博物資料〟が中心であったが、この度の博覧会では、〝古器物〟が大多数を占めている。これは出品物から見れば江戸時代に各地で開かれた物産会の域を脱したものと見ることができるのである。

この出品者の中に名前の見られる町田久成、内田正雄、蜷川式胤、伊藤圭介、小野職愨(もとよし)らは、博覧会を開催した関係者であるが、この博覧会の開催に特に中心的役割を果たした文部省博物局の所属である田中芳男だけは出品していないのである。

田中は、前年に開かれた物産会の時には、鉱物、植物、動物標本をはじめとして陶器、古物類に至るまで総出品数二三七〇点の中にあって、三分の一以上を一人で出品していた。あたかも田中芳男個人の物産会のようでもあった。

それがこの度の博覧会では、関係者の一人として出品できる立場にあったが、一点も出品していないのである。この辺の事情については、今日まで伝えられている関係資料からでは解明できない。ただ結果的には、田中が出品しなくとも事足りており、充実感にみちた博覧会となったことには贅言を要しない。それは観覧者が予想外に多く再三会期を延長した事でも知られる。

3　博覧会の盛況と観覧者

わが国で最初となる博覧会の開催にあたり、大成殿の破損している個所を修繕したり、必要な硝子組障子を購入して付けたり、諸準備のため金千両が大蔵省から支出されている。博覧会案内のための摺物は二千枚印刷されている。六百枚が東京府へ、その他の枚数は、埼玉、入間、足柄、木更津、印旛、新治、茨城、群馬、栃木、宇都宮の一〇県に配布し、掲示を依頼している。

会場内の飾り付けに使用する幔幕（まんまく）は、宮内省から借用して会場全体にめぐらしている。聖堂の仰高門外には、観覧者が遵守しなければならない規則を張り出した。

一　館内下駄、足駄、駒下駄并傘、杖、鞭禁制之事　附　犬を牽連入べからざる事
一　水拭差出置候に付、沓并草履、雪駄之者は拭候而入べき事
一　草履番差出置候ニ付、下駄、駒下駄、足駄之者は穿替候而入館致すべき事　但　草履番へ相当之世話料相払可

申事

また、仰高門やその他の出入口には、次の注意書を張り出した。

一　火之元厳重ニ付館内烟草禁制之事

一　傘、杖、鞭、禁制之事

一般的な注意書きであるが、館内に下駄などで入ってはいけない。傘、杖、ステッキなどを持ち込んではいけない。犬を連れて入ることもまたできない。靴や草履はきれいに泥などを落してからの入場となるが、そのための水拭きが用意してある。下駄などは草履に履きかえなければならなかったが、その時、草履番へそれ相当の世話料を払わねばならない。火の元には時に注意しており、禁煙となっている。あたかも子供を諭すかのような注意がきであった。

■明治天皇が行幸

わが国の官設で最初に開かれたこの博覧会は、当初の計画では三月一〇日から二〇日間の予定であったが、実際は再三会期を延長して四月三〇日に終了した。「新聞雑誌」第四三号には、「文部省ノ博物館既ニ五〇日の定限（ていげん）ニ満タリシニ」とあり、結局最終的には五〇日間に変更したのである。

この五〇日間の会期中で三月一三日（土）は、行幸日であり、三月二七日（土）は行啓日である。そのため、この両日は一般の観覧は中止であり、休館日となっている。

この行幸日である三月一三日の事に関して、『明治天皇紀』には、

> 東校並びに文部省に幸す。午前九時御出門、太政大臣三条実美・参議西郷隆盛・同大隈重信・同板垣退助・宮内卿徳大寺実則・侍従長河瀬真孝・式部頭坊城俊政等を随え、先づ東校に著御す、便殿ニ於て文部卿大木喬任以下勅奏任官の拝礼を受けたまひ、次いで授業及び器械等を天覧、診察所竝びに各室執務の状を御巡覧、文部省(旧大学本校)に幸す、便殿に於て奏任官以上の拝礼を受け、省中執務の状を御巡覧あり。次いで博物館に幸し、本月一〇日以来開催の博覧会陳列品を天覧、古器・旧物に就きて伝来の説明を聴きたまひ、午後一時還幸あらせらる。

とある。この時は文部省が設置されてから八か月しか経っていない時で文部省は聖堂構内で執務していた時代である。太政大臣、参議らを従えての行幸であった。文部省内の執務状況などを見学されてから、博物館の陳列場となっている大成殿に向かわれた。中庭には名古屋城の金鯱、大成殿の回廊には古器物などが所せましと並べてあった。この時には、博覧会の実務を直接扱った町田久成、田中芳男が案内をしている。

また、この日のことを和田千吉は、雑誌「新旧時代」の中で、次のように記している。

> 朝十字(ママ)過文部省へ臨御あらせられた。茲に一同天顔ヲ拝し、畢って博物館へ入らせられ、町田久成、田中芳男の両人が物産品目を奏し、畢って講堂の椽頬にて内藤慎三の蠟燭製造を叡覧相済環御あらせられた。此日内藤は東京裁判所より呼出になって居たが、文部省よりの照会によって之を延期したなどのことがあった。

ここには『明治天皇紀』には記載されていない見学内容に実演のあった事を紹介している。それは博物館内の見学が終ってから、講堂の一角で蠟燭の製造工程を実演したものであった。

この実演者である内藤慎三は、浅草寺境内で蠟燭の製造販売をしていた人であり、たまたまこの日は、東京裁判所から呼び出しを受けている日であった。この事を知った文部省は、東京裁判所に対し、内藤は天覧の時の実演者であるため裁判所への出頭を延期してもらいたいと依頼したのである。その返事が行幸の前日になって、裁判所への出頭を一日延期するので、その旨を本人に伝えて欲しいと連絡して来たのである。こうして内藤は無事天覧の責務を果たすことができたのである。

裁判所の呼び出しを突然延期してもらうという事は、今日の社会常識では考えにくい事であるが、何事も皇室に関することが最も優先する時代のことであった。

三月二七日は、皇后陛下の観覧が予定されたため、一般民衆の当日の観覧はとりやめになっていた。ところが、当日は雨となり、皇后陛下の観覧は突然中止となった。そこで博覧会のために雇われた臨時職員らは大成殿内外の掃除に駆り出され時間を費やしている。

■〝官尊民卑〟の傾向も

観覧者数については表示したが、初日の一〇日は七一七人、二日目の一一日は二千六八六人、三日目の一二日は三千二六二人となっており、再三会期を延長して四月三〇日に終了した。一般公開日の総観覧者数は一九万二千八七八人である。一日の平均では四千一八人となる。当時の錦絵を見ると、観覧者の頭だけが重なっており、常時満員であった状況を彷彿させる。これではゆっくり観覧することもできず、ただ後から押されて前に進むだけであったろう。

この博覧会の一般公開は、三月一〇日からであるが、観覧者数のグラフからも判明するように、三月五日から九日までの五日間、観覧者のあった事が示されている。正確な数字は五日が一九八人、六日が六〇八人、七日が五四七人、八日が五三六人、九日が五五一人となっている。これは通常の公開日の前に特別開館により官吏だけに公開し観覧させたものである。

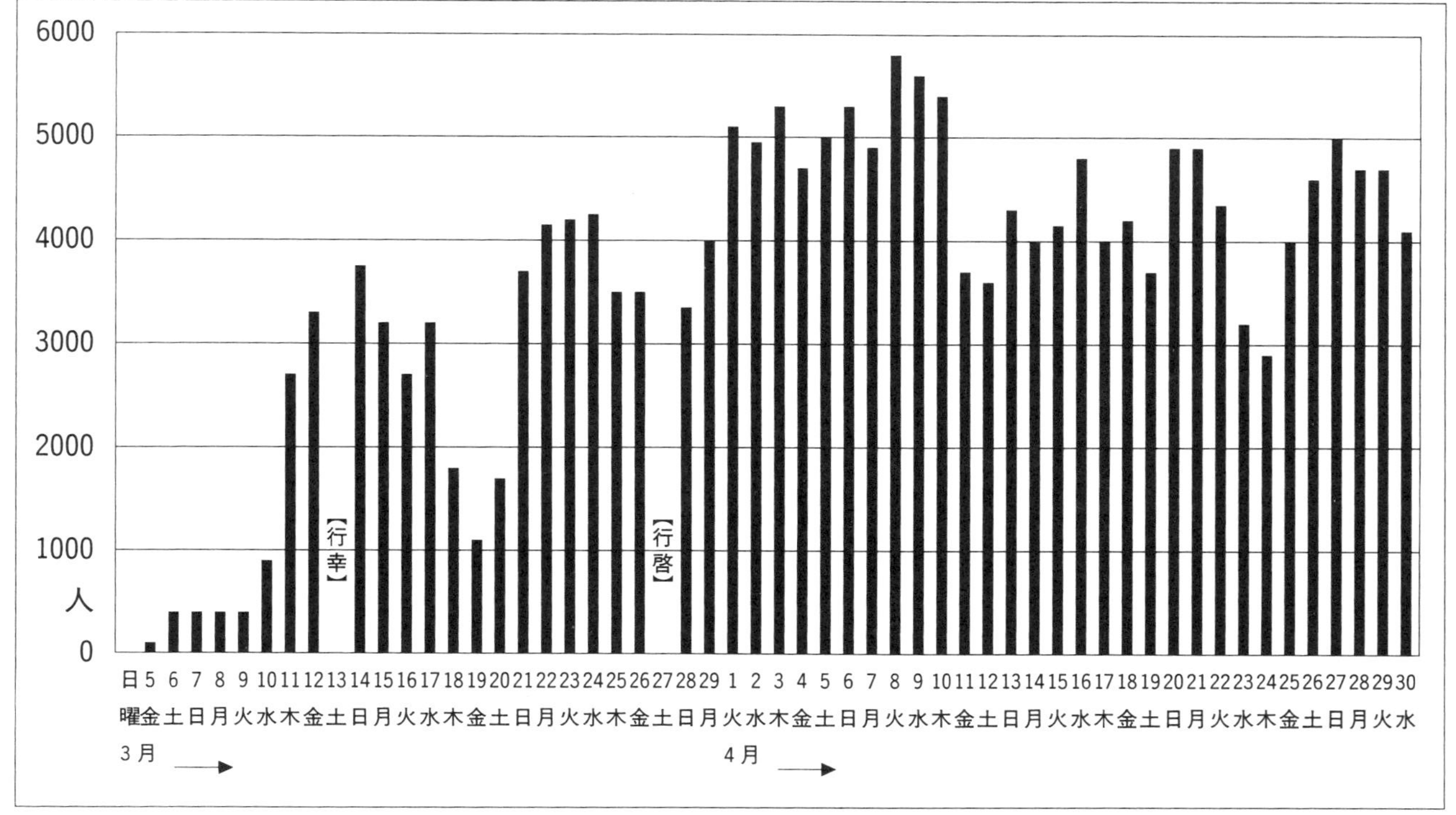

6000
5000
4000
3000
2000
1000
人
0
【行幸】
【行啓】
日 5 6 7 8 9 10 11 12 13 14 15 16 17 18 19 20 21 22 23 24 25 26 27 28 29 1 2 3 4 5 6 7 8 9 10 11 12 13 14 15 16 17 18 19 20 21 22 23 24 25 26 27 28 29 30
曜 金 土 日 月 火 水 木 金 土 日 月 火 水 木 金 土 日 月 火 水 木 金 土 日 月 火 水 木 金 土 日 月 火 水 木 金 土 日 月 火 水 木 金 土 日 月 火 水 木 金 土 日 月 火 水
3月
4月

博覧会観覧者数の変化

今日の社会であれば、特別展覧会を開く時など一般に公開する前日に「特別公開日」とか「内覧会」とか称して、関係者や協力者を特別に招待し観覧させている。これと同じように一般公開に先立ち、官吏だけを特別に招待し観覧させたものである。これは世話になったから招待するという事ではなく、〝官尊民卑〟の現れであったとも言えよう。

かつて幕藩体制下では「士農工商」という一種の身分制度があり、その中で「士」すなわち武士階級がもっとも上位にあるという社会構造であったが、そのような意識の変形したものが〝官尊民卑〟であるとも言える。何事も天皇を頂点とする官僚優位の立場で進められる事により、官僚にだけ先に観覧させるという方法が採られている。

前に紹介したように、博物館は何事にも差別されるような所ではなく、入場でも男女は平等で観覧できるという新時代になったにもかかわらず、一方では官僚体制がますます特異な存在になるという傾向が、こうした観覧上からも示されているように思われる。

4　人気のあった特別資料

尾張藩は徳川義利（後に義直と改める）を藩祖とした六一万九千五百石という大藩であり、その居城が名古屋城であった。徳川家康によって築城が進められたこの城は、慶長一九年（一六一四）二代将軍秀忠の時に完成した。その規模は、江戸城、大坂城に次ぐものであり、天主閣の屋根の両端に〝金鯱(きんしゃち)〟（きんのしゃちほこ）があった事から〝金城〟〝金鱗城〟〝金鯱城〟とも称されている。

金鯱は、簡明に説明をすれば、心木となる鯱を木材で製作し、その上に金の板を張ったものであるが、今日まで伝えられているものでは歴史的な経緯から、名古屋城の金鯱がもっとも話題を投げ掛けている。

しゃちほこ【鯱】を広辞苑でひくと、「棟飾りの瓦の一。頭は竜のようで、背上に鋭い刺を有する想像的海魚で、海にすむから防火の効があるという。大棟の両端につける。城郭建築に多く、鴟尾（しび）の変形だという。しゃち。」とある。また、しゃちは、サカマタの別称。「しゃちほこ」の略とある。サカマタ【逆叉・逆戟】は、鯨目の海獣。形はイルカに似て、体長約九メートル。体は黒色、腹面は白色。背鰭の後部に特徴的な白斑がある。頭は円錐形で、歯鋭く、背鰭は大きく逆鉾状。太平洋・大西洋・インド洋に産し、勇敢で鯨を襲って捕殺する、とある。

このように鯱は、防火に効のあることから、火災をもっともきらう城郭の鴟尾に使用されるようになった。その名古屋城の金鯱が上述したように博覧会に出品されたのである。出品目録には「加藤清正所造・名護屋藩ヨリ貢献」とあり、それが大成殿前の中庭に置かれていたのである。この出品があったため、博覧会は連日満員で押すな押すなであった。

金鯱は、雄が全長八尺五寸（昭和の実測では八尺六寸五分）、雌は八尺三寸（同じく八尺五寸一分）、鱗の数は雄一九四枚、雌二三六枚、当初に用いられた金の量は、慶長大判で一九四〇枚と言われる。椹（さわら）材で荒彫りの心木をつくり、それに鉛板を張り付け、さらに銅板でおおい、その上に大判・小判を薄く延ばして張ったものである。

この金鯱に用いられた金は良質であったため、名古屋藩の財政が苦しくなった時など、鋳直しを行なって利用している事がまず挙げられる。

「名古屋城叢書」によると、享保一五年（一七三〇）に金板の鋳直しを行ない、鳥よけの金網を取り付けた、とある。文政一〇年（一八二七）には、天守閣そばの広庭に小屋をかけ、金、銀、鉛の吹直しをした。同時に心木の椹材は、檜（ひのき）材に取り替えており、その時「金鯱は半磨きという方法に為す。本磨きは金色さんらんとして、却って優美ならず、半磨きは黄色にして、光輝温潤なるにより有司の間で決定したり」と記されている。これは鯱の金の質の低下を隠す

ためのごまかしの言葉であったとも言われる。(『名古屋城年表』一六一頁)

そして一年おいた文政一二年(一八二九)には、「金鯱に大修理を加える」とだけ記してある。

このように見て来ると、金鯱は名古屋藩の財政の危機を救うため、改鋳を行なったり、あるいは本丸の修理に伴って、金鯱にも手が加えられたりして、当初は慶長金のため純度も高かったが、次第に金の質が低下し光もにぶくなった。そのため嘉永五年(一八五二)には、「九、十月の頃、御天守の鯱金(金の薄板)の押様不良でめくれ、この年、矢倉を懸けて繕う」とあるように、何度も改鋳しすぎて薄い板になったのであろう。それを修理している。

■貢納品の金のしゃちほこ

三百年に及んだ徳川幕府も慶応三年(一八六七)一〇月、将軍慶喜(よしのぶ)が大政を奉還し王政復古をむかえた。これにより各藩が統治していた土地・人民は朝廷に奉還され、それまでの大名は、藩知事に任命されるなど新政権が発足するに至った。名古屋藩では版籍奉還により徳川慶勝(よしかつ)が藩知事となったが、時代の推移の中にあって、藩の財政的な立て直しが図られ、明治三年(一八七〇)一二月一〇日、金鯱を無用の長物として、そのままにしておくよりも、古金をはがし、すこしでも御用に立てたいという意見が出て、名古屋藩庁から宮内省へ献納することが申し入れられた。

この時、名古屋藩庁から弁官に差し出された文書には次のように記されている。

名古屋城天守之金鵄尾、方今之際無用ちょうぶつに候間、古金ヲ剝シ乍聊御用途之末ニ貢納仕度、且城内建物逐次取毀将来修繕之冗費ヲ省キ、公廨之闕乏ヲ補ヒ一挙両和之所置仕度、此段御指揮奉伺候

ここには金鯱の貢納と共に城内の建物を順次取り壊すことなども記されている。由緒ある城郭を破壊するという事

は、無謀なことであるが、これもまた新時代を生き抜くためには仕方のない時代の流れであったろう。

とにかく政府の許可を得て城郭の取り壊しが始まる。その時のことを『名古屋城年表』で追ってみると、まず取り壊しに関連して盗難事件が発生している。それは明治四年（一八七一）のことであるが、

二月　　　金鯱引き降しの内命あり
三月二八日　陸軍名古屋分営の番兵、金鯱の鱗三枚を盗む
四月七日　南方の雌鯱引き降ろす
四月一四日　北方の雄鯱引き降ろす

とあり、引き降ろしにあたっては、熱田神宮、津島神社、真清田神社、三之丸天王社、東照宮の五社で祈祷を行なっている。

ところが、たまたまこの取り壊しを伝え聞いた駐日ドイツ公使フォン・ブランドは、伝統的な由緒のある城の破壊を中止し、文化財として保存することが望ましい、と強く政府と知事に働き掛けたのである。そのため解体作業は中止することとなったが、しかし、一旦おろした金鯱のみは宮内省へ献上することとなった。この時のことは『名古屋城年表』には、

六月七日、金鯱を二個の箱に納め、地車二両に積み、一両三十人に曳かしめ、六月九日、蔵前から船に積み、熱田で蒸気船知多丸に移し、同月十六日東京に着き、宮内省に納める。

と記されている。この金鯱が田中芳男の回顧にもあったように、当時宮内省の倉庫に保管されており、それを借りて博覧会場の中庭に展示したのである。

これは明治新政府によって初めて開かれた博覧会であり、文部省博物局の田中芳男らによって推進されたが、先にも引用した田中が七六歳の時の回想では、更に続けて、

明治五年になりまして、今後は聖堂、即ち大成殿において〝博覧会〟という名前で開設しました。ところが中々見る人が多く押合って仕方がない。それで人を入れない策を取った様なことでありました。その時に尾張城の金鯱を持って来て中庭に陳列したのが評判が宜かった。是は尾張藩から献納したものであります。それが宮内省の物置きにあったので、それを貸してやらうという事で、拝借して聖堂博覧会に出品しました。

大成殿前の中庭に置かれた金鯱（昇斎一景画）

と記されている。とにかく一対であった金鯱の片方が湯島聖堂構内で開かれた最初の博覧会に展示されたのである。当時の情景については、博覧会関係者の記念写真、錦絵・昇斎一景筆の博覧会図などで知ることができる。

金鯱は大成殿前の中庭の中央部に据えられ、屋根付きの特別に製作されたガラスケースの中に置かれ、周囲には木の柵がめぐらされている。今日的な表現では〝一点展示〟という感じである。解説には「貢納・名古屋藩」と書した木札が置かれているだけで、他には何も説明など加えていない。

昇斎一景筆の錦絵「元昌平坂博覧会」（第3章口絵）によると、金鯱を見て手を合せて拝んでいたり、口をあけ、腰を抜かして立ち上がることのできない人が描かれていたり、驚きの表情が実によく示されている。尾張徳川家の居城に燦然と輝いていたこの金鯱を、江戸時代の旅人たちはお伊勢参りの時など、一生に一度だけでも、遠くからでも、眺めることができればと待ち望んでいたものである。それが明治という御時世になって、この博覧会場では一メートルにも満たないすぐ近くで自由に観覧することができたのである。願ってもない事が現実になったので、感動して腰を抜かしてしまうのもまた無理からぬところであったろう。

■生きたオオサンショウウオ

この外に出品目録には記載されていないが、オオサンショウウオが出品されている。錦絵に描かれたものを見ると、中庭の参道上に大きな陶器の鉢が置いてあり、その中で飼育されている。もろもろの人がしゃがんで鉢の中を覗き込んでいる。大坂開成所の白井唯一が送って来たもので、説明札には「大和吉野山産サンショウ魚」と記してある。

このサンショウウオは、諸書に〈オオサンショウウオ〉と記してある。この両生類は、動物図鑑で調べると、六十センチ前後のものが多く、背面の体色は灰褐色で、黒褐色の斑紋が見られる。頭部は大きいが背腹は著しく扁平で目は極めて小さい。頭部の背面に多数のイボがある。岐阜県以西の本州中部・近畿・中国・九州北部に分布し、とくに中国山地一帯に多く、山間の清流に生息する。八月下旬から九月下旬の間に産卵する、とある。

このオオサンショウウオが出品された事から、これをわが国における動物園の始原であると言っている人もいる。

しかし、一種類だけの動物が出品されたからといって、ただちにこれを動物園の始原であるとする事は早計であろう。むしろ、後章で述べるように山下門内博物館では殖産興業の一環として、内外の哺乳類などを飼育しており、ここに動物園の始原を求める方が適切であるように考えられる。

第4章　わが国における博物館の成立

1　文部省博物館の誕生

博物館設置の基本構想

湯島聖堂でわが国最初の博覧会が開かれている時、文部省博物局の人たちは、わが国に理想的な博物館を設置するための検討を重ね、その将来構想を太政官に上申した。その時に提出した原議書には「博物局・博物館・書籍館建設之案」と記されているが、一般には「博物学之所務」と言われている。それは、この原議書の冒頭に「博物学之所務」という見出しで、博物館、博物園、書籍館、博物局に分けて、その施設の在り方など、その概念を説明しているからである。

ある博物館の略史を記した冊子には「博物館之所務」と記してあり、日本の博物館発達史を概説している。またこ

「博物学之所務」

れを論文発表で引用している例も見られるが、国立国会図書館が所蔵している原本を見ると、「博物館」ではなく「博物学」である。

この「博物学之所務」の冒頭には

> 動物、植物、鉱物、三科之学ヲ研究シテ其品物ヲ陳列シ、人一見シテ其知識ヲ拡充スルノ益アラシメ、兼テ其書ヲ編輯又翻訳シ、普ク人ニ示シ、又有志輩ヲ教導スル事ヲ務ム、外ニ人工物ノ沿革ヲ示シ、人工ノ日新粗ヨリ精ニ入ルノ理ヲ論シ、又書籍館ヲ開キテ有志ノ者ニ珍書奇籍ヲ放観セシムル等ノ務アリ

と記されており、その内容をまとめると次のようになる。

① 動物、植物、鉱物の三科を研究し、それに関する資料を陳列する。今日的な表現であれば自然史資料（博物資料）の研究、陳列である。

② さらにこうした三科に関する書物を編集し、または翻訳する。これが後に博物館で各種の解説書を刊行する基ともなる。

③ 書籍館を開いて閲覧させる。今日的な表現では、〝図書館〟の開館閲覧である。これは間もなく実行に移され、浅草文庫が内務省系博物館の中で公開される。また、文部省博物館には、東京書籍館が併合され、

同一の建物内で博物館職員が書籍館兼務となり運営されることとなる。

以上の三点に尽きていよう。ただ、ここで言っている事は、自然史資料を研究、展示する博物館になっており、古器旧物など文化財に関する資料については何も触れていない。すでに古器旧物保存方の布告が出されており、博覧会場では、この種の資料の保存のための思想が生かされているにもかかわらず、ここには保存方の精神は微塵も感じとれないのである。

■四施設で構成

次にこのような基本構想を具体化する施設として、博物館、博物園、書籍館、博物局の四施設を列挙し、それぞれに説明を付している。

最初の博物館については、陳列する資料を「天造物」と「人工物」に分けて説明している。天造物は、動物、植物、鉱物、化石などである。その自然にできた生成物のみでなく、自然物を利用して加工された品も対象にしている。人工物に関するものは、古い時代、新しい時代、国内のもの、国外のものを問わず、すべてを対象としており、それ等を分類し整理することにより、技術の進歩発達を促すこととある。そこには、現代的な産業博物館が持っているような性格が考えられている。

博物園は、植物、動物を扱う施設である。博物園において培養する植物は、自然分科にしたがって外長部、内長部、上長部、通長部などに区別して園内に植える。あるいは盆栽にして、温室の中などで育てる。それぞれの性格があって用途も一様ではないので、食用の草木、居家必用草木、救荒草木、薬用草木、有毒草木、果樹草木、欣賞草木に分けて花壇に植える。また、博物館の方に展示する品は、乾腊葉、果実、種子、莢角、茎幹、木材、皮殻、舶来の諸品、写生図、印葉図、撮影図等となっており、分類では食用之品、薬用之品、工匠所用之品、繊維ヲ用ル品、紙料之品、油・漆・蠟ヲ製スル品の六種に分けている。有益な植物は区画して繁殖させ、それ等を世間に施すことが〈国家経済の資〉であるとしている。そこには観覧させる事に意義があるが、また、栽培する事、繁殖させるという事も重要な役割となっている。

最後に〝書籍館〟を設置し大衆に閲覧させることを挙げている。今日的な表現では〝図書館〟である。設置するにあたっての留意点は、市街地から離れた高燥の地に建てることである。市街地は火災が多く、それを回避するためであり、湿気をさけた高燥な台地でなければならなかった。

ここで説明している基本構想には、この他に「書籍館建設の伺い」が付されており、それを設置する目的などについては

楓山（ふうざん）御文庫中ニモ、従来数万巻ノ書籍御納ニ相成居候由、和漢古今ノ群籍ヲシテ徒ニ蠹魚（とぎょ）（しみ）ノ腹ヲ飽シムルハ実ニ可惜事ニ御座候。因テ今般假リニ省中の講堂ヲ以テ書籍館ト為シ、前文ノ御書籍ヲ首トシ、本省庫中ニ所蔵ノ書等並洋書ノ如キハ、東南両校及諸官省ニ於テ日用ニ具セザル者ヲ集メ、其他和漢洋ノ群籍ヲ此処ニ蒐集シテ、世人ノ縦覩ヲ許サレナバ……

とあり、楓山文庫を中心にし、文部省の倉庫にある和洋書、東校、南校にあるもの、その他諸官庁にあるものなどを集めて世人の閲覧に供すべきであるとしている。そのための書籍館の設置であるが、文中の「楓山文庫」は、その頃、「秘閣」、「秘庫」ともいわれた幕府の「紅葉山（もみじやま）文庫」のことである。

このような施設は、具体的には明治五年（一八七二）四月二八日、旧大学講堂内に「書籍館」として設置され、図書

館としての活動を開始する。この書籍館は、その後東京書籍館、東京府書籍館、東京図書館、帝国図書館と改称され、現在の国立国会図書館へと発展する。(付録二・博物館変遷図参照)

■博物局を中心に

以上の三施設を統括する事務処理の場として、「博物局」を挙げている。この博物局の主要な業務は、事務処理ばかりでなく、書籍の編集・翻訳など、また剝製や腊葉標本の製作なども担当している。博物局において編集する書籍は、動物、植物、地学に関するもので、具体的には天造物総論、植物学、植物分科説并表、同一覧図説、有益植物培養法并図、土質論并培養総論、西洋蔬菜培養法并図、万国名産植物図説、日本産植物図説、植物洋名集、日本産物誌、動物学、日本動物図説、動物洋名集、同分科一覧図説、金石学、地質学の一七種を挙げている。ただ植物に関する書籍は更に細かく分けてあるが、総論的な内容のものよりは、培養に関するものなど、直接実務に参考となる内容のものが目立っている。しかし、ここでの基本構想が提示された時には、すでに編集作業の進められていたものもあり、伊藤圭介の『日本産物誌』は、この年の八月にはやくも前編が刊行される。

以上に概要を記した「博物学之所務」は、文部省博物局の田中芳男、内田正雄、星野寿平らがまとめて起案したものであり、これを町田久成、長炗(ちょうひかる)(三洲(さんしゅう))、福岡孝弟(たかちか)らの文部省高官が目を通し押印している。

この時、町田久成は大学大丞であった。

長炗は、号が三洲で儒者であり、書家としても知られている。長州藩明倫館の講師であったが、明治の新時代になってから、木戸孝允に重んぜられ、文教関係業務で大学少丞、文部大丞兼教部大丞、文部省学務局長、正院一等編修官、侍読、宮内省御用掛などを歴任している。明治四年(一八七一)学制取調掛に任ぜられ、学制の制定に参画してい

ジャルダン・デ・プラントの正門入口（中央はラマルクの銅像）

る。

福岡孝弟は、土佐藩の出身で後藤象二郎らと共に大政奉還を幕府に建議したことで知られている。維新後は政府の参与として、五箇条の誓文の起草などに参画している。明治一四年（一八八一）文部卿となるが、当時はまだ文部大輔（たゆう）の時代であった。

■原点はジャルダン・デ・プラント

この「博物学之所務」は、文部省の高官が押印し、決済を得た書類であるため、日本の草創期の博物館はこの内容に沿って設立しなければならなかった。この時の博物館の概念としては、展示施設があり、それに生き物を取り扱う動物園・植物園があり、書籍館が存在している。さらに学術研究、資料製作などの機能、出版事業などを兼備した博物局がある。こうした諸機能をもった施設が総合されて一つの博物館として運営されることにあった。そしてこの「博物学之所務」は、あくまでも博物すなわち動物、植物、鉱物を主体とする考えのもので、古器・旧物などの文化財に関するものは包括されていない。この構想は突然発生したものではなく、その原点は今日のフランス国立自然史博物館、すなわちジャルダン・デ・プラントにその基があったと言われる。

ジャルダン・デ・プラントは、ルイ一三世の侍医であったギイ・ド・ラ・

ブロスの発案により創設されたもので、寛永一七年（一六四〇）一般に公開された。創設当初は「王立薬草園」の名で知られ、薬草の栽培とともに医学•薬学の研究の場でもあった。フランス革命後の寛政五年（一七九三）フランス国立自然史博物館に統合される。ラマルクらの研究により、フランス進化論発祥の地としてよく知られている。

文久二年（一八六二）ヨーロッパ諸国を訪問した竹内保徳使節団の一員であった福沢諭吉は、パリ滞在中にこの施設を見学しており、熱帯植物を栽培していた〝温室〟に注目している。

この「博物学之所務」の立案者の一人であった田中芳男も、慶応三年（一八六七）にパリで開かれた万国博覧会に当時幕府の下級役人であったが、昆虫標本などを持って出張している。その折にこのジャルダン・デ・プラントを見学しており、それが後に田中の自然科学に対する業務の原点になっている。特にわが国に観覧・教育施設を創設する時にこの施設での体験を導入している。明治新政府になってから大坂に舎密局を開設する時にジャルダン・デ・プラントの再現を構想しており、舎密局を「博物館」と称することなども上申しているが、実現するまでには至らなかった。後の明治一〇年（一八七七）になって文部省所轄の「教育博物館」が上野公園内に設置されるが、展示室には動物、植物、地学などの博物標本と学校の教育品、屋外には植物分類園が設置され、それに内外の図書を備えた書籍室があった。この教育博物館は、形態としてはジャルダン・デ・プラントと同じような各種施設の集合体となっており、「博物学之所務」に記されている構想を受けついだ施設と見ることができる。

博物館の成立――一・六日の公開

盛況であったわが国最初の博覧会は、明治五年（一八七二）四月三〇日に終了する。その後、個人所有の資料は返却し、ウィーン万国博覧会に出品する資料は、後述するようにフランス船ハーズ号で、翌明治六年（一八七三）一月三〇日、ウィーンに向け積み出されている。

その他の出品物は、かねてから公示していたように五月六日から、改めて毎月一と六のつく日のみ公開する事となる。通常〝一・六日の公開〟と言われて、一日、六日、一一日、一六日、二一日、二六日で、三一日を除いた月六回の公開である。

通常、博物館といえば、博物館資料の展示期間を定めないで恒久的に開館している施設を指しているので、この一・六日の公開をもって、わが国における博物館の誕生としている。現在上野公園内に所在し、わが国最大の歴史・美術系の資料を保存し教育普及事業に活用している東京国立博物館は、この時を創立年としている。

この一・六日について少し触れておこう。

明治元年（一八六八）正月二一日の布令により、一・六の日が官吏の公休日に定められた。この日は、江戸時代においては武士階級の休日日であり、その慣習を引き継いだものである。この休日について、太陽暦に改めることを唱えてきた大隈重信の回想録『大隈伯昔日譚』には、

一・六の日を以て、諸官省の休暇定日となせしを以て、休暇の日数は月に六回、年に七二回の割となり、加ふるに五節句あり、大祭祝日あり、寒暑に長き休暇あり、其の他種々の因縁ある休暇日あり、総て是等を合すれば一百数十日の多きに上り、而して其の頃の一年は、平年三百五十余日なりしを以て、実際執務の日数は僅か百六七十乃至(ないし)二百日に過ぎざりし

とあり、一年のうち半ぶん近くが休日という事になる。この慣習は、明治九年（一八七六）三月一二日、太政官達しで「従前一、六日休暇の処、四月ヨリ日曜ヲ以テ休暇ト被」定候条、此旨相達候事、但土曜日ハ正午十二時ヨリ休暇タル

ヘキコト」と公布された事により、四月から日曜日が休日と定められるまで続いていた。この日曜日が休日となることにより、全体では官吏の休日は減少したこととなるが、これにより、新たに日曜休日とともに土曜日の半ドンが発足した。しかし六月二八日より三〇日までの休暇が取消となり、御用納め、御用始めで知られている年末年始の特別休暇だけになった。これは太陰暦を活用していたわが国が太陽暦に変更することにより、国際的な世界の大勢に合せたものでもあるが、更に太陰暦では不利であるとする理由を大隈重信は、

それは諸官員に支給すべき俸給が、昔のように俸米でなくて金子となり、年俸でなく月給となった時代に、歳の正閏により、月数を異にし、二・三年毎に必ず一三ヶ月となる場合があると、歳出予算を定むる上に、甚だ不便不利であった。それも亦改正を要した一つの動機である。

と述べている。年によって月数が異なるということは、給料を支払う側にとっては大変迷惑なことであったろう。

こうした改暦によって新時代を迎えた訳であるが、一・六日休みの制度は、旧い体質かも知れないが、それまでの生活に根付いたものであった。従って博物館における一・六日の公開は、官吏の休日にあわせて公開したこととなる。

よく言われるように、政府・官吏は尊く、民間・人民は卑しいとする〝官尊民卑〟の思想が根強く続いていた時代のことであり、博物館の公開もこうした思想を強く意識しての事であった。

■北海道からはヒグマ

一・六日の公開にあたり、どのような資料が展示されていたのか、その展示目録が伝えられていないので明確ではない。ただ、先に記した博覧会が四月三〇日に終了した後も、直ちに借用した資料を返却した訳ではなく、引き続き

展示していたものもあり、またこの頃、ウィーン万国博覧会に出品するため、全国から資料を収集しており、その一部を展示していたとも思われるので、かなりの古物・珍物などがあったと考えられる。

また、生きた動物なども送られて来たので、それ等を一・六日に公開している。この事を「少年世界」八巻六号の増刊号では、子供にわかりやすく、次のように報じている。当時の公開の一端を知ることができる。

動物のやうな、持ち運に不便な物すら、とにかく其だけ聚ったのですから、陸産物や、海産物の、各地の名物が沢山聚ったのです、所で来年の博覧会まで、ただ仕舞って置くよりは、人に見せて遣った方が、為に成るだらうといって、墺国の博覧会へ出品しない間に、日本で博覧会を開いて、博物局観覧場へ陳列しました。そうして一・六の日に、大人が二銭、小人が一銭で見せました。

1・6の公開日に動物をつれだす画（「少年世界」8巻6号）

当時全国から集まってきた動物は、聖堂内のかつての天文台のあった所に小屋をつくり、そこで飼育していた。一・六の公開日には杏壇門の両側へ杭を打って、それに繋ぎ公衆に観覧させていた。子供たちに人気のあった雑誌「少年世界」には、特にクマの事を取り上げて記している。そのクマは北海道石狩の徳平から送られて来たが、一緒についてきたアイヌのシヤンゲ（日本名・志村弥十郎）が世話をしていた、とある。

かみしもに大小を差したお役人が、狐を抱いて行くと、後からアイヌが、熊を引張って来るという有様で、若しそれが今日であったら、可笑しなものでせう。そのクマは三歳でしたさうですから、もう一人前の熊です、けれども、アイヌのシャンゲは、首玉へ縄を付けて、平気で曳いて歩くのです、が、クマは決して、飛びつひたり、噛みついたりしません、前へ引張ると、後へ退る性があるのです、その時は退らうとの心ばかりで、飛びつかうの、噛みつかうのといふ気が出ません。それにクマは腹が空ってゐるから、アイヌにつるつる引きづられて行くのださうです。

■「日曜出勤、月曜休み」

外国人として、この一・六日の休日から日曜休日に変更されたことを祝福するかのように、明治八年（一八七五）、商法講習所教師として来日したウィリアム・C・ホイットニーの娘クララ・ホイットニーは、その『明治日記』の中で、

今朝（明治九年三月一四日・火曜）官報にいいニュースが載っていた。太政大臣、つまり総理大臣が一・六日の休日を止め、全官庁で日曜を休日とする、という布告を出したということだ。本当に主が悪魔を滅ぼし、全世界を支配する道を着々と築いていらっしゃるように思われる。神に栄光あれ！（一又民子訳）

と子供なりに日本の歩む方向を的確に見詰めている。

日曜日が休日になるという事は、官吏の休みの日になるので、当然の事ながら博物館はこの日に開館することとなる。ところが、博物館職員も官吏であるため当然休日となるが、実際には入館者は平日よりも日曜日の方が多いので、観覧者の誘導案内など多忙を極めることとなり、平日よりもより多くの人手が必要となるため、臨時に雇い入れたり、

一般職員が交替で出勤することとなる。明治七年（一八七四）九・一〇月の山下門内博物館職員の出勤状況を見ると、日曜日に出勤する職員は、下級官吏に多いが、翌月曜日に休みをとるという例がしばしば見られる。こうした事にも影響されたのであろうか、やがて博物館は、「日曜開館、月曜休館」ということが普遍的となり、それが今日の社会にまで引き継がれている。

2　博覧会事務局から博物館へ

博覧会事務局の設置とその役割

オーストリア（墺国）は、明治六年（一八七三）四月から八月まで、首都ウィーンで皇帝フランツ・ヨーブフ一世の治世二五周年を記念して、万国博覧会の開催を計画するに至った。この事をオーストリア公使ヘンリー・ガリッチは、明治四年（一八七一）二月五日、外務卿沢宣嘉（さわのぶよし）に面会し博覧会への参加を求めて来た。

明治新政府としては、これが初めて出品する万国博覧会となるため、同年一二月一四日、参議大隈重信、外務大輔寺島宗則（むねのり）、大蔵大輔井上馨（かおる）を博覧会事務取扱に命じ、出品の内容などを検討させることになった。

翌明治五年（一八七二）正月五日、具体的な作業を進めるため、文部大丞町田久成、編輯権助田中芳男が御用掛に任命され、更に正月八日には、正院（せいいん）の中に「博覧会事務局」が設置されるに至った。

「博覧会事務局」は、海外で開催される万国博覧会に賛同して、出品や展示、職員の派遣など、博覧会に関連した事務を処理するために設置される組織である。わが国ではウィーン万国博覧会の開催にあたり初めて設置されたものである。その後、明治九年（一八七六）に開かれたフィラデルフィア万国博覧会、明治一一年（一八七八）のパリ万国博覧会、明治一二年（一八七九）のシドニー万国博覧会、明治一六年（一八八三）のアムステルダム植民地産物及一般輸出品万国博覧会、明治二二年（一八八九）のパリ万国博覧会、明治二六年（一八九三）のシカゴ・コロンブス万国博覧会、明治三三年（一九〇〇）のパリ万国博覧会、明治三七年（一九〇四）のアメリカのルイジアナ購買記念万国博覧会などにも、それぞれ臨時の博覧会事務局を設置して、出品など事務的な業務を処理し、報告書なども刊行している。

ウィーン万国博覧会の開催に賛同して設置された博覧会事務局は、正院内に置かれ「墺国博覧会事務局」と称されたとある。オーストリアを漢字で表記した時には「墺太利」の「墺国」であるが、太政官布告では、さんずいの「澳」を使用している。

澳国博覧会事務局が設置された六日後の明治五年正月一四日、太政官は、

澳国維納府ニ於テ、来酉年中博覧会有之、御国ニ於テモ、此会ニ被列候ニ付、各地方物産差出方等、右事務取扱御用掛ヨリ、時々指揮ニ及候条、其旨可相心得事　但委細之儀別紙書面之趣参考可致事

と達しを出したのである。これにより、ウィーン万国博覧会への参加が一般に広報されたこととなる。更に委細は別紙としているが、長文であるが、それを要約すると、来る酉年（明治六年）の四月から八月までウィーンにおいて博覧会が開催される。各国はその国の天然品・人造品を出品することにより、「学術工芸ノ進歩・理世経済ノ要旨ヲ著シ、人生互相交易相交易資益スル通義ヲ拡メテ、益利用厚生ノ道ヲ尽ス」となっている。ゆえにこの会に出品するという

事は、「其国ノ栄誉ヲ馳セ繁昌ヲ享クヘキモ否ラサルモ、其物品ノ善悪工芸ノ精粗ニヨルヘシ」としており、わが国においても、ことに生糸、蚕卵紙、茶、陶器、漆器等の製造は、それをますます精良にし、東洋一の物産とし、各国の日常の要品となれば、「国ノ栄誉ヲ馳せ繁昌ヲ享クヘキハ言ヲ俟サルヘシ」としており、それは「名聞ヲ弘メテ国益ヲ計ル」ことにある、としている。

そして、博覧会に出して各国の公評を受けようとするものは、新古にかかわらず、所蔵者の住所、氏名、そのものの価などを記して、博覧会取扱局に提出するようにと定めたのである。そして「物品差出方之手続」を挙げている。

■「五ヶ条の目的」

ここに、ウィーン万国博覧会へ出品する準備が進められることになる。一方では、出品するにあたって具体的にどのようにして推進したらよいのか、その具体的な目的などを、澳国博覧会理事官に任命されたばかりの佐野常民（さのつねたみ）が、明治五年（一八七二）六月正院に意見を上申している。その中で五ヶ条の目的を挙げている。

第一目的

御国天産人造物ヲ採集選択シ、其図説ヲ可要モノハ之ヲ述作シ、諸列品可レ成丈精良ヲ尽シ、国土之豊饒ト人工之巧妙ヲ以テ、御国ノ誉栄ヲ海外ヘ揚候様深ク注意可致事。

ここでは、わが国の天産物や人造物の精良なものを出品することによって、〝誉栄〟を海外に示すことにある、としている。

第二目的

各国之列品ト其著説トヲ詳密点見シ、又其品評論ヲ聞知シ、現今西洋各国ノ風土物産ト学芸ノ精妙トヲ看取シ、機械妙用ノ工術ヲモ伝習シ、勉メテ御国学芸進歩物産蕃殖（はんしょく）ノ道ヲ開キ候様可致事。

ここでは、各国の風土物産、学芸などの精妙を知ることにより、更に機械の工術を伝習することによって、わが国の学芸の進歩、物産蕃殖の道を開くことにある、としている。表現を換えるならば、明治新政府が掲げる〝殖産興業〟の推進であろう。具体的には工業各科に関係する学生や職工七〇名ほどの派遣を考えている。

第三目的

此好機会ヲ以テ御国ニ於テモ学芸進歩ノ為ニ不可欠ノ博物館ヲ創建シ又博覧会ヲ催ス基礎ヲ可整事。

ここでは、このウィーン万博に出品する機会をとらえて、わが国において博物館を創建し博覧会を開催する基礎を築こうとすることにある、としている。しかし、この時すでに「博覧会」と称するものは、湯島聖堂で文部省が主催して開催しているので、江戸時代の物産会的な博覧会とは、別種の博覧会を構想していたものとも考えられる。また、博物館の創設にしても、湯島聖堂で開催していた博覧会が終了した後には、常備品だけを用いて毎月一と六のつく日だけ公開しており、永久に所蔵している資料を公開するという事が博物館の主要な要素と考えるならば、博物館はすでに誕生しているのであり、文部省では、「文部省博物館」という名称もすでに使用している。こうした事から考えると、佐野常民は、文部省がこれまで考えてきた博物館とは異質な博物館の設置を考えているのであろうか。

第四目的
御国産ノ名品製造方勉メテ精良ニ至リ広ク各国ノ称誉ヲ得、彼日用ノ要品ト為リテ後来輸出ノ数ヲ増加スル様厚ク注意可致事。

これは国産の品物の評判がよくなれば、日常の必要品となり、各国に対しての輸出を増加させることになるので、特に注意すべき事としている。

第五目的
各国製造産出ノ有名品及其原価売等ヲ探捜査明シ、又各国ニ於テ欠乏求需スルノ物品ヲ検知シ後来貿易ノ裨益トナル様注意可致事。

ここでもまた注意すべき事となっており、各国で製造した有名品の原価や売価の調査、各国で必要としている物品の調査など、貿易の裨益になるものとしている。第四条の目的をさらに具体化したような形ともなっている。

そして、これ等の五ヶ条の目的を達成するには次の事が緊急を要するとして三ヶ条を挙げている。

一　渡航スヘキ上下人員ハ能其任ニ堪候者精撰ノ事。
一　今度御用途ニ必要ノ金額ハ出格御詮議ノ事。
一　主任ノ人御撰定ノ上ハ相当ノ権ヲ許有シ其責ニ任セシムヘキ事。

すでに博覧会出品のための方策と言うよりは、国益に関する事柄であるため慎重に考えて欲しいと言うことにある。それにはまずウィーンに派遣する人員は、その任に耐えられる者を精選して欲しいとしている。

明治新政府は、すでに各種の改革を進めており、明治四年（一八七一）六月には新貨条例が定められ、新貨幣制度の単位が円・銭・厘となり、八月には廃藩置県の詔書が出され、一二月には府県の官制が定められて、府知事・県知事が置かれている、など。そこに至るまでには、何かと波風はあったが、国の政治・経済など新たな時代に向かって大きく変化している。「文明開化」が時代の流れであり、近代化や欧化主義の波にのるためには、機会を得て〝外国行き〟を経験することであった。博覧会を機に外国文化に接することができればと誰もが考えたであろう。ウィーンへの出張にしても自薦・他薦があったろうし、かつての出身藩の問題などもあり、人選には特に気を遣う事になろう。その人選が決定すれば、派遣者にはそれ相当の責任と権限をもたせて欲しいという事にある。派遣に関する必要な経費は、数十万円と考えており、これも詮議して欲しいとしている。

この上申書は、明治五年（一八七二）九月一八日に正院では決裁したが、ただ、下ケ札（さげふだ）があり、それには「学生ノ儀ハ不差遣、諸職工ノ内目的必用ノ分而已被差遣候間、可成人員省略イタシ尚可伺出事」とあって、学生は派遣しない事になった。

この学生の参加が実現しなかった事は残念であったが、基礎的な学問の追求により理論を習得するというよりも、技術者の派遣により新たな技術を習得する方がより急務であると考えられたのであろう。先に説明した山下門内博物館における各種の工業所における技術の指導的な人材などの育成がより重要であったと考えられるのである。

■事務局の人事

次に博覧会事務局の人事について触れておこう。

明治四年（一八七一）一二月に参議大隈重信、外務大輔寺島宗則がウィーン万国博覧会御用掛に任命されており、翌五年（一八七二）正月には、文部省の実務者として町田久成と田中芳男が任命される。二月には大蔵省、工部省から御用掛、一〇月には博覧会事務総裁・副総裁に大隈重信・佐野常民が任命され、更に事務官、書記官が任命され、組織としての博覧会事務局が機能することとなる。

今、これ等の人事を『太政類典』から整理すると次のようになる。

新役職名	官職名	氏名	発令年月日
澳地利国博覧会御用掛	参議	大隈重信	明治四年一二月一四日
澳地利国博覧会御用掛	外務大輔	寺島宗則	明治四年一二月一四日
澳地利国博覧会御用掛	文部大丞	町田久成	明治五年正月五日
澳地利国博覧会御用掛	編輯権助	田中芳男	明治五年正月五日
澳国博覧会御用掛	少議官	細川潤次郎	明治五年二月二〇日
澳国博覧会御用掛	大蔵省三等出仕	渋沢栄一	明治五年二月二〇日
澳国博覧会御用掛	工部少輔	山尾庸三	明治五年二月二〇日
澳国博覧会御用掛	工部大丞	佐野常民	明治五年二月二〇日
澳国博覧会理事官	工部大丞	佐野常民	明治五年五月二五日
博覧会事務総裁	参議	大隈重信	明治五年一〇月二七日
博覧会事務副総裁	工部省三頭出仕	佐野常民	明治五年一〇月二七日

博覧会事務官	工部省六等出仕	竹内正義	明治五年一〇月二七日
博覧会事務官	文部省六等出仕	田中芳男	明治五年一〇月二七日
博覧会事務官	文部省七等出仕	古川正雄	明治五年一〇月二七日
博覧会書記官	大蔵省七等出仕	山高信離	明治五年一〇月二七日
博覧会事務官（澳国差遣）	大蔵省六等出仕	関沢明清	明治五年一〇月二七日
博覧会事務官	勧工寮八等出仕	佐々木長淳	明治五年一〇月二七日
博覧会事務官	勧工寮九等出仕	藤山種広	明治五年一〇月二七日
博覧会事務官	工部大録	塩田真	明治五年一〇月二七日
博覧会事務官	出納権少属	竹内毅	明治五年一〇月二七日
博覧会事務官		武田昌義	明治五年一〇月二七日
博覧会事務官		石川為武	明治五年一〇月二七日
博覧会書記官		石川巌	明治五年一〇月二七日

この表に見られるように参議の大隈重信と外務大輔寺島宗則が最初の御用掛に任命される。大隈は佐賀藩士であったが、明治新政府になって外国事務局判事、外国官判事、外国官副知事と昇任し、その後民部大輔、大蔵大輔となり、鉄道・電信の建設、工部省の開設などに尽力し、のちに参議となった。

寺島は薩摩藩士であり、文久元年（一八六一）に竹内保徳遣欧使節団の一員として参加し、ヨーロッパを回っており、さらに慶応元年（一八六五）にも新納（にいろ）久脩ら薩摩藩の遣英使節の一員としても渡英している。明治の新政府になって、参与兼外国事務掛の外交官としての道へ進み、神奈川県知事を経て外務大輔となる。明治五年（一八七二）大弁務使となってイギリスに駐在し、のちに特命全権公使となった。

この二人の任命により、ウィーン万国博覧会への参加は、形式上は整えられた事になるが、それには更に実務者として外国へ行った経験のある御用掛が必要であった。その御用掛に選ばれたのが文部省の町田久成と田中芳男であった。

■実務者の顔ぶれ

町田は、薩摩藩がイギリスに留学生を派遣した時に「上野良太郎」と変名して渡欧し、留学生一行の監督にあたった。また田中は幕府の下級役人として、慶応三年（一八六七）に開かれたパリ万国博覧会に参加しており、ジャルダン・デ・プラントを見学している。

この町田と田中の二人が御用掛に命ぜられたのは明治五年（一八七二）正月五日であるが、この時にはすでに湯島聖堂構内で開かれるわが国で最初となる博覧会の開催構想が進んでいる時であった。更に二月になってからは、少議官の細川潤次郎、大蔵省の渋沢栄一、工部省からは山尾庸三（やまおようぞう）、佐野常民の二人が御用掛として任命されている。

少議官の細川潤次郎は、土佐藩儒者細川延平の息で、蘭学、英学、兵法、航海術などを修め、幕末期の藩政改革などに尽力する。新政府になって、学校取調、議事体裁取調、開成学校判事などを経て、明治三年（一八七〇）八月民部権少丞に任命される。翌四年（一八七一）四月にアメリカに派遣されたが、その直後の七月二七日に民部省が廃止されたので、「追テ御沙汰候迄従前之通事務取扱致事」とされたが、八月二五日に工部少丞に任命され、一〇月一六日にアメリカより帰国する。その月の二八日、左院より少議官に任命される。そして、翌明治五年二月一九日には、中議官に任命され、翌二〇日に澳国博覧会御用掛となった。この御用掛に任命された時にはすでに前日に左院の中議官となっていたが、御用掛の任命書には、まだ〝少議官細川潤次郎〟のままになっている。

大蔵省三等出仕渋沢栄一は、明治財界の指導者としてよく知られている。慶応三年（一八六七）将軍の名代としてパリ万国博覧会に派遣された徳川昭武に随行して勘定方および庶務を担当する。ヨーロッパ各国を巡遊中、近代的な産業施設や経済制度などを学んでいる。明治元年（一八六八）一二月に帰国し、翌二年に新政府に登用されて大蔵省出仕となる。五年（一八七二）大蔵大丞となったが、翌年には辞職して実業界に入り、渋沢財閥の創始者として活躍することとなる。

工部少輔山尾庸三は、長州藩出身の官僚である。文久三年（一八六三）五月、志道聞多（井上馨）、野村弥吉（井上勝）、遠藤謹助、伊藤俊輔（博文）らとイギリスに渡り、各種の産業や文化事業などを視察・調査して明治三年（一八七〇）に帰国している。明治新政府のもとでは、民部権大丞兼大蔵権大丞に任ぜられ、横須賀製鉄所事務取扱を命ぜられる。その後、工部大輔等を経て工部卿となった。お雇い外国人として、わが国の灯台の建設に貢献したイギリス人、リチャード・ヘンリー・ブラントは、山尾について「イギリスで教育を受け、英語を流暢に話すが、古いタイプの日本人で、頑固で自分の意見に固執し、日本人の知性の優れていることに強い誇りを持っていた」と評している。

工部大丞の佐野常民は、佐賀藩士で日本赤十字社の創立者としてよく知られている。慶応三年（一八六七）のパリ万国博覧会の開催を機にフランスに渡り、軍事、商工業について学んでいる。明治三年（一八七〇）兵部少丞となり海軍掛を拝命する。明治四年（一八七一）二月、工部省が設置され、工部大丞となり、殖産興業の立場から鉱山、鉄道、製鉄、灯台、電信などを所轄し、国家の基幹産業の発展に尽くす。佐野は温和で思慮ぶかく、寛容な情操で常に高い理想を追い続けていたといわれる。後に大蔵卿、農商務大臣にもなり、日本美術協会の前身である「竜池会（りゅうちかい）」を興し、わが国美術工芸の発展にも貢献した。

大蔵省七等出仕で博覧会書記官となった山高信離（のぶつら）は、徳川昭武がパリ万国博覧会に参列した時の傅佐（ふさ）（守役）として慶応三年（一八六七）正月フランスに同行した。しかし、外国からの援助でフランスとの結びつきを深めようとする親仏派やフランス公使ロッシュとの意見の相違などもあり、留学生取締に更迭される。明治元年（一八六八）五月帰国する。明治五年（一八七二）大蔵省に出仕、七年（一八七四）内務省六等出仕となり、勧業寮に勤務する。一〇年（一八七七）勧農局御用掛になるとともに、米国独立百年記念フィラデルフィア万国博覧会事務局事務官ならびに内国勧業博覧会事務局御用掛が兼務となった。内務省第六局時代には庶務課長、農商務省博物館の時代は芸術課長であったが、その博物館が図書寮附属博物館と改称された時に同館の館長に任じられた人である。

明治新政府にとっては、初めての海外博覧会への参加であり、物産の取り扱いに慣れた文部省ばかりでなく、大蔵省、工部省、勧工寮など各省庁から人材を集めている。こうして順次関係者が任命され、各地からの出品資料の収集もすすみ、一〇月には参議の大隈重信が博覧会事務総裁に、工部省出身の佐野常民が副総裁に任命されたことにより、ウィーンへの出張などが順調に進められることとなる。

資料収集――ウィーン万博への出品

この博覧会事務局は、設立されてから間もない明治五年（一八七二）四月、正院に対して次のような構想を上申する。

澳国博覧会へ可二差出一諸物件、事務局ニテ取集候品ハ勿論各府県管下所産ノ物品モ追々廻シ越候賦ニ有レ之、右到着ノ上ハ許多ノ品数ニテ狭小ノ場所ニテハ一時排列点検ニモ差支候義ニテ、当局ニテハ所詮右ニ充ヘキ間席等無レ之、且将来ノ規模ヲ目的候得ハ一体国産ハ天産人造新古ノ諸物品共尽ク其府下ニ取集、其風土ノ肥瘠（ヒセキ）人民産業ノ如何ヲ証察候事、政務ノ要義而已（ノミ）ナラス、亦衆庶ノ展覧ヲ許シ、学術考証人智開明ニ供スヘキ義ニ付、今般ノ好機会ヲ以テ澳国へ可二差廻一物ノ外　別ニ各一種一品ヲ聚集シ、永久開館ノ照準ト仕度、就テハ文部省構中ニハ空閑ノ堂舎若干有之趣ニ相聞、適当ノ場所ニ付、追テハ右博覧館ニ可レ被レ定目的ヲ以テ、差向澳国博覧会へ可差廻物品等、排列検査ノ為不用ノ場所、当事務局へ貸渡候様文部省へ御達有レ之度此段相伺候也

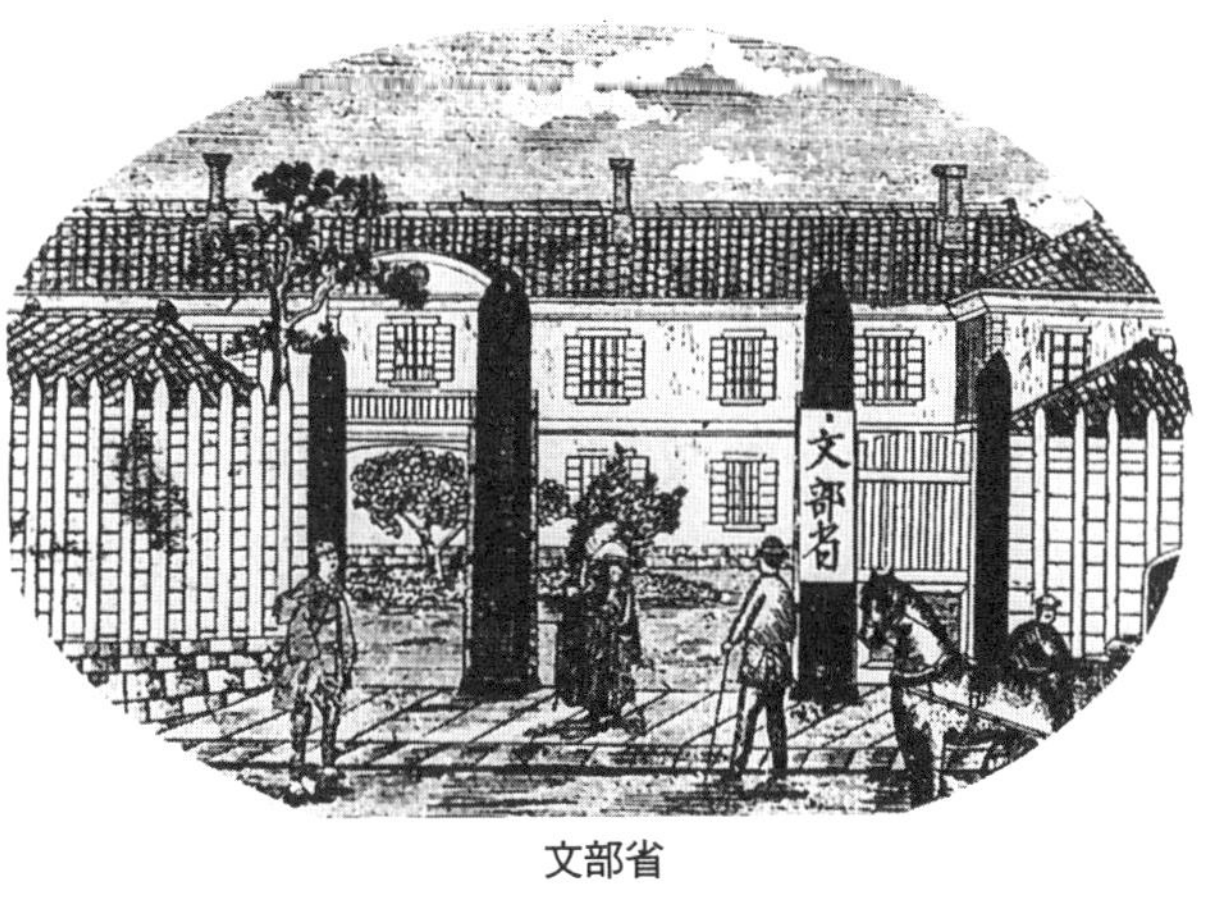

文部省

澳国博覧会へ出品する資料が追々集まって来るであろうが、それを一時的に配列し点検するにも場所がなく支障を来たすこととなる。将来国産のものは天産・人造物にかかわらず、また新しい古いにかかわらず、悉く集めて、産業がどのようになっているか証察したい。また人々に観覧させて学術の考証、人智の開明に供したい。それには澳国博覧会に出品するこの機会に、ウィーンに送るものの外にもう一点収集し、それを展示して永久に開館する博物館（博覧館）をつくりたいので、文部省構内には空いている堂舎があると聞き及んでおり、それを貸して欲しいという事にある。

博覧会事務局が直接文部省に話して、不用の場所を借用すれば事が足りるようにも考えられるが、それをわざわざ正院に上申して、正院から文部省へ達してもらうという回りくどい方法をとっている。いずれにしても、この上申は「伺之通相達候事」として裁可されたのである。

これにより明治五年（一八七二）二月二二日、正院内にあった博覧会事務局は、日比谷門内の元名東（みょうどう）・長浜（ながはま）両県の出張所のあった場所に移され、更に同年七月三〇日に山下御門内の旧佐土原（さどわら）及び中津邸のあった場所に移転

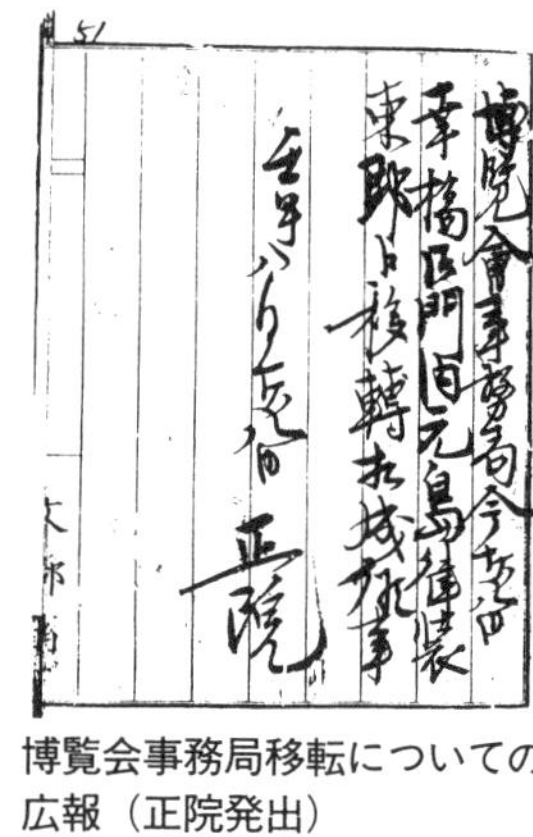
博覧会事務局移転についての広報（正院発出）

するのである。

ところが、明治四年（一八七一）七月に設置された文部省は、湯島聖堂構内に所在したが、五年（一八七二）八月二日常盤橋内元津県県令邸へ移転している。これは文部省は全国の教育に関する事務を管轄しているが、湯島の約二万坪に及ぶ広大な地域に陣取る必要はなく、それよりも正院に近い方が全国の学校事務の斡旋には好都合であったからであろう。

ただ、この移転にあたって、文部省は「尚以当今ノ場所ハ往々中学取設ノ目途ニ有之且編輯寮博物館等ハ其儘指置候心得ニ御座候事」とあり、博物館、編輯寮はそのまま移転しないで湯島に残すこととしている。

こうした文部省の移転に伴った一環として、博覧会事務局は、八月二八日幸橋御門内元島津装束邸へ移転したのである。すでにウィーン万国博覧会に出品する資料は、締切日が過ぎており、その整理・検査に追われている時であった。

■26区に分けて出品

ウィーン万国博覧会へ出品するための国内での資料収集については、先にも記したが同種のもの二点を求めている。一つはウィーン万国博へ出品するが、他の一つは博物館へ展示するためのものであった。しかし、すでに文部省博物館が開館して一と六のつく日には公開しており、従って新たな博物館を設置するための方策であったとも考えられる。それはウィーン万国博覧会を機にヨーロッパ諸国の博物館を視察し、帰国後、東京博物館の創立について報告しているワグネル（Gottfried Wagner）の構想などからも考えられる事である。これが基となって、新たに創設される博物館は、博覧会事務局が出発点となる内務省系博物館であり、殖産興業のための博物館としての地位を築きあげるが、内閣制度の発足に関連し、皇室財産が形成されることにより、宮内省の管理に移され美術・歴史系博物館へと変質することとなる。

ウィーン万国博覧会に出品する資料は、明治五年（一八七二）正月に布告されたが、『澳国博覧会出品手続』の中に記されている。その分類は次のようになっていた。

第1区　鉱山ヲ開く業ト金属ヲ製スル術ノ事
第2区　農圃ノ業ト林木ヲ養フ術ノ事
第3区　化学ニ基キシ工作ノ事
第4区　人作ニテ成リシ食物飲料ノ事
第5区　組織衣服品製造ノ事
第6区　皮革並カウチョク・ゴムの類工作ノ事
第7区　金属品製造ノ事
第8区　木器品製造ノ事
第9区　石器土器硝子品物ノ事
第10区　細小品ノ事
第11区　紙楮類製造ノ事
第12区　書画並図取ノ術ノ事
第13区　機関及物品ヲ運送スル器械ノ事

第14区　学問ニ関係スル器械ノ事
第15区　楽器ノ事
第16区　陸軍ニ付テノ事
第17区　海軍ニ付テノ事
第18区　工業ノ事
第19区　都市ノ人民ノ住居其内部ノ模様飾物器品家具ノ事
第20区　田舎人ノ住居並其附属ノ建物及内部ノ模様器品家具ノ事
第21区　各国ノ家ノ内部ノ用ノ為ニ出来セン器品ノ事
第22区　美術博覧場ヲ工作ノ為ニ用フル事
第23区　神祭ニ関係スル術業ノ事
第24区　古昔ノ美術ト其工作ノ物品ヲ美術ヲ好ム人並古実家（こじつか）展覧会へ出ス事
第25区　今世ノ美術ノ事
第26区　少年ノ養育ト教授ト成人ノ徒修学ノ事

この二六の区によって分類され、展示されるのであるが、概して産業上の製造物、器械類、美術工芸品が挙げられている。これ等の物品収集は、日限が六月の末日であるが、東京国立博物館で博物館史の研究を続けていた故樋口秀雄は、手許にある資料から、各府県経由のものは明治五年（一八七二）六月二件、七月六件、八月三件、九月一〇件、一〇月一三件、一一月一四件、翌六年（一八七三）一月六件、二月一件であり、明治五年（一八七二）九、一〇、一一の三箇月間に特に集中している、としている。これ等の資料に加えて直接博覧会事務局へ持参されたものもあろうが、明治六年になって到着した資料の中には、時間的な制約から、ウィーンに送ることのできなかったと考えられるものがある。というのは、ウィーンに送付する資料は前年の明治五年（一八七二）一一月一九日に天皇・皇后両陛下ならびに皇太后陛下がご覧になり、また二〇日から二八日までは、諸官員、外国公使、華族その他関係者が観覧して、翌年の明治六年（一八七三）一月三〇日にフランス船ハーズ号でオーストリアに送ったからである。

■金鯱や和紙の大仏も

この時、ウィーンに送られた出品資料は、『東京国立博物館百年史』には、おおむね次のようなものがあったとして、出品物が羅列されている。

生糸　山繭
織物類　縮緬、羽二重、錦、絽、紗、紗綟子、琥珀織、精好織、原板、天鵞絨織、海黄、紙布、葛布、此外色々
縫箔物
組物
漆器　書棚、料紙箱、硯箱、香炉台、此外漆器類色々
磁器　花瓶、植木鉢、大皿、此外茶碗、鉢壷、皿、水指ノ類色々
銅器　唐銅花瓶一対、玉壺、唐銅燈籠一対、此外銅器類色々
七宝　細七宝入鈕釦類、指環類各種、花瓶、陶器七宝ヲ彫セシ「コーヒー」器類各種
竹器　手提類、菓子入類、虫籠、鳥籠、此外色々
籐細工　花籠一対、手提類、巻烟草入類、此外色々

象牙細工　箪笥、筆立、此外象牙細工
鼈甲細工　黒鼈甲鳥籠、同虫籠、此外色々
鯨骨細工　巻烟草入、此外色々
革細工　手箪笥、文庫、此外色々
水晶細工　水晶玉色々、此外色々
瑪瑙緒〆類　色々
彫刻物　色々
画　古画、新画色々、錦画色々、油画色々
団扇　色々
紙類　色々
蠟　色々
鉱物　金、銀、銅、鉄、鉛、錫等ヲ含ム鉱石色々、石炭色々、泥炭色々、硫黄各種、此外色々
宝石化石類
動物　鳥類、魚類、介虫類、蛇類
植物　茶数品、穀物類色々、菓実類色々、食用品種物色々、海藻類色々、薬種類色々、葉烟草色々、糸ニ製スル草木ノ皮色々、丸太材大小色々、樹皮色々、板類色々、竹類色々、革ヲナメス木皮色々、染料ノ草木色々
巨大物品　金鱐、鎌倉大仏紙ノ張抜、東京谷中天王寺五重塔雛型高サ二間、大太鼓径凡八尺、大提灯一対径二間

以上の二六種になっている。織物類、美術工芸品、細工物などが目立っているが、動物部の鳥類・魚類は「乾固メ

タルモノ」とあるので、剝製か或は乾燥標本であったろう。介虫類は「焼酎ニ浸セルモノ」とあるので、いわゆる液浸標本である。これ等の標本の名称は明らかでないが、何か珍らしい日本の特産品であったのであろうか。巨大物品のみは説明が加えてある。金鯱（シャチホコ）は

地銅金キセ　是ハ尾張名古屋城ノ天守ニ掲ケアリシモノニテ、慶長年間ニ製作セシモノナリ

とあり、鎌倉大仏紙の張抜には

鎌倉大仏ハ高サ五丈、面長サ八尺五寸、眼長サ四尺、眉毛長サ四尺二寸、今ヨリ凡六百年前に唐銅ニテ鋳造セシモノナリ　此度之ヲ紙ニテ張リ、其形ヲ取リ、表面ニ漆ヲ塗リ元ノ色ニ擬シ、以テ維也納（ウィン）ニ送リ博覧会ニ列ス。是ハ雨ザラシニスルトモ形ノ変スルコトナシ　日本ノ紙ノ強サト漆ノ巧験ヲ見ルニ足ルベシ

とある。和紙は楮（こうぞ）の樹皮が主原料で、これを蒸煮してほぐし、いったん長繊維のパルプにしてから加工する。手抄（す）きであり、薄くても極めて強靱であり、工芸品などによく用いられている。それに対してウルシは樹皮に切り傷をつけて、乳白色の樹脂を採集し、それを加工して使用している。この漆は縄文時代からすでに使用されており、漆器として使用されるが、塗布技術に熟練を要することから高価なものとなっている。また、ウルシの特性を生かして漆絵なども発達させている。こうした日本の特徴的な和紙や漆を使用することによって、単なる大型資料を見せるという事のみでなく、その原材に漆を使用した特徴的な産物も宣伝に利用されることとなったのである。

■日本ブームを巻き起こす結果に

ウィーン万国博覧会は、予定どおりドナウ河にのぞむ景勝の地プラーテル公園で五月一日から一一月二日まで開催された。明治新政府が参加した初めての万国博覧会であったが、その目的とする所は、先に挙げた佐野常民の五ヶ条の上申に見られるが、西洋の近代的な文化や科学技術を学んでわが国の産業の発展に貢献する事であり、同時にこの機に特徴的な日本文化を欧米諸国に披瀝することにより、国威を宣揚することにあった。

ウィーン万国博覧会会場南門入口

そのため、純日本的な慣習に目が向けられ、神社をとり入れた日本庭園が設けられたり、大型展示品を特に加えるなどの処置がなされるに至った。出品目録でも触れたように、名古屋城の金鯱、高さ三・六メートルの浅草観音の大提灯、東京谷中の五重塔の模型など、その例であるが、図で示した会場入口の日本品の資料を見ても、右側に展示されている有田焼の染付御所車蒔絵大花瓶なども特別大型で、高さ一メートル八〇センチに及ぶものである。また、こうした作品に見られる優美な日本的な色彩は、日本ブームを巻き起こす結果ともなっている。

出品参加国は、日本を含め二三か国であり、出品部類は二六部一六二類で四万二千人が出品している。各種の褒賞は、日本が東洋では最多の二一七賞を得ている。博覧会に参加するために要した総経費は、五八万八千三百円であったが、収支決算では一万二千円余の残金となった。

博覧会は、七二二万五千人余の入場者があり、所期の目的を達して終了

ウィーン万国博覧会参加者の記念撮影
（前列中央が副総裁佐野常民、その左が御雇外国人ワグネル）

した。出品された資料の一部は交換資料として寄贈したり、販売したりした。一方、日本へ持ち帰る資料、各国から購入した資料などは、帰国後、山下門内博物館に展示して、公共の利用に供する予定であったが、資料を積んでいたフランスのニール号が伊豆沖で遭難したため、資料の大部分は海の藻屑となり活かされることはなかった。

ウィーン万国博覧会日本列品所

また、この時の博覧会には、技術伝習者六六名を派遣している。技術伝習者は、それぞれの分野で得た知識や技術を踏まえて、山下門内博物館の工業所や生産所で指導に当たらねばならなかったであろうが、その目的を十分に果たしたとは言えない。ウィーン万博への参加は、結果的には殖産興業博物館としての山下門内博物館を充実させる事でもあったが、むしろ、〝美術工芸〟への関心が高まる結果となり、新たな美術に中心をおいた東京博物館の設置などが期待されることとなる。

文部省博物館を併合する

明治六年（一八七三）一月、ウィーンに向けて出品資料を発送し、博覧会事務局の業務は一段落する。ところが、明治六年三月一九日、太政官は「其省博物館、書籍館、博物局、小石川薬園共博覧会事務局へ合併可致事」と文部省へ沙汰し、博覧会事務局に対しては「文部省博物館、書籍館、博物局、小石川薬園共当局へ合併候条其旨可相心得事」とあり、両者ともほぼ同文であるが、文部省に対しては、「合併可致事」であり、博覧会事務局に対しては「可相心得事」という相違がある。この事は、文部省系の観覧施設が博覧会事務局の中に吸収されたことを意味している。

この突然の合併について、『東京国立博物館百年史』には、合併がなされた理由を明らかにする資料はない、と記している。筆者はその理由を明治政府の心臓である〝正院〟が中心となって博覧会を開くことにより、明治新政府の〝権威〟を示したいと考えたからではないかと思っている。新政府は「皇国」としての地位確立のためには、「富国強兵」（民族の自立）を達成するために「文明開化」（文化の欧米化）と、「殖産興業」（産業の近代化）を急速に推進し、その実をあげなければならなかった。そのための一方策として、正院が主体となって博覧会を開催することが最善の方法として提起されたのではなかろうか。

■正院の直接指導下に

政府はこれまでの太政官制を改め、明治四年（一八七一）七月二九日、正院、左院、右院の三院を創設している。正院は天皇が親臨（しんりん）して、すべての国政を裁可する最高機関で、太政大臣、納言、参議の三職が置かれている。左院は議長・議官を置き、立法のことを議する所であり、右院は諸省の長官・次官が会同して法案を草し、行政の利害を協議する機関となっている。この三院が創設される一一日前の七月一八日に文部省は新設されている。

その文部省は、全国の学校を統轄し学校制度を整えるが、一方では「文部省博物館」の名でわが国で最初の博覧会を正院の協力の下に実施した事は、新政府のめざす殖産興業を推進するものでもあり、博覧会は大きな成果をあげるに至った。その博覧会を直接正院で実施することができれば、天皇を頂点とする明治新政府の偉大さを更に深く印象づける事が可能になるであろう。しかし、正院はその博覧会を開くにしても、その開催場所の問題をまず検討しなければならなかった。それにはできるだけ正院に近く、旧幕時代の建物が残っており、利用しやすい環境下にある土地を物色することである。それが山下門内の地であった。段取りとしては、そこに「山下門内博物館」を設置し、この場所で博覧会を開催することであった。

正院がこの地で博覧会を開くにしても、正院は展示して見せるための資料を保有している所ではなく、また、こうした資料を取り扱うことのできる人材を抱えている所でもなかった。しかし、博覧会事務局が設置された事から、文化財資料や自然史資料などの保存をはかるようになり、今日、国立科学博物館で所蔵している「博覧会事務局保管品」と記された化石標本などからも判明するように、採集や購入あるいは寄贈などによって資料を集め始めている。そうした資料を利用するにしても、さらに良い方法は、旧幕時代からの学術資料を保有し続けている文部省博物局で管理している資料を活用することができれば、その方が得策であると考えるに至った。

すでにウィーン万国博覧会に出品する資料を各地から収集する時に一点はウィーンに送り、他の一点は恒久的な博物館に展示するために、関係資料を二点ずつ集めることにしている。また、社寺や華族が所蔵している資料を国として調査した時など、常に博覧会事務局と文部省博物局が、緊密な連絡を取りながら一体となって実施してきた。

こうした経緯の上に立って、博覧会事務局は、文部省博物局を併合した事になり、それによって文部省博物局が湯島の聖堂構内に保管していたすべての資料は、山下門内の博覧会事務局へ移されたのである。

3　山下門内博物館での博覧会

江戸城は、太田道灌によって長禄元年（一四五七）に築城され、天正一八年（一五九〇）徳川家康の江戸入りで城郭として整備され、徳川三百年の将軍の住居であると同時に幕府の政治の中心地として大きな役割を占めてきた。その江戸城は、概念としては外郭と内郭に分けられ、それ等は外堀、内堀によって画されている。外郭は周囲約四里、東西約五〇町、南北約三五町、内郭は周囲約二里、東西二一町、南北一七町と言われる。

その江戸城には大小九二の城門があった。本丸、西丸、吹上などの大門六門、そのほか諸門六〇門に二之曲輪（くるわ）、外曲輪の諸門二六門である。この曲輪二六門の一つに「山下門」がある。江戸城門の中でも最も小さく外郭門、姫御門、鍋島御門、外日比谷御門などとも呼ばれている。山下門内博物館は、この山下門から入るのが最も近かったので「山下門内博物館」と称された。諸書には、地名などをとって、「内山下町博物館」「山下町博物館」「幸橋内博物館」「東京博物館」と記した例も見られる。

この博物館は、自ら出した広告などの印刷物には「山下門内博物館」という名を用いている。この地が内山下町一丁目一番地で、旧佐土原・中津両藩邸及び島津装束屋敷の跡で広大な敷地内に藩邸時代の建物が残っていた。その一部の建物を利用して博物館として公開するものであった。それは現在、千代田区内幸町一丁目の帝国ホテルのある場

山下門内博物館の正門

所にあたっている。この地は今日では都心部となっており、ビルが立ち並び整備されているが、当時は沖積地の湿気の多い所であり、物を保存しなければならない博物館としては、理想とする場所ではなかった。

すでに記したように、この場所の一部を博覧会事務局で使用しており、この場所で博覧会事務局が主催する最初の博覧会を開設しようとするものであった。

博覧会事務局は、明治六年(一八七三)三月八日正院に対し、四月一五日から六月一五日まで博覧会の開催を上申し即日裁可された。博覧会事務局が主催するこの博覧会は、同時に山下門内博物館の開館を意味するものでもあった。

開催にあたり、博覧会事務局は次のように公示した。

今般　澳国博覧会へ列ネシ品物並ニ博物館及諸家珍蔵ノ奇品ヲ一所ニ陳列シテ　普ク衆人ノ来観ヲ許ス

一　来観人ハ男女ヲ論セス一人一枚ヅツ切手ヲ以テ縦観可致事
　但、切手ハ博覧会事務局ニ於テ売渡シ可申、且代価ハ一枚ニ付二銭ヅツノ事

一　珍奇ノ品物　新発明ノ器械等ヲ蔵スル者ハ、出品シテ此会

於山下御門内博覧會事務局来ル四月十五日ヨリ六月十五日迄毎日午前第九時ヨリ午後第四時迄

博覧會

明治六年三月

博覧會事務局

山下門内博物館で初めて開かれた博覧会の案内

ノ欠ヲ補ン事ヲ乞フ

但、品物預リ証書相渡シ置、入用ノ節ハ何時ニテモ証書引換差戻シ可申　又重大ノ品ハ運搬人夫差出可申事

一　澳国博覧会へ陳列セシ剰余ノ品物ハ、価ヲ定テ払下ニ相成候条望ノ者ハ掛リ官員へ可申出事

観覧は有料であり、前年に湯島の聖堂で開いた最初の博覧会と同じように観覧料二銭であった。開催するにあたり、珍奇の品物や新発明の器械等があれば出品するよう促している。更に品物を預かった場合には、預り証書を発行し、またその証書と引き換えにいつでも出品した品物を引き取ることができるようになっている。

ただ、ここには〝珍奇の品物〟と記しているが、それが具体的にどのような品物を指すのか明確にしていない。前年に湯島聖堂で開いた時の摺物には、官庫には〝珍品奇物〟が少ないから、それ等を出品して欲しい、とあった。そして、それは具体的には〝古代の器物、天造の奇品、漢洋舶載、新造創製等〟となっており、今日用いている珍品奇物という表現の概念とはかなり相違している。

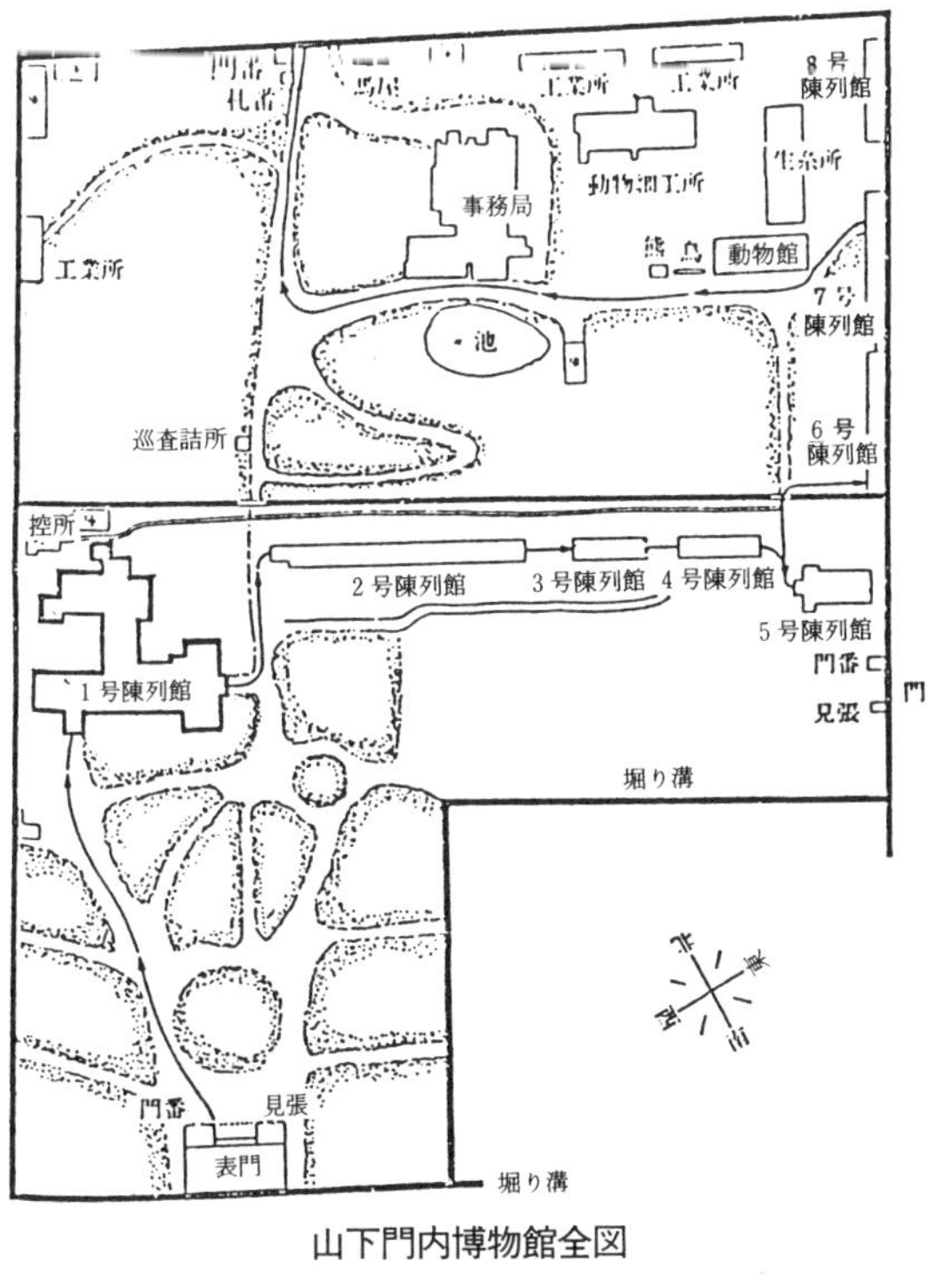

山下門内博物館全図

博物館内の施設と環境

博覧会を開催するための博覧会事務局は、旧藩時代の敷地一万六千九三五坪の広大な土地に、当時残っていた六棟を修理し陳列館として公開する。それが「山下門内博物館」としての主要な施設であるが、その建物は、

一ノ陳列所　（古物館・古器物列品所）
二ノ館　（動物陳列所・天造物列品所）
三ノ館　（植物鉱物陳列所・天造物列品所）
四ノ館　（農業館・農具類陳列所・新製諸器列品所）
東ノ館—二棟—（舶来品陳列所・西洋品陳列所）

の六棟であった。番号で呼んだり、展示内容で区別して○○陳列館と呼んだり、さまざまであるがその中心となる建物は、三一七坪の一の陳列所であり、他の施設は五〇坪内外であった。この外に小さな建物が点在していた。更に翌明治七年（一八七四）になると、新たに五〇坪の広

山下門内博物館の広々とした構内

さをもった〝鉱物館〟を開いて七棟の陳列館となっている。

このほか敷地内には、動物飼養所、熊室、動物細工所（剝製製作所）、植物分科園、暖塘、照塘などがあり、動物を飼育し、植物を栽培し、産業技術などを伝習する場など、今日の博物館には見られない形での殖産興業政策に沿った機能を持った施設があった。

動物飼養所については、明治三五年（一九〇二）に発行された「少年世界」定期増刊号が「動物園」特集号となっており、その中に当時のことを次のように紹介している。

其れから明治六年の春、博覧会事務局を山下の、今鹿鳴館のある処へ移して、陳列場を新設しました。動物室はずっと後の方で、間口一五間、奥行八間の建物で、縞梟、鷲、黒鷲、羆だけは、車の付いた檻へ入れて、庭へ出してありました。動物は前に陳（ならべ）たのよりも増へて、鶴、鷺、狸、茶鳥、白鳥、緋土魚から、兎、鼠まで居まして、其数八〇種ほどでした。

この一文によって、動物室があり飼育していた動物の種類を知ることもできる。当時の広い構内の写真を見ると、構内のところどころに木柵があり、その中には水牛が写っているものもあるので、檻に入れたもの

明治８年３月圏養動物表

名	数・性・齢	産地	献納人並買上人	原価	１日食物ノ量	１ヶ月食物ノ価
猫	１．牝　４歳	函館	函館商人献納 織田賢司携来ル		米八勺代７厘７毛、牛肉10匁代１銭４毛	合 55銭８厘
ヤマネコ	１．牡　２歳	台湾	陸軍省ヨリ出品		米１合代９厘５毛、牛肉１匁８分１厘代１厘９毛、白砂糖少々代６厘５毛	合 55銭３厘８毛
狐	２．牡　４歳 　　牝　３歳	石狩 東京	函館商人献納織田賢司携エ来ル。原田熊吉ヨリ買上	牡75銭 牝50銭	米１合代９厘９毛、牛肉30匁代３銭１厘２毛	合 １円26銭１厘７毛
犬	１．牡　４歳	函館	函館商人献納織田賢司携来ル		米１合代９厘５毛、牛肉30匁代３銭１厘２毛	合 ２円52銭３厘４毛
オットセイ	１．牡	北海道	中村貞陽献納		大鰯25疋代15銭	合 ４円66銭
水牛	２．牝	支那 広東	横浜ニテ支那人ヨリ買上	156円	干草３貫匁代15銭、糠２合５勺代５厘８毛、ワラ３束代12銭５厘	合 17円40銭９厘６毛
仏種兎	３．牝２ 　　牡１	仏国	佐野副総裁澳国ヨリ携来ル		雪花菜３合３勺３代４厘	合 37銭２厘
鷲	１．	琉球	江夏干城携来ル	２円74銭２厘	牛肉100匁代10銭４厘、小魚少々代５銭１厘３毛	合 ４円81銭４厘３毛
同	１．４歳	北海道	織田賢司携来ル	２円	同上	同上
シマトビ	１．３歳	北海道	同上	50銭	牛肉40匁代４銭１厘６毛	合 １円28銭９厘６毛
シマフクロウ	１．３歳	同上	同上	同上	鰌魚２合代５銭、小魚少々代２銭５毛	合 ２円18銭５厘５毛
孔雀	２．雄　雌	支那 広東	横浜ニテ支那人ヨリ買上	15円	玄米２勺代１厘７毛、ツキムギ２合代１銭１厘、黍１合代５厘５毛	合 １円12銭８厘４毛

ばかりでなく、外で囲いをつくり飼育しているものもあった。

『上野動物園百年史』は、前史のところに山下門内博物館で明治八年（一八七五）三月に飼育していた動物数を挙げている。それには哺乳類一五種三二頭、鳥類一二種一九羽、爬虫類二種一五頭、両生類一種一頭、無脊椎動物四種三頭と一群、合計で三四種六〇点と一群であった。

これらの動物の一覧表を『百年史』では挙げているが、これによって動物の来歴なども知ることができる。国内産の動物が主であるが、本州以外のものを挙げると、表のものが記載されている。

植物分科園は、先に挙げた「博物学之所務」に記したように、「博物園」として記しており、植物を研究し陳列する上で必要なもので、文部省博物局にいた田中芳男らは、博物館とは切り離すことのできない一体のものであると考えてきた。山下門内博物館においてもこの考えを踏襲しており、分科園として植物の分類別栽培があったが、次第に舶来の植物が増加することにより、分科園としての性格が乱れるに至った。その後、有用植物を穀類、菜蔬、菓類、香料辛料、澱粉、畜食、有益草、雑用草、染料、織緯製糸、油蠟染、有毒、薬草、花草、感触草、材用、接用挿木など一八区に分けて計六四五品の植栽計画を立てている。これは地所五七七坪を選び植物園として整備するためのものであった。しかし、やがてこの博物館の移転問題が持ち上がり、植物園は完成までには至らなかった。

展示資料の内容と出品者

山下門内博物館で開催された博覧会の出品物については、その列品目録が、東京文化財研究所美術部編の『明治期府県博覧会出品目録』に掲載されている。

それによると、人造物部一、人造物部二、動物之部一、に大別してあり、動物之部一は哺乳動物が中心となってい

人造物部・動物之部の出品者名

1	教部省	25	村上虎次郎	48	辻銅
2	井上竹逸	26	毛利高謙	49	小野職愨
3	蜷川式胤	27	塙忠韶	50	神奈川県
4	町田久成	28	新井半兵衛	51	池田就昌
5	土方幸勝	29	柏木政矩	52	多賀三太夫
6	織田信徳	30	東龍斎清寿	53	大久保教義
7	渡辺脩斎	31	前田元温	54	松浦武四郎
8	佐野郁之助	32	千葉常善	55	鎌倉八幡神社
9	堀田正頌	33	高嶋祐啓	56	大久保親正
10	久留嶋通靖	34	生駒親敬	57	万屋平兵衛
11	朽木綱鑑	35	狩野勝川	58	田中芳男
12	榊原芳野	36	印書局	59	荻野重省
13	前田慶寧	37	石川成徳	60	内田正雄
14	久松勝慈	38	臣三郎	61	医学校
15	石見勘蔵	39	伊東祐歸	62	横川政利
16	加藤竹斎	40	高田茂	63	由良守応
17	須田経哲	41	森忠儀	64	辻新次
18	森俊滋	42	広島県	65	織田賢司
19	瀬戸嶋金蔵	43	斯波道沖	66	内田五観
20	川上通一	44	宮内省	67	服部雪斎
21	佐竹義理	45	神田孝平	68	宗重正（献）
22	内藤政挙	46	志賀親朋	69	堺屋宗助
23	山田通良	47	内藤昌言		
24	桑原真清				

る。動物之部二以降の目録は伝えられていない。

その時の出品者は上に表で示した。

この表から見ると、省庁では教部省と宮内省、それに印書局、学校では医学校、府県では広島県と神奈川県の二県である。神社からの出品は一社で、その他は個人の出品となっている。

教部省の出品は、伊勢大神宮の古剣三口となっている。この教部省は、文部省が明治五年（一八七二）三月、湯島聖堂構内で開催した博覧会の時には、一四種の皇大神宮、神武天皇陵関係の資料を出品しており、その中に皇大神宮の「古剣・三口」とあるので、恐らくこの品物がこの度の博覧会にも出品されたものと同一品であると思われる。

宮内省の出品物は「尾張城中旧物金鯱　一」と記されており、文部省が湯島聖堂構内で開催した時の博覧会に御物として出品したものである。この金鯱は、博覧会終了後ただちに宮内省に返却されることなく文部省博物館で保管していたが、前記したように明治六年三月一九日文部省博物館などの観覧施設は、博覧会事務局に併合され、その直後に湯島聖堂内にあった文部省博物館の所蔵資料はすべて山下門内に所在した博覧会事務局に移される。この時に金鯱も一緒に移されている。宮内省はこの外にロシア製の地球儀も出品している。

印書局は、三輪神社額字原本であり、医学校は顕微鏡二台である。府県では、広島県が厳島社大杯扁額一額、神奈川県が曲玉一点となっている。

神社からの出品は鎌倉八幡神社からで、「平矢箙　源義家所献納　一掛」となっている。

個人の出品では総計六二名おり、人造物部、動物之部の両者に出品しているのは、田中芳男、内田正雄、小野職愨（もとよし）の三人だけである。

田中芳男、内田正雄の経歴については、すでに述べたが、ここに出品している小野職愨は通称苓庵、本草学者で小野蘭山の曽孫にあたる。医学を修め幕府に仕えたが維新になって大学南校で学び卒業後文部省に勤務し、博物局で田中芳男を補佐する。後に博物局が内務省、農商務省へと所管が移ることにより転々とするが、学問分野では、日本で最初の英和対訳植物学術語集である『植学訳筌（やくせん）』の刊行でよく知られている。小野の植物についての学識は伊藤圭介に伯仲していたと言われる。

■官庁には観覧券を無料配布

この博覧会の開催にあたり、博覧会事務局は勧工寮活字局に「博覧会縦観之証」（観覧券）の印刷を五万枚依頼している。それを各省庁に配布したのであるが、『東京国立博物館百年史』の資料編からそれをまとめて見ると、次表の通りとなる。

官公庁に対する観覧券の配布数

	配布数	追加数	備考
宮内省	270枚	250枚	
司法省	250枚	550枚	
教部省	100枚	50枚	
文部省	350枚	50枚 324枚	（御雇教師分） （生徒の分）
工部省	650枚		
外務省	150枚		
大蔵省	1100枚		
陸軍省	1550枚		
海軍省	600枚		
東京府	670枚	308枚	
正院		105枚	
計	5690枚	1637枚	7327枚

博覧会場内の陳列（『東京開化繁昌誌』から）

印刷枚数の約一五パーセントが各省庁・東京府に配布されたことになる。大蔵省と陸軍省が特に多い。文部省は、御雇外国人教師と生徒の数に分けて追加の請求をしている。

お雇い教師分として五〇枚追加しているが、ちなみに、文部省年報に記載されている明治六年（一八七三）の御雇外国人教師の数は、東京開成学校一三人、東京医学校八人、東京外国語学校一五人、東京女学校二人の計三八人であり、多少多く請求していることが判明する。

この時の博覧会については『東京開化繁昌誌』で、その一端を知ることができる。門前で二銭だして切手（観覧券）を入手すると、人が出て来て、切手の一角を鋏で切るが、これが何のためにする行為なのか、その意味が分からなかった、と記している。かつて国鉄の駅で汽車や電車に乗るとき、改札口で駅員が切符に鋏を入れていたが、それと同じ意味の行為である。しかし、それすら判断できない人がいた時代のことである。こうして広々とした構内に散在している陳列館へ向かうのであるが、その入口には下足番がいて、番号を記した木札をもらい、それから草履にはきかえ、館内を見学するようになっている。

いたる所に「手触ル可カラズ」と記してあり、陳列品に触ることはできなかった。こうした記載は今日の博物館に見られる「触手厳禁」の先駆けであったろう。

明治七年に開催した博覧会

明治七年（一八七四）三月一日より五〇日間、博覧会を開くことが公告される。この時のことを東京府知事大久保一翁は、管下の区長に次のように達している。

三月一日より五〇日之間、博覧会取設、諸人ニ縦観為致候間、右日限之内、長屋望ニ任セ、商人ノ貸渡、売物差出、勝手次第売捌差許候条、出品之義ハ左之通可心得候事。

一　近来発明イタシ、或ハ有来之物ヲ改革イタシ、日用重宝トナスモノ、或ハ是迄之品ニ工夫ヲ加へ、美麗ニナリタル品

一　古器物

一　織物類

一　漆箸類

一　寄木細工竹細工彫物類

一　植木類

一　鳥類
一　学問ニ関係スル品々
右之品々ニ限リ出品売捌差許候。
一　近来発明ノモノハ、其発明之来歴概略書取、姓名相記シ差出可申事。
右之通候間、有志之者ハ山下御門内博覧会事務局之可申出候事。

これは二月二五日の日附になっているので、博覧会開催まであと五日間しかなかった。今日の常識では考えにくい短時間であるが、当時としては、開会の初日に間に合わなくとも、あまり気にしなかったようである。

ただ、ここに挙げたような資料は、商人に対して売捌が勝手次第であるから出品して欲しいと言うことにあるが、前に紹介した六棟の陳列場には、すでに明治六年（一八七三）の博覧会の時に分類された展示資料があることから、新たな展示場を設置しての公開であったろう。これまでの博覧会では、古器旧物などの文化財的な資料が中心であったが、ここでは活きた植物や鳥類が取り上げられている。博覧会と言いながら、物を売り捌く〝市場〟的な性格の場所も存在していたということになる。そこには又、〝近来発明のもの〟とするようなものがあれば、来歴などを記して差し出すようにとの事であり、これまでの「古器旧物」と言うよりは、殖産興業政策としての機械産業の面が意識されている。

出品された特異な資料

明治七年（一八七四）に開催した博覧会の展示資料については、まとまった出品目録が伝えられていない。博覧会事務局で発行した「舶来品陳列目録」は第一号から第四号まで発行されており、展示の一端を知ることができる。この目録は、東京文化財研究所美術部編の『明治期府県博覧会出品目録』の中に収録されている。第五号以降の目録については、その所在が確認されていないといわれる。

この目録の中には、「昨年、澳国博覧会ニ於テ買収セシ夥多の物、伊豆沖ニ於テ沈没シ無難ニ来着ノ品甚少シ、因テ当局従来ノ品及諸家ノ出品ト共ニ併列シテ来観ノ人ニ示ス」と記されていて、ウィーン万国博覧会の時に購入した夥しい数の資料を展示する予定であったが、これ等の資料を積んだ船が帰国途中に伊豆沖で遭難したので、引き揚げられ無事に着いたものは至って少なかった。そのため当局が所有しているいわゆる官品、それに個人で所有している品物を出品してもらい、展示内容を構成したものであった。

■ 〝舶来品〟のうちわけと出品者

第一号の陳列目録には、山塩、酢漿酸、酸模酸、新煤砕片、革脂、香水、石鹸(せっけん)、鉛筆見本、染料用土、食用粉類、蚕繭并糸の見本、木綿織上順序見本、羊毛見本、金銀線見本、革見本、石象眼(モザイク)見本、鋳物肖像、陶製置物、硝子花瓶、襖紙見本、時計、活版摺機械、螺旋を作る道具、寒暖計、農業教草、体内外の模造、金石学用鉱類見本、工業教育用物品など、生産の原料、その道具、生産品、教育に関するものなど、生活用品をはじめとして種々雑多なもの一五八種を挙げている。これ等の資料はすべて外国からの購入や交換によって得られたものである。

第二号の陳列目録もまた雑多な資料を挙げているが、この号には出品物の名称のみでなく、出品者(献品者)の名が添えられている。

宮内省が白色大理石製澳国帝像一点、魯国製地球儀一点、蘭人アチ国ヨリ掠取の品三品、同バタビア出版の戦地の図一枚。外務省は銀製顔法道具一揃、貨幣一一枚、賞牌三六枚、白露国人物写真帖一冊となっている。開成学校は凹銅鏡（光線学ニ用ル器）、メロニー器（光線学ニ用ル器）、ヂコスマス器（蒸気ノ緻密ヲ測ル器）、医学校は双眼顕微鏡、顕微鏡、男・女・小児の人工体、鉸鏈骨格などを出品している。

他はすべて個人であり、それには「出品」と「献品」の両者があり、

献品者では、田中不二麿、町田久成、古川正雄、竹内正義、蜷川式胤、津田仙、竹内毅、佐久間嘉七
出品者では、神田孝平、辻新次、志賀親明、西村孝章、町田久成、山高信離、近藤真琴、田中芳男

の一六名となっている。

田中不二麿（ふじまろ）は、明治四年（一八七一）文部大丞となり、岩倉使節団の一員として、欧米の教育事情を調査し、明治六年（一八七三）九月に帰国した。帰国の報告書『理事功程』一五巻をまとめ、博覧会の開かれた明治七年（一八七四）七月には文部大輔に任ぜられ、文部卿欠員中であり、省務の最高責任者として事にあたった人である。また田中は、明治九年（一八七六）三月に上野山内に〝学術博物館〟を建設したいと太政大臣に上申するが、これが結果的には明治一〇年（一八七七）一月、上野山内西四軒寺跡に「教育博物館」の設置となって示され、文部省系博物館として発達することとなる。

津田仙（つだせん）は、アメリカ製の石筆に関する資料（硬軟種々ノ製ニシテ図画ヲ描クルニ用ル品）を出品している。安政四年（一八五七）蕃書調所にはいり、文久二年（一八六二）外国奉行通弁となる。幕末の慶応三年（一八六七）正月、勘定吟味役小野友五郎の随員としてアメリカに渡り、その時に農法を学んでいる。ウィーン万国博覧会には、庭園植物主任兼審査官の資格で参加している。明治八年（一八七五）「学農社」を設立し、農業の近代化と人材育成にあたった。わが国で最初の私立盲啞学校である〝訓盲院（くんもういん）〟の設立などにも尽力している。

竹内正義、古川正雄、竹内毅の三人は、博覧会事務官である。

出品者では、神田孝平（たかひら）が石像、望遠鏡などを出品している。蘭学者として知られる。開成所の頭取であったが、維新後は新政府に仕えた。明治二年（一八六九）に会計官権判事、公儀所副議長、制度取調御用掛、集議院判官などを歴任。三年六月には地租改正の必要を建言している。明治四年（一八七一）一一月から九年九月まで兵庫県令として活躍する。明治七年（一八七四）に設立された明六社の同人としても活躍した。考古学に関心が深く、自らも古器物・考古学資料を収蔵し、研究をかさね、著書では日本の石器などを英文で報告している。坪井正五郎が明治一七年（一八八四）人類学会を創設した時、その初代会長になっている。

志賀親明はロシアの陶製人形・同じくロシアの銅貨幣を出品している。この親明は「親朋◆」の誤植ではなかろうか。だとすれば、親朋は文久年間に箱館港備付御用船通弁役で箱館や対馬で通訳をし、慶応二年（一八六六）箱館奉行小出秀実にしたがいロシアに出張している。帰国後長崎奉行支配調役となる。維新後は箱館外務掛などから外務省に出仕している。明治八年（一八七五）退官し、郷里の長崎に帰り日露の親善に努めている。

辻新次は、文久元年（一八六一）郷里の松本から江戸へ出て蕃書調所で蘭学を学び、開成所教授手伝となった。維新後文部省に出仕し、大学南校の校長となった。明治四年（一八七一）七月、文部省が設置された時に七等出仕、明治七年（一八七四）には五等出仕、学制の制定など草創期の教育制度の確立などに貢献した。明治一九年（一八八六）三月文部次官となり、内閣制度の発足以降は、文部大臣森有礼を補佐し学制改革にあたった。明治二五年（一八九二）一一月退任するまで二〇年余にわたりわが国の教育行政一筋に徹した。

山高信離（のぶつら）は大蔵省七等出仕で博覧会書記官である。澳国・伊国の貨幣見本、肖像や古像などを出品している。徳川昭武がパリ万国博覧会に参列した時に昭武の傅佐として出張。明治五年（一八七二）大蔵省に出仕、七年（一八七四）内務省六等出仕となり勧業寮に勤務している。後に博物館が農商務省から宮内省の管理に移って図書寮の附属博物館となったとき博物館長に任命されたことはすでに述べた通りである。

近藤真琴(まこと)は、天球儀をはじめとして数学、歴史、地学、理学などの学習に関する品物を出品している。窮理、兵法を学んでおり、文久二年江戸に出て幕府の軍艦操練所に入り航海書の翻訳などを行なう。文久三年（一八六三）に江戸四谷阪町に私塾「攻玉社」を開き数学、英語、航海術などを教える。維新後は海軍操練所出仕となり、四年（一八七一）海軍中佐兼兵学中教授に進んだ。

■多種多様な舶来品

第三号陳列目録には田中芳男の出品一四二種だけである。石象眼付文鎮、額入の細小品、針の孔へ糸を通す具、鋏、小刀、陶器の蓋物、ガラスの用器、竹製の烟管、紙細工、人体解剖図、博覧会場内で販売していた品物など、細々としたものが出品されている。概して、この三号目録には説明を附したものが目立っている。例えば

七宝ノ手ボタン　土爾其製　此国ヨリ製シ出ス所ノボタンハ西洋人モ之ヲ賞セリ。
鉄製芋丸抜小刀　ボヘミア製　博覧会へ出品ノモノ　芋ヲ丸ククリヌク道具ナリ
陶製古代ノ小壷　同ノ旧府ホムベー（ポンペイ）ヨリ掘出ス所　此府ハ紀元七九年ニ埋リ近年掘出セリ
硝子ノ花瓶　紅色ノ上ニ各色浮模様アリ　伊太利ウヱニス（ベニス）製　此府ハ各色硝子ヲ製スルニ妙ヲ得タリ
小キ気泡ノ玩具　法国巴里府製ニシテ我邦児童ノ作る紙玉鉄砲ノ理ナリ
手習用塗板紙　獨乙教育品ニ出ツルモノ　我邦ノ万年紙ノ類ナリ

などである。

第四号出品目録は、一二八種の資料を挙げている。出品者は塩田真（しおだまさし）、石田為成、武田昌次、井上直樹、藤山種広、献品者は朝日升のみとなっている。

塩田真と藤山種広は博覧会事務官である。塩田は工部省に出仕し、佐野常民に見出されウィーン万国博覧会に事務方として参加している。帰国後は博覧会事務局跡の勧業寮で洋風絵付けを講習している。明治一〇年（一八七七）六月、政府による製陶技術の伝習事業が廃止になると、官を辞して納富介次郎と江戸川製陶所を創設、和洋折衷の平地窯を築き、製陶技術を各地の陶磁工に教えた。翌一一年（一八七八）から河瀬秀治、山高信離らと自宅で毎月、美術工芸品評会（翌年竜池会と改称）を開いていたが、明治一四年（一八八一）自宅が火災で焼失したことにより、やがて江戸川製陶所も廃止となった。この様に塩田は官吏として有能であり博覧会の出品者であり、製陶技術の伝承者としての立場で活躍した。明治二九年（一八九六）農商務省商品陳列館が創設された時には館長に就任しており、いわゆる博物館的事業の推進にも貢献している。

この博覧会の陳列目録は第四号までしか刊行されていないが、その第四号の最後に

> 右ニ挙ル物品ノ外、昨今ニ至リ尚二〇箱ノ荷物到着セリ。抑（ソモソモ）舶来物品ノ展観ハ、本月一〇日ノ終会ヲ期トシテ、悉ク取片付ントセシガ暫ク其期ヲ延テ新着ノ物品ヲ共ニ併列シ、一六日ノ日衆庶ノ縦覧ニ供セント欲ス。其物品ノ詳細ハ第五号ノ目録ニ登記シテ示スヘシ

とあり、ここに挙げた外に更に二〇箱の荷物が到着したが、これ等の資料を博覧会に展示し、その博覧会が終了しても一・六日に公開したいとしている。この博覧会は六月一〇日が最終日となっているが、六月一一日が最初の一・六日の公開日となる。

■〝見せ物〟との混同も

しかし、予想外の資料の出品で迷惑している面もある。「新聞雑誌」の広告には、

天造物ヲ陳列シテ縦覧セシムル事ハ、実物ヲ示シ人ノ知見ヲ拡充スルニアリ。故ニ尋常品ヨリ非凡品ニ至る点、之ヲ備ルハ勿論ナリト雖共、然レ共其意未タ衆ニ貫徹セス、漫ニ奇異ノ物品ノミヲ集ルノ事トナシ、既ニ白色ノ鴉、三足ノ犬、其他変生支離ノ物ヲ出品スルニ因リ、已ムヲ得ス、姑ク之ヲ陳列スト雖共、素ヨリ本局ノ主意ニ非ルナリ。依テ爾来ハ奇異ニ渉ルノ物、譬ハ一脚ノ鶏、双頭ノ豚ノ如キハ博物学ノ急務ニ非ル事ヲ了解シテ、右様ノ異物ハ出品ナカラン事ヲ希望ス。

とあり、奇形な動物を出品しないよう希望している。また、高見沢茂の『東京開化繁昌誌』の中に山下門内博物館で開いている博覧会を観覧した時の事が記されている。一室が設けてあり、その中にいた動物を見た時の表現に「羊カ羊ニ非ズ、豚カ豚ニ非ズ」とあるので、片端な羊や豚が展示されていたのであろう。

こうした〝奇異の物品〟に問題があったのであるが、橘高広は『観世物の側面観』の中で、見せ物は好奇心の対象となるものでなければならない。好奇心の対象となるからこそ、入場料を取っているのだと言う。だからといって、何を見せてもよいと言うものではない。明治新政府はすでに明治元年（一八六八）二月に「東京ハ皇国ノ首府ニシテ教化ノ根元ニ候へハ假初ニモ非礼非義ノ有之候テハ其弊普ク御国内ニ及候事故卑劣ノ義ハ有之間敷……」として、見世物と言っても〝見苦敷もの〟を禁止している。更に明治五年（一八七二）三月には、男女蛇使い及び女相撲その他〝醜体の見せ物〟を禁止している。

このような国の政策に関して、東京府はかなり寛大であり、明治六年（一八七三）東京府知事は市在区々の戸長に対

し次のように達している。

見世物興行之儀ハ、鳥獣或ハ諸芸ヲ以衆人之縦観ト可致筈ニ付願出次第夫是取調之上差許シ来候間、方今不具之モノ等見世物ニ差出候儀無之筈候得共万一心得違ヲ以不具ニ不拘総テ醜態ヶ間敷観物決シテ不相成候、尤当府管内有籍之者ニテ不具難渋ニ迫リ生活之目途相付ヶ兼候ハバ、願出次第養育院へ差入扶助致シ可遣条此旨可相心得事、右之趣市在区々ニ無洩触知モノ也

ここに記されている趣旨は、見世物について東京府は願出があれば取り調べてから許可している。しかし、不具者を観物すること、醜態の観物は禁止している。これを注意するために戸長に達したことになる。当時、見世物は自宅において見せることができ興行場の制限はなかった。そのために不具者などを見世物にすることがあったのだろう。動物関係のものでは、中尾貫造という人が自宅で製造動物を見せ物にしたいと願いでて許可になった。製造動物とは鳥獣の屍の生肉をとって製作したもので今日言われている「剝製標本」であろう。しかし、生きている奇形な動物ともなれば、鳥類はともかくとして哺乳類は自宅などで見せ物にすることは困難があったろう。とすれば、奇形動物も〝好奇心の対象物〟として、博覧会に出品することが最も自然な成り行きであったろう。

ただ、主催者が博物館であれば、このような奇形動物を持参した場合には、出品を拒否すればよいとも考えられるが、それを拒否していない。この辺に博覧会をできるだけ理解させ関心を持たせようとする政府側の意向としては、やむを得ない処置でもあったろう。大衆の博覧会に対する理解度は、政府が考えていたよりは、かなり掛け離れたものであったのだろうか。

〝連日開館〟という名の公開

明治六年（一八七三）四月、明治七年（一八七四）三月と、二年にわたって博覧会を開いた山下門内博物館に、翌明治八年（一八七五）大きな転機がおとずれる。

それは明治六年（一八七三）一一月一〇日、太政官布告により、内務省が新たに設置され、同年同月二九日には大久保利通が内務卿に任命された事が基本にある。これによって、大蔵省租税寮勧農課の仕事であった殖産興業、勧業行政が内務省に移され、勧業寮がその業務を担当することとなったからである。

このようなことから、それまで正院の所属であった博覧会事務局は、明治八年（一八七五）三月三〇日、「博物館」と改称され、内務省の管理に移されたのである。ここでの「博物館」という名称は行政事務上の役所の名称であるが、品物を展示するための場所としての博物館という意義も含めての事でもあった。

内務省に移管された博物館では、町田久成、田中芳男、蜷川式胤、小野職愨らが業務にあたっており、動植物資料、古器物、書画や舶齎の諸品、発明品など、あらゆる分野の資料を収集しようとしたのである。それは内務省所管の博物館を日本の中央博物館として位置付けることにより〝皇国の主館〟としての存在感を高めることにあったと考えられるからである。そのためには、何よりもまず新博物館を設置する事により、皇国の主館としての構想を実現させることであった。その新博物館設置の場所が、高燥の地であり、市街地から離れていて貴重な資料を火災から守ることのできる上野山内であった。この時に上野山内は、維新以来幾多の変遷があったが、文部省が主要な場所を管理しており、将来、高等教育のための学校施設の設置を考えている時であった。そこで内務省と文部省がこの地に博物館を設置しようとする気運が高まり、両省による上野山内の土地争奪戦が開始される事となる。

一方、新博物館の内部機構については、かつて田中芳男らが慶応三年（一八六七）に開かれたパリ万国博覧会に派遣され、施設を見学した時に印象の深かったジャルダン・デ・プラント（フランス国立自然史博物館）のような施設を構想するに至った。それは古生物や動物の陳列所、研究所、動物園、植物園などが一体となって運営されている総合的な一つの博物館であったからである。それをわが国でも実現したいと考えたのである。

■内務省系権限の強化

このような時代の変化の中で明治八年（一八七五）五月二五日、勧業寮の責任者であった河瀬秀治（かわせひでじ）が博物館の責任者に任命されるのである。河瀬は有能な行政官として、武蔵知県事をはじめとして小菅（こすげ）、印旛、群馬、入間、熊谷などの知県事、県令を歴任しており、三六歳で内務大丞兼勧業権頭となる。この間、わが国は産業の振興、教育の普及を図らねば、諸外国の威圧から免れることはできないとして、農業の改革、牧畜の整備、茶樹の栽培、桑田の開墾、養蚕製糸の改良などに力を入れてきた。その河瀬は、博物館に関しては極めて冷淡であったと言われる。それが就任直後の内部改革により、これまでの四局編成が、明治八年（一八七五）五月三〇日、「第一局」は庶務、「第二局」は記録、「第三局」は翻訳、「第四局」は用度、「第五局」は主計、「第六局」は博物館、少し遅れて「第七局」は衛生という事で、数字の局に改称したのである。

しかし、この「第六局」という名称では、博物館の内容が理解されず何かと不都合な点が多いので、再び「博物館」という名称に戻して欲しいとの町田らの上申で、それが効を奏して、翌明治九年（一八七六）一月四日、再び「博物館」という名称に復したのである。

こうした朝令暮改的な名称の変更は、新たな勧業政策にそった博物館を築き上げようとする官僚としての河瀬秀治と、これまで博物館の資料を取り扱ってきた実務派の町田久成との葛藤でもあったと見られている。町田は博物館の創設以来その責任者として業務を遂行してきたが、年下の河瀬が直接の上司になる事により、町田は責任者の立場を追われた形になり、その上に博覧会事務局時代に任命されていたアメリカ独立百年記念フィラデルフィア万国博覧会の事務局長も免ぜられ、かわりに河瀬が任命されている。

これは結果的には、かつての文部省物産局の敗退であり、新たに台頭した内務省系の権限の強化でもあり伸張でもあった。

■〝皇国の主館〟に

明治八年（一八七五）五月、博覧会事務局が内務省に移管されたことによって、山下門内博物館は、澳国博覧会出品物の展示、あるいはその時の購入品や交換品、寄贈品などにより、展示館の改修、増築が行なわれ、展示館の区分も次のようになった。

古物館（史伝・教育・法教・陸海軍・芸術各部）	一棟
天産部列品館（動物）	一棟
天産部列品館（植物）	一棟
天産部列品館（鉱物）	一棟
農業山林部列品館	一棟
工業機械部列品館	二棟
芸術部列品館（英国博物館贈品）	一棟

以上の八棟で、それに博覧会の時に技術者を派遣して伝習させた技術の試業を行なうための七つの伝習試業所があ

った。ウィーンからの持ち帰り品は、農業山林部列品館と二棟の工業機械部列品館に展示されるに至った。

伝習試業所は、第一試業所が農業、工業に関する器具、製品見本、それに学校で使用する雛形や教材、第二試業所は養蚕や製糸紡法、第三試業所は煉瓦製造機械、革及家具塗法、第四試業所は巻烟草製法、測量器及細小器製法、第五試業所は眼鏡製法、宝石及大理石磨琢法、モザイク製法、陶器製法、ギブス模型製法、陶画焼附法などの技術、第六試業所は染法、写真技術、第七試業所は石脳油（石油の古称）の分析であった。これ等をどのような方法で観覧者に試業させたのか、その詳細は、伝えられている資料からは明確にできない。ただ、指導者が解説し実際に作業をして、体験することにより習得させるものであった。

太政官は、明治九年（一八七六）二月二四日に次のような通達を各院省使府県に出している。

自今、内務省所轄ノ博物館ノミ単に博物館ト称シ、其他各庁ニ於テ設置ノ分ハ地名又ハ他ノ文字ヲ加ヘ、何博物館ト称スベク此旨相達候事

こうして「博物館」と称することのできる博物館は、内務省に属している博物館だけとなり、その他の博物館は「〇〇博物館」としなければならない事になったのである。これが通達される基となったのは、内務卿大久保利通が太政大臣三条実美にあて、内務省の博物館、すなわち山下門内博物館は、内外の物品を収集して、かつて進呈した分類表（天産、農業樹林、工芸機械、芸術、史伝、教育、法教、陸海軍の八部）にしたがって資料を整理し一般に観覧させている。また、浅草文庫を設立して閲覧させている。そのため類似した名称があっては〝皇国の主館〟としては不都合であり、他の全ての博物館は、地名あるいは他の文字を入れて欲しいという事から出発している。すでにこの時、文部省の管理下にあった博物館は、地名を入れて〝東京博物館〟と改称している。府立では大阪府が大阪本町橋詰町に設置した

博物場、京都府が京都河原町通りに設置した博物館などがあり、こうした力づくによって博物館の名称に至るまで変えようとする内務省は、やがてその一端が博物館運営の中にも示されることとなる。その一つが公衆から資料を出品してもらい開催するという博覧会からの脱皮であり、政府が所蔵している官品を主にし、或は政府が諸外国から取得した資料を中心としての新たな「連日開館」という名の公開であった。

「連日開館」は明治九年（一八七六）は春のみ、一〇年から一三年までは春・秋の二回、一四年は移転する準備のため春季一回のみとなっている。

この「連日開館」は、すでに〝博覧会の常設化〟とみることもでき、特に連日開館といっても、特別にそのために一般から出品させるということよりも、整備された官有品を公開することにあった。すでにこの時、内務卿大久保利通は、太政大臣に対し、内国勧業博覧会を明治一〇年（一八七七）に開くようにと上申していた時であり、博覧会という名称の重複を避けての事でもあったろう。

ただ、大阪で唯一の公立博物館である大阪博物場の明治八年（一八七五）の規則には、「毎年一月七日ヨリ二月一五日マテ及ヒ八月一日ヨリ一二月二五日マテハ

山下門内博物館が実施した連日開館

開催年	名称	当初の開催期間	終了日
明６年	博覧会	４月15日より６月15日まで	７月31日まで（２回延長）
明７年	博覧会	３月１日より50日間	６月10日まで（２回延長）
明８年	開催しない	（２月２日から１・６日の公開以外に日曜日も加えて開館する）	
明９年	（連日開館）	３月15日より60日間	７月12日まで（60日間延長）
明10年	（連日開館）	春　３月15日より60日間 秋　９月20日より60日間	６月10日まで（28日間延長） 11月18日終了
明11年	（連日開館）	春　３月21日より60日間 秋　９月11日より60日間	５月19日終了 11月９日終了
明12年	（連日開館）	春　３月15日より60日間 秋　10月１日より60日間	５月13日終了 11月19日終了
明13年	（連日開館）	春　３月15日より60日間 秋　10月１日より60日間	６月12日終了（30日間延長） 11月19日終了
明14年	（連日開館）	春　３月15日より60日間	５月13日終了

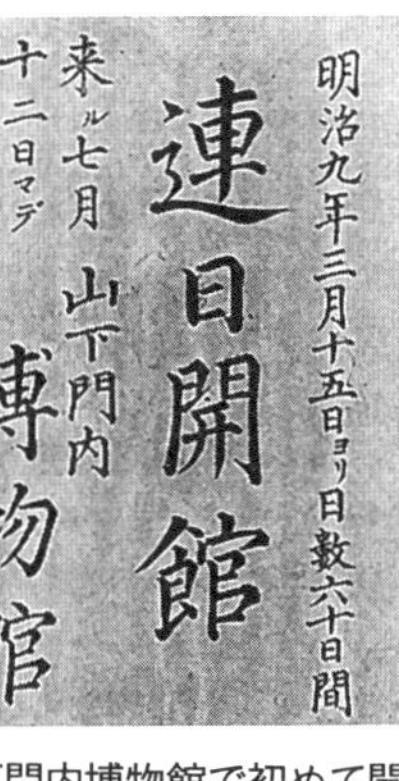

山下門内博物館で初めて開かれた「連日開館」の広告

連日開場シ、三月一五日ヨリ六月二二日マテ一百日間ハ特ニ博覧会トシテ之ヲ開クモノトス。但連日ノ開場ハ大祭日ノ翌日及ヒ月曜日ヲ以テ休場トス」とあり、一月から二月、八月から一二月にかけてが連日開場(館)であり、三月から六月にかけてが博覧会となっており、山下門内博物館では実施しなくなった博覧会がここでは規則の上からではあるが依然として続いている。

山下門内博物館明治九年(一八七六)の開館は、一月六日より一二月二六日に至る期間の毎月一・六日と、この間における毎日曜日であった。それに連日開館が三月一五日より七月一二日に至る一一七日間であった。

この最初の連日開館は、それまでの陳列よりも資料が増加している。宮内省からは山内家から献納された古銅器が出品されており、すでに博物館での特別な公開などには、宮内省からの出品が慣習化している。新聞に依頼して掲載された記事には「博物館連日会へ宮内省ヨリ出品ノ御物ハ世上ニ三古銅器ト称スル珎器即チ、敦(タイ)、盉(カイ)、匜ノ三種タリ是ハ支那古昔ノ製造品ニシテ古銅器考証ノ規範タルモノ也」とある。また、本省から回付されて来た興福寺旧境内出土の鎮壇具なども展示している。この鎮壇具は明治七年(一八七四)興福寺中金堂須弥壇下から出土したもので、同寺が平城京に建立された時の鎮壇具と考えられ、現在は一括して国宝に指定されているものである。

この連日開館中の四月一七日、組織名としての「博物館」という名称では適当ではないとして、「博物局」という名称に変える事になる。『博物館沿革記録』によると「館中更ニ博物局ヲ置キ以テ事務所ト物品陳列所トヲ区別ス」とあり、博物館の事務を執る所が〝博物局〟であり、物品を展示する所が〝博物館〟であるという厳然たる区別が成立するのである。その結果、内務省に属した事によって、一年あまりの間に博覧会事務局→博物館→内務省第六局→博物館→博物局へと名称が変更した事になる。

■人気博した〝剝製展〟

明治一〇年（一八七七）から連日開館は春秋の二回の開催となる。春の最初の計画では三月一五日より六〇日間であったが二八日間延長して六月一〇日に終了している。

秋期にも初めて連日開館を行なっている。九月二〇日から六〇日間の予定で一一月一八日に終了している。この時の連日開館は、剝製標本を公開することが主目的であったため、〝剝製展〟とも呼ばれている。宣伝広告のビラには

> 米国博覧会ニ於テ曩（サキ）ニ交換セシ剝製ノ麒麟、獅子、虎、豹、白熊、鴨嘴獣、其他ノ動物并豪州産ノ鳥獣及澳国ニ於テ嘗（カツ）テ注文セシ工業上物品等、今回来着セリ、因テ従前陳列ノ物品ト併セテ衆庶ノ縦覧ヲ許ス

明治十年九月二十日ヨリ
日數六十日間
連日開館
米國博覧會ニ於テ曩ニ交換セシ剝製ノ麒麟、獅子、虎豹白熊鴨嘴獸其他ノ動物并豪州産ノ鳥獸及澳國ニ於テ嘗テ注文セシ工業上物品等今回来着セリ因テ從前陳列ノ物品ト併セテ衆庶ノ縦覧ヲ許ス
東京山下門内
博物局

明治10年秋の連日開館「剝製展」の宣伝ちらし

とあり、「東京山下門内　博物局」となっており、ここに初めて主催に博物館ではなく、「博物局」という名称が使用されている。ここに見られる米国博覧会とは、明治九年（一八七六）九月一〇日から一一月一〇日まで開かれたアメリカ独立百年記念フィラデルフィア万国博覧会のことであり、この時には内務省勧業寮に博覧会事務局が置かれ、内務卿大久保利通を総裁に事務局長に町田久成、のちに河瀬秀治が任命された時である。アメリカへの派遣は、副総裁西郷従道、事務官田中芳男ら八四名であり、文部省からは田中不二麿の責任者をはじめとして、後に教育博物館の館長として活躍する畠山義成、手島精一らが参加している。この時には、工業品が主体で

あったが広く一般から出品資料を求めている。かつてのウィーン万国博覧会の出品をはるかに凌ぐものであった。

この米国博覧会を機に、アメリカのスミソニアン博物館から剝製の北極熊など八件二五点、ニューヨーク・セントラルパーク博物館から剝製の獅子、虎、麒麟、カルホルニヤ熊、鴨嘴獣(かものはし)など九点を入手している。『内務省博物局第二年報』によると、交換品として得たものは四一六品となっている。生きていた時の姿をそのままの形で復原した剝製は、その実物を見ることができるという点では人気があった。

こうした事が先に挙げた宣伝広告に示されており、〝剝製展〟とも言われた所以でもあった。

■E・S・モースの感想

わが国の近代考古学が発達する基となる大森貝塚の発見者として知られ、また進化論をわが国に初めて紹介した事でも知られているエドワード・シルヴェスター・モース（Edward Sylvester Morse）は、腕足類の研究のため明治一〇年（一八七七）六月来日した。

E・S・モース

その時、開校したばかりの東京大学理学部の初代動物学教授として、東京大学理学部博物場を開設するなど、博物館事業にも深いかかわりを持つが、ある時山下門内博物館のこの連日開館を見学している。モースの著『日本その日その日』には、その見学について次のように記されている。

私は東京でもう一つの博物館を見学した。これは工芸博物館で、私は炭坑、橋梁、堰堤の多数の模型や、また河岸の堤防を如何にして水蝕から保護するかを示す模型等を見た。日本家屋の屋根の組立てもあったが、それには、そ

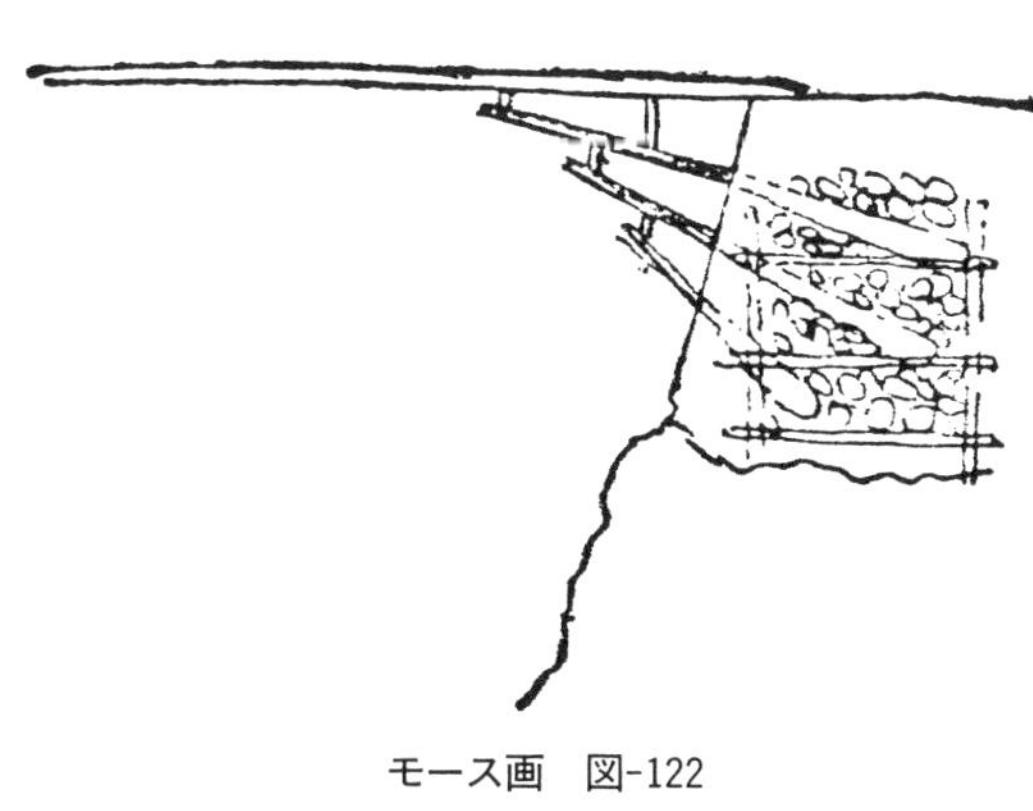

モース画　図-122

の強さを示すために、大きな石がいくつか乗せてあった。橋の模型はいずれも長さ五、六フィートの大きなもので、非常に巧妙に、且つ美麗に出来ていた。また立木から縄で吊した歩橋の、河にかかった模型もあった。図122は橋脚の簡単な写生で、一種の肱木の建築法を示している。最初に井桁枠をつくり、それに丸のまつの樹幹の根の方をさし込み、井桁枠に石をみたしてこれを押さえる。かくて次々に支柱を組立て、最後にその周囲に石垣を築く。

この博物館には、サウス・ケンジントン博物館から送った、英国製の磁器・陶器の収集があった。陳列箱は上品で、硝子にはフランスの板硝子が使ってあった。広間は杉で仕上げてあった。一軒の低い建物にはウィン博覧会から持って来た歯磨楊子、財布、石鹸、ペン軸、ナイフ、その他、我国の店先きでお馴染のいろいろな品が、沢山並べてあったが、恐らくこれはこの博物館の出品物と、交換したのであろう。日本の物品ばかりを見た後で、この見なれた品で満ちた部屋に来た時は、一寸、国へ帰ったような気がした。

冒頭に「私は東京でもう一つの博物館を見学した」とある。これはすでに東京で別の博物館を見学している事になるが、それは上野公園内の西四軒寺跡（現・東京芸術大学構内）に設置された〝教育博物館〟（明治一四年七月「東京教育博物館」と改称）のことを指している。

モースは来日して一週間後の日曜日（六月二四日）開館準備中のこの博物館を見学している。すでに資料の一部が陳列されており、鳥類標本、甲殻類の陳列箱、アルコール浸けの標本など見事であったと驚いている。二回目の見学は、

教育博物館

九月一一日で、この日は東京大学の御雇外国人教師らを文部省の責任者である田中不二麿が招待しての見学であった。館内を一巡してから広間で昼食会が持たれている。

この教育博物館は当初、学術博物館を設置する予定であったが、カナダのトロントにある教育博物館を文部省の責任者である田中不二麿が視察したことにより、学校教育を側面から支えるための教材などを展示した博物館として開設するに至った。展示物を公開するだけでなく、理化学器械を製作して全国の学校に販売するなど、今日の教材販売会社のような役割も兼ねていた。また、学術講演会の開催、学校の教師を対象とした理学講習会など幅の広い活動を展開している。

山下門内博物館は〃工芸博物館〃であったとしている。多数の模型類を展示してあったが、橋の模型にはその建築の組み方などに興味をいだいている。日本に関するものばかりでなく、外国関係資料にも触れており、イギリスのサウス・ケンジントン博物館から送って来た陶器類のあった事を挙げている。これは前にも記したが八棟ある展示館の中の芸術部列品館であった。モースは、この博物館を「工芸博物館」と記しているが、その展示内容から判明するように殖産興業のための博物館であり、各所技術の伝習所などもあり、今日の産業博物館の性格を帯びていたが、やがて後記するように上野公園内に移転することにより、美術・歴史博物館としての色彩が強くなる。

■春秋の連日開催が慣例に

明治一一年（一八七八）には春と秋二回連日開館が実施されている。これに関連して『東京国立博物館百年史』には、この年の八月に「陸軍鎮台兵二八名」「東京はたごや案内ノ者惣連中」からせっかく上京したのに、一・六日、日曜日だけの開館で見学できなかった、秋期にもぜひ連日開館をして欲しいという意味の投書があったことが記されている。これだけが大きな理由ではなかろうが、毎年春秋二回開催することが慣例になったとされる。

東京で開いた第一回内国勧業博覧会は、前年の一一月に終了しており、上京して何か見たいと思っても、歓楽街はともかくとして、文化的な施設では、この山下門内博物館しかなかった。それが公開していないとなると、やはり残念であったろう。

明治一二年（一八七九）にもまた春秋二回連日開館が実施されている。春の連日開館には、前年にフランスが第三共和制を世界に宣揚するために開催したパリ万国博覧会の際に持ち帰った各種の見本類を展示した。ただ、この年の特記事項として、博物館としては初めての臨時休館の処置がとられている事である。それは内務省博物局長代理田中芳男の名によって通達されたが、当時流行していたコレラ病の蔓延する兆しが出て来たので、「一・六日・日曜日ノ縦覧ヲ差止ル事」として、七月に予防方法などを記した別紙を添えて通達している。更に、「通用門ヲ入リ来ル者ハ何人ニ限ラス石炭酸ヲ澆ク事、但高貴ノ来人ハ此限ニアラス」として消毒を励行させている。そのために、日雇を採用してこの消毒作業に従事させている。伝染病に対しては、特に気を配っていた事がうかがえる。

明治一三年（一八八〇）も春秋二回連日開館を行なっている。春の連日開館は三月一五日より六〇日間であったが、三〇日間延長して六月一二日に終了している。

鹿鳴館設置のため、博物館を追い出す

明治一四年の連日開館は春のみであり、山下門内博物館にとっては、これが最後の連日開館となった。それはこの博物館が上野公園内に移転するためであり、博物館にとっては〝常時開館する〟という新時代を迎えるからである。

山下門内博物館は、開館当初から一つの大きな問題をかかえていた。それはこの博物館が古文化財を保存するにしても、この山下町一帯は低地で湿気の多い所であり、その上に家屋の密集地帯であり、常に火災の危険にさらされていた。そのため、はやくから移転を考えており、その移転先を高燥で火災からも守りやすい上野山内を適地と考え、この地に新博物館の建設を進めていた。これは内務省の絶対的な権力を背景にして、文部省が所有していた旧寛永寺本堂坊の跡地を取得して、当時工部大学校で建築教授をしていたイギリス人ジョサイア・コンダー（コンドル）(Josiah Conder 1852-1920) の設計による博物館を建設するため明治一一年六月に着工し、一年後には竣工が予定されていた。

しかし、工事は大幅に遅れることとなった。設計に手間取った事もあり、工部省から工事費の増額について申し入れたがそれがなかなか解決しなかったからである。当初の一〇万両では到底建設が不可能であるとする工部省と経費を支出する大蔵省との間に葛藤が深まり延々として進展しなかった。竣工予定である明治一二年の六月を過ぎた九月になっても、まだ壁面の煉瓦を積んでいるという進行状態であった。

こうした時に、第二回内国勧業博覧会を明治一四年（一八八一）三月一日から六月三〇日まで上野公園内で開催することが決定される。それにより会場施設などが検討されたが、結果的には遅々として工事の進まないコンドル設計の博物館にする建物を博覧会場の「美術館」として使用することに決定する。そのため工事を担当している工部省は、工事進捗状況を見直し、その竣工落成を明治一三年（一八八〇）一〇月として、博物局長町田久成に通知したのである。しかし、工事はそれでも遅れがちとなり、翌明治一四年（一八八一）一月になってから、待望の仮引渡しが行なわれた。

この頃、突然であるが、山下門内博物館の一部を外務省に引き渡さなければならないという大きな問題が沸き上がったのである。それは山下門内博物館の中心になっている一号陳列館のある場所に鹿鳴館を設置するというものであった。

■一週間で〝引っ越し〟

明治新政府は、国内における各種の近代化政策が安定し、殖産興業などによる産業の発展は、各地に見られる博覧会の開催などによって達成されつつあると考えるに至り、新たな方向を追い求める事となる。その一つに幕末以来諸外国と結んできた不平等条約の改正があった。それには何よりも、日本は野蛮な国ではなく、欧米諸国と同じように文明国であるという事を印象付けることが必要であった。そのため、親睦のための社交場として、また来日する国賓の歓迎などのためにも、それ相応の接待所を持たねばならなかった。

それまでは、仮の施設として、芝の浜御殿内にある延遼館がその役割を果たしていたが、新たな外国人接待所建設の必要に迫られていた。この事を痛感した外務卿井上馨は、明治一三年（一八八〇）一一月に延遼館や三田綱町の外務卿官舎を売りはらって、新たに外務卿官舎、外国人接待のためのクラブを建てたいと伺いを立て、太政官の決裁を得て、予算一〇万円での建設が認められたのである。

そこで建設場所の物色がはじまるが、横浜から上京する外国人のために上りの終着駅である新橋駅から近く、また築地の外国人居留地や霞ヶ関の外務省にも近い場所という事で、当時内務省が管理し、広大な敷地に建物が散在する山下門内博物館の所在地が考えられるに至ったのである。

明治一三年（一八八〇）一二月、外務卿井上馨は、内務卿松方正義にあて、博物館として使用している土地を譲り受けたいと申し込むのである。内務省としては、大久保利通の時代であれば断ることもできたであろうが、何かと檜舞台に立つ外務省の権力と政策に逆らうことはできなかった。

そこで内務卿は、六千坪の土地だけは譲りわたすが、この土地には山下門内博物館があり、それを主管している博物局と協議をさせたいとしているが、外務省が取得を希望している場所は、博物館の表門を入って正面の一号陳列館のある地域であった。この一号陳列館は、八号まである陳列館の中では二一七坪と最も広い中心となる陳列館であった。この一号陳列館とその周辺を譲りわたすということになると、これまで築いてきた博物館活動は中止しなければならず、実質上の廃館に追い込まれる事となる。

鹿鳴館の外観

明治一四年（一八八一）一月一五日内務卿は、博物局に対し、「一号館の物品及植木類至急取除キ会計局へ引渡可申候」と達する。ここには〝至急〟とあるので、博物館は翌一月一六日から全館を閉館にして、一号陳列館の片付けを始めるのである。

しかし、片付けるには資料を急いでどこかへ移動しなければならなかった。その移動先として内務省が上野公園内にコンドル設計で建設を進めている新博物館があった。ところがこの新博物館は、前記したように、第二回内国勧業博覧会の美術館として使用することが決定しており、工事を急いでいた。

これに目をつけた博物局は、もともと内国勧業博覧会の美術館としての使命が終れば、内務省所管の新博物館となる建物であるため、工事を担当している工部省営繕局に交渉して、一階は内国勧業博覧会の時に陳列場と

高層建築に囲まれた鹿鳴館跡（中央より右側が大和生命敷地、左側が帝国ホテル敷地）

して使用するにしても、二階の陳列室は、いそいで移転しなければならない山下門内博物館一号陳列館の資料の置き場所にしたいとする話をすすめ、ついにこの資料の移転先として了解が得られたのである。

こうして、明治一四年（一八八一）一月二八日から上野公園内への移動を始め、二月三日にはすべての移動を完了した。その間わずか一週間である。こうして会計局には二月一〇日に土地、建物を引き渡した。博物局は、内務卿から移転を命じられてからわずか二〇日間で、一号陳列館と附近の植木類を片付けて上野へ移したことになる。これ等の移転にかかった経費は、すべて外務省の応接所建設費から支出されたが、そうまでして応接所の設置が急務であったのであろうか。その後この地にネオ・バロック様式を基にした二階建て四四〇坪余のレンガ造りの建物が建設された。〝鹿鳴館〟と名づけられて、華やかな舞踏会などが繰り広げられ、いわゆる鹿鳴館時代が到来する。

■八年余の使命果たし

一方、一号陳列館がなくなったとはいえ、その他の陳列館はそのままの状態であったので、明治一四年三月一五日から六〇日間、例年のように「連日開館」を実施する。この時には、すでに上野公園では第二回内国勧業博覧会が始まっており（三月一日から六月三〇日まで）、大方の目は上野公園内の内国勧業博覧会に向けられ、『東京国立博物館百年

上野公園内に開館した農商務省の新博物館（コンドル設計）

史』資料篇の観覧者数一覧表によると、開館日数六六日、観覧者数七一六九名であり、一日の平均では一〇九名となる。それに対して上野で開かれている内国勧業博覧会の方の観覧人数は一二二日間で八二万二千三九五人なので一日平均では六七四一名となるが、これと比較すると雲泥の差がある。もはや山下門内博物館は世間から忘れ去られた感が強い。

第二回内国勧業博覧会が開催中の明治一四年（一八八一）四月七日、これまで内務省の管理下にあった博物局及び博物館は農商務省の管理に移された。前年の一三年一一月に新設されたばかりの農商務省は、各省が分任していた農商に関する事務を一省で統合することにより、行政機関の改革一元化をはかるものであった。この機会に博物局と別に置かれていた博覧会関係事務も博覧会掛として農商務省に移された。

内国勧業博覧会は、予定どおり六月三〇日に終了した。そのためこの博覧会に美術館として使用されていたコンドル設計の建物もいよいよ農商務省の管理下にあって、新博物館として開館の準備にあたらねばならなかった。そのため山下門内博物館は、明治一四年（一八八一）七月一四日から閉館し、上野公園内に設置された新博物館へ各種の所蔵資料を運び、今度は農商務省の博物館として開館するための準備に取り掛かるのである。

この山下門内博物館は、明治六年（一八七三）四月博覧会事務局の陳列場として、博覧会を開くことから始まったが、わずか八年余で永久に閉鎖されること

農商務省の創設にともなう組織の移管

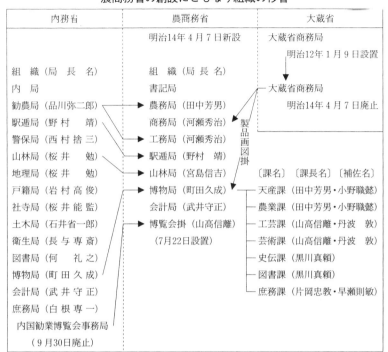

内務省	農商務省	大蔵省
	明治14年4月7日新設	大蔵省商務局
		明治12年1月9日設置
組　織（局　長　名）	組　織（局長名）	↓
内　局	書記局	大蔵省商務局
勧農局（品川弥二郎）	→ 農務局（田中芳男）	明治14年4月7日廃止
駅逓局（野　村　　靖）	商務局（河瀬秀治） ← 製品画図掛	
警保局（西　村　捨　三）	→ 工務局（河瀬秀治）	
山林局（桜　井　　勉）	→ 駅逓局（野村　靖）	
地理局（桜　井　　勉）	→ 山林局（宮島信吉）	〔課名〕〔課長名〕〔補佐名〕
戸籍局（岩　村　高　俊）	→ 博物局（町田久成） ← 製品画図掛	天産課（田中芳男・小野職愨）
社寺局（桜　井　能　監）	会計局（武井守正）	農業課（田中芳男・小野職愨）
土木局（石井省一郎）	→ 博覧会掛（山高信離）	工芸課（山高信離・丹波　敦）
衛生局（長　与　専　斎）	（7月22日設置）	芸術課（山高信離・丹波　敦）
図書局（何　　礼　之）		史伝課（黒川真頼）
博物局（町　田　久　成）		図書課（黒川真頼）
会計局（武　井　守　正）		庶務課（片岡忠教・早瀬則敏）
庶務局（白　根　専　一）		
内国勧業博覧会事務局		
（9月30日廃止）		

になった。この間、古器旧物を集めて保存するための博物館というよりは、諸外国の博覧会で得られた主として産業技術資料の展示、あるいはその技術の実験的紹介、動物・植物の育成による産業の振興など、殖産興業のための博物館として、その使命を果たしてきた。しかしながら、この博物館の真の使命達成はこれからの事であったろう。外国から贈られてきた工芸資料はまだ十分に生かされる事もなく、各種の伝習所もまだ十分にその目的を達していなかった。ウィーン万国博覧会の参加にあたり西洋の近代的な産業技術を身につけるために派遣された技術伝習生の帰国後の国内における斯界への指導なども、博物館の環境が整備され、さてこれから本格的な活動が推進されるであろうと考えていた矢先の閉館となった。

これにより黎明期の博物館は展示・研究施設、動物園、植物園、図書館、資料の整理・出版施設などの総合されたものが一つの博物館であるとするジャルダン・デ・プラントを基にした博物館の発想もここで崩壊したと考えるべきであろう。

上野公園へ移転することによって、個々の施設が独立してその目的を達成するという、新たな博物館時代を迎えることとなる。

第5章　博物館における事件簿

博物館において「事故」や「事件」は、絶対にあってはならない事であるが、たまに発生し新聞紙上をにぎわす事になる。平成一六年（二〇〇四）七月三〇日、千葉県九十九里町のいわし博物館で起きた爆発は、自然現象のなせる特異な事故であったろう。阪神大震災では建物の崩壊など大きな被害をうけたが、博物館施設では、建物そのものよりは、展示資料が被害を受けている。特にガラス製品や陶磁器などは、倒れたもの、床に落下したものなど、細かい破片となって補修が不可能であり大きな損失となっている。

こうした博物館の被害に対して、転倒や落下を防止するため、近年はさまざまな装置が考案され取り付けられている。要は火災や地震などあらゆる被害に対して最小限度に食い止めねばならないが、〝人災〟と言われるものにも、常に注意をする必要があろう。「事件」が起きてからの対策ではなく、起きないための対策が必要になる。

特に博物館は、貴重な資料が保存され、展示されているので、火災には常に意識して対策を考えておかねばならない。関東大震災では、東京教育博物館のように地震による直接の被害は極めて軽微であったが、周辺の建物からの類焼で、地震発生の半日後に建物・資料のすべてを失っている。

火災以上に気をくばらなければならない事に〝盗難〟がある。博物館資料は貴重な高価なもので金に換えることが容易であると考えている人がいる。その一つが、ここに紹介する開館したばかりの文部省博物館における古金(こきん)の盗難事件である。当時としては、太政官布告によって、古金の行方を捜すほどの大事件であった。事件簿の最後は、名古屋城の金鯱にまつわる話題である。

1　文部省博物館での古金紛失

湯島の聖堂構内にある文部省博物館が開館してまだ一月しか経過していない明治五年（一八七二）六月六日、夜八時頃、展示してあった古金類が盗まれた。これはわが国における博物館の盗難事件第一号である。

この事件に関して、「新聞雑誌」四三号は、

六月六日八時頃、博物館内ニ於テ左ノ通リ金銀貨紛失致セル由ニテ、此節厳重捜索最中ナリト云

と報じて、紛失した金銀貨名を列挙している。更に、盗難事件に関して、新聞報道ばかりでなく、太政官は次のように布告している。

当日六日、文部省中博物館ニ於テ、別紙員数之古金盗ミ去リ候者有之ニ付、地方官ニ於テ精々探索可致、古金両替又ハ地金売買等之者ハ　別而厳重ニ取締可致事

別紙「古金紛失員数書付」には

元禄大判　一枚
古金大判　一枚
正徳金　一枚
武蔵小判　一枚
享保小判　一分逆桐　一枚
馬神小判　一枚
乾字金小判馬神　一枚
小吉小判　一枚
太仏判　目方四三匁三分宛　二枚
享保大判　一枚
慶長金　一枚
享保小判　一枚
元字金　一枚
乾字金　一枚
山神小判　一枚
大吉小判　一枚
古金上ノ字井印　目方三八匁六分　一枚

小仏判　目方四三匁八分　　　　　　一枚

とあり、計一九枚となっている。更に「新聞雑誌」第四八号に掲載された盗難に関する記事を見ると、太政官布告に記載されたもの以外に

金二〇円　　一枚
金一〇円　　一枚
金　五円　　一枚
金　二円　　一枚
金　一円　　一枚
銀五〇銭　　一枚
銀二〇銭　　一枚
銀一〇銭　　一枚

の八種を挙げている。

■盗難品は「御物」

この博物館の盗難に関して、太政官布告の内容は古金を両替したり、地金の売買の時には厳重に取締るようにとの事であるが、このようなちょっとした盗難がわざわざ太政官が布告を出す程の重要な事件であったのであろうか。

この「布告」とは、明治四年（一八七一）七月二九日の正院事務章程に「凡全国一般ニ布告スル制度条例ニ関ル事件及ビ勅旨特例等ノ事件ハ太政官ヨリ之ヲ発令ス、全国一般ニ布告スル事件ト雖モ、制度条例ニ関ワラザル告諭ノ如キハ、其主任ノ官省ヨリ直ニ布達セシム」とあるように、太政官布告は国政の上に重要な事項を取扱うこととなっている。にもかかわらず、博物館での古金の盗難が布告しなければならない程、国政上重要な事柄であったのであろうか。私自身も不思議に思い気にしていたのであるが、ふと「新聞輯録」第三号に「文部省博覧会ニ御物ヲ窃ミタル賊捕セラル」とあることに目が止まった。盗難にあった古金類は「御物」であったのである。

御物であれば天皇ご一家の所有物であり、それが盗まれたとなれば、政府としてはあらゆる手段で探し出さねばならない、当時としては大事件であったのである。

では、なぜ博物館の中に御物があったのであろうか。明治新政府の絶対的な権威の象徴とも見られる「御物」は、何物にもかえる事のできないものであった。先に挙げた「新聞輯録」には「文部省博覧会」の時と記しているが、この盗難のあった六月六日は、すでに博覧会は終了しており、一・六日の公開に入っている時であり、博覧会で借りていた資料は、それぞれの所有者に返却しており、文部省が所蔵している官品を中心にして公開している時であった。

すでに記したが『東京国立博物館百年史』資料編に収載されている「明治五年博覧会出品目録・草稿」は、これはわが国における最初の官設博覧会のものであり、その出品目録中に〈御物〉を挙げている。

それには笙（しょう）、篳篥（ひちりき）、笛、琴、銅器などの外に「古金銀銭貨類」という記載が認められる。これには、朱書きで「日本支那ノ」と記しているので、日本や中国の貨幣類であったことが判明するのである。また当時の情景を描いた錦絵の「古今珎物集覧」を見ても、中央の蜷川親当（ちかまさ）之像、雪舟筆八景と記した軸物の下に〈金銀品々箱入〉と記して、小判などを無雑作に描いている。この箱入の金銀の品が御物であったと考えられるのである。

これ等の事から、博覧会の時に借用していた各種の資料は、博覧会終了後それぞれの所有者に返却したが、宮内省から借用していた御物やその他の関連資料は、この一・六日の公開になっても返却しないでそのまま公開していた事が考えられるのである。

石井研堂は『明治事物起原』の中で博物館の盗難事件についても取り上げている。その中で、監視の手薄に乗じて陳列資料が盗まれるという事には問題があろう、陳列資料は本物でなくても模造品で事足りるのではないか、と言っている。最初から模造品であるという事を明白にしておけば、この様な金銀を盗むという事件は起こらないであろう。「純むくの物たる一点が、却って悪徒の要意をそそる一因をなすかも知れず、そこに注意なきは博物館主脳者の不仁なり」と厳しい批判をしているのである。

盗難を予防するという面から考えると、博物館では模造品を展示してもよいように思われがちであるが、やはり博物館は〝実物資料〟を観覧させることが原則であり意義がある。模造品を展示すべきではないと思う。あくまでも実物資料に接する所、そこに博物館の存在する意義がある。

この盗難の犯人は、七月一四日に捕まり、高知県下の医師のせがれで一七歳になる吉本琢磨であったと「新聞雑誌」五五号は報じている。また、「新聞輯録」三五号では「高知ノ游学生ナリト昼マハ聖像ノ後ニ隠レ夜ニ入ヌスミタル由」と報道しており、昼間から孔子像の後ろにかくれており、夜になってから盗んで逃げたこととなる。游学生とあるので勉学にはげむため四国から上京してきたのであろうが、生涯の設計を誤ったことになる。

2　洋行帰りの金鯱　伊豆沖で遭難か

名古屋城での災難―怪盗柿木金助

名古屋城の天守閣に見られる金鯱は、築城当初は慶長金で純度も高く、金の厚みもあったことから光輝がつよく、城より一里あまり南にある東海道、西方にある佐屋海道、美濃路からも燦然と輝く金色が望見されたという。

見たか見てきたか名古屋の城を
外は外堀、中は中堀、八つ棟づくりの
銅瓦(あかかわら)、緑青(ろくしょう)がうかんで　金の鯱(しゃち)ほこ
雨さらし、雨さらし

このように俚謡にうたわれた金鯱を、それがどのような環境に置かれた時であっても江戸時代の旅人たちは、一目でも拝んで見たいと思っていた。それが天候の不順でかなわぬ夢となることもしばしばであった。その金鯱も見るためげかりでなく、ある意味では盗難事件の繰り返しで多くの話題を提供している。

■ウソかまことか

怪盗柿木金助が大凧に乗じて大凧にのり、名古屋城の天主閣の屋根に降りて、金鯱の鱗を盗んだという言い伝えは、

一般によく知られている。古くから歌舞伎などでも取り上げられ上演されているが、その正体は不明である。事実としては考えにくい事であるが、尾崎久弥は『名古屋城紀聞』の中で、「正徳二年二月一四日のこと、大凧に身を結んで空に飛ばせ名古屋城の金の鯱の鱗を三枚剝いだ曲者があった。「金鯱御紛失記」、「金助罪状」等の記録によると、尾張中島郡柿野(ママ)村の金助というものが、父の死後、庄屋のために田地・田畑を横領され、口惜(くや)しまぎれに叔父の孫七を語らってした仕業であるという。」これだけの記事であるとしている。

名古屋城振興協会が編集した「名古屋城叢書」の『名古屋城年表』によって柿木金助の事項を追ってみると

正徳二年（一七一二）

柿木金助大凧に乗る

尾張国中島郡柿野木村の産、柿木金助は大凧に身を結びつけて、空を飛び、天守閣屋根につかまり金のうろこ二・三枚をはぎとった。これは張り扇（講談師）が、たたき出したことらしい。

宝暦三年（一七五三）

柿木金助、捕えられて死罪に処せられるところを、東照宮祭のため、一等を減じて重追放となる。

金助は、海西郡柿木村（現・海部郡八開村字柿木嶋）に生まれ、生来の盗癖のため、はやく家をはなれ、多くの手下をつくって、濃尾各地で悪事を重ね、この年、重追放となったが、なおも罪を犯し、ことに矢合村では捕吏を傷つけて逮捕入牢中、暴風雨の夜に乗じて、定右衛門、吉助ら五人の同囚を語らって破獄をとげた。金助一人は、一味と別れて、広小路の柿問屋と白川町大林寺の縁下にかくれていたが、探索のきびしさに、ついに変装して、美濃にのがれ、鳴戸村に潜伏中からめとられた。

宝暦一二年（一七六二）

柿木金助、美濃鳴戸村で捕わる
　宝暦一三年（一七六三）
八月、柿木金助　名古屋市中引回しの上、土器野の刑場で磔（はりつけ）となり、獄門に行われる。

以上の記載だけである。この記載から考えられることは、柿木金助は悪党ではあったろうが、天主閣の金鯱から鱗を盗み取ったという事実は認められない。史実にない事柄を創作したものであろうが、天明三年（一七八三）一二月大阪角座で上演された「傾城黄金の鯱」などで知られるようになり、大凧を利用して盗むという事は、実現不可能であったとしても、『名古屋城物語』の中には、「金助の自白中に鯱の鱗を盗む陰謀があったのではないかと見る人々もいる」と記している。

明治期になってからの記載では、明治三年（一八七〇）一二月一〇日、金鯱を無用の長物としておくよりも、古金を剝がし、すこしでも御用に立てたいという意見がでて宮内省へ献納することになった。そして、翌明治四年（一八七一）二月、金鯱引き降ろしの内命が出て、天守閣から降ろす作業にとり掛かるのである。更に「同年三月二八日、陸軍名古屋分営の番兵、金鯱の鱗三枚を盗む」とあり、ここでもまた盗難事件が発生したのである。更に大事件として報道されるのは、ウィーン万国博覧会に出品され、帰国途中伊豆沖において遭難したなどの噂が流れたものの、実際は無事であった事である。

金鯱　海難事故をまぬかれる

『東京国立博物館百年史』の資料編に「ニール号沈没積荷引揚関係資料」が掲載されており、その冒頭に足柄県が政府へ上申した次のように記載された一文がある。

本月廿一日（明治七年三月）当管内豆州（伊豆）加茂郡入間村へ外国人一人上陸、事情相尋候処仏国人ニテ船名ニール、人員一四六人乗組、内六〇人便船人ニテ、本月一三日香港出帆横浜へ通航ノ折柄同二〇日闇夜逢難風波元船器械破損、右入間村白根海底へ沈没ニ付、四人泳出三人ハ溺死、漸ク一人上陸候由、且隣村妻良村へモ、右乗組ノ内三人上陸ノ段、今二四日両村ヨリ、別紙ノ通訴出候間右ノ趣、内務省、外務省へ上申神奈川県へモ及通達置申候　尤不取敢当県官員出張保護申付候儀ニ御坐候　此段上申仕候

ここから判明することは、一四六人乗りのフランス船ニール号が、明治七年（一八七四）三月一三日香港を出帆して横浜へ航行中であったが、闇夜に暴風雨のため、機械が破損し、入間村白根海底（白根の暗礁・深さ一九尋）に沈没した。ここは石廊崎の西、南伊豆町入間の沖であるが、四人は泳いで脱出したが、三人が溺死し、一人だけ助かり上陸した。また、隣の妻良村へは三人の乗組員が無事に上陸した。結局、乗船していた一四六人中、助かったのは四人だけであった。

■引揚げも検討

この海難事故に対し、博覧会事務局はフランス郵船から直接、詳細な事故報告が得られなかったので、大蔵省出身の事務官関沢明清（せきざわあききよ）を現地に派遣して調査をしている。その時の報告文には

ニール船航海中同所（足柄県管下豆州入間村沖）ニヲイテ俄然暴風に逢ヒ逆浪激烈、偶々陸上ヲ距ル二町計ノ字サノ

根ト云フ暗礁ニ突中リ、此ニ於テ意ニ覆没及候由、同所出張中右沈船ノ場所迄罷越見分可致処、東西南ノ風無止間小船ニテ難行依テ陸上ヨリ得ト見分仕候処沈船少シク斜傾帆柱水上ニ出ル三尺計リ、然シテ此間海中凹凸暗礁多ク、北ハ山岳嶙峋ノ突出、西ハ遠州灘、東ハ太平洋ニ接シ、蒼波茫々常ニ風波穏ナラス故ニ下水鐘等ノ機械ヲ要スル能ハズ　依テ荷物引揚ノ儀ハ所詮難行届ト奉存候、　即今外国人ノ内引揚方見込ノ者有之由ニ付若シ此者ニテ難行届時ハ誰ニヨラス引揚候者ヘハ荷物代価幾分ヲ被下賜精誠尽力可致旨入間村主近在ヘ御達有之候ハハ万々一荷揚ノ見込相立候者有之哉モ難計奉存候

とある。これは三一日に実地調査とあるので、事故発生から一〇日後のことである。ニール号は、完全に水中に没したのではなく、傾いた帆柱が三尺ばかり水上に出ていたとある。ただ〝蒼波茫々常ニ風波穏ナラス〟とあるので、荷物を引揚げるとなると大変難行だと報告している。すでにこの調査では、資料の引揚げについても考えているのであった。

フランス郵船ニール号は、元治元年（一八六四）に建造された一〇〇八トン、三本マストの蒸気船であった。明治六年（一八七三）七月から横浜〜香港間を毎月一回往復する定期船であった。

このニール号には、ウィーン万国博に出品した資料など官物一五三個、私物三八個、計一九一個が積まれていたのである。

■積み残されたのが幸いして

もともとウィーン万国博覧会は、明治六年（一八七三）一一月七日に終了し、荷物はオーストリアのトリエステ港をロイド会社シンド号で出帆し、香港へ向かった。香港でニール号（メッサージュリー郵船会社）に積み換えたものであっ

た。この荷物の中に金鯱も積まれており、遭難したものと思われた。この時のことを『ランカイ屋一代』には、次のように遭難に関したことを表現している。

すると、奇怪な噂が東京に流れた。

雌のしやちほこは、汽船（ニール号）が名古屋の沖を通り過ぎるときに、雄を恋い慕い、泳いで帰るつもりで、汽船を沈めてしまったというのだ。怪談の好きな江戸っ子は、真面目な顔をしてこの話をながした。

まことしやかに伝えられたこの噂、今日のような情報が発達した社会では、考えにくい事であるが、滑稽なはなしである。たしかにウィーン万博の出品資料を積んでいた事には間違いはないが、この汽船に金鯱だけは積んでいなかったのである。

この頃の事情を関係者の一員であった平山成信はウィーン万博五〇年を回顧した時の記録『昨夢録』の中で

例ノ有名ナ名古屋城ノ鯱一箇ヲ澳国ニ出品セシハ諸人ノ知ル所タカ、此ノ鯱ハ「ニール」号ト共ニ沈没シタトカ、又ハ一旦沈没シタトカ、又ハ一旦沈没シタノヲ引揚ケタトカ云フ説モアルカ、事実ハ全ク沈没シテイナイ。閉会後、澳国「トリエステ」港ヨリ他ノ荷物ト共ニ「ポルサイド」ニ送リ、同港ニテ仏国船ニ積替ヘ日本ニ積戻シタカ、丁度香港デ再ヒ「ニール」号ニ積替ヘタ荷物ノ内ニ在ルヘキ筈故、沈没ト信セラレタノハ無理ナラヌコトナガラ、鯱ノ箱ノ重カツタ為メ「ポルサイド」ニ残サレ、次ノ船ニ積入レ偶然沈没ノ災難ヲ免レタ訳タ

と記している。ここに見られるように、荷物があまりにも重かったので、ポルサイド港に積み残して来たのである。

これが真実であろうが、ニール号と共にウィーン万博から帰国した人たちも亡くなっているので、正確な情報が船会社などへ伝わらなかったであろうし、国の外交ルートを通じての確認などにも時間がかかったであろう。

結局、金鯱は次の船に積み込まれて日本へ帰ったと言われる。この辺の事情については正確な記録が伝えられていない。和田千吉は「本邦最初の博覧会」の中で、明治七年（一八七四）四月横浜に着したと記している。横浜毎日新聞には、「去ル一四日澳国ウィーンナ府ヨリ還朝セル金ノ鯱鉾ハ……」とあるので、四月一四日に帰国したことになる。

横浜に到着した金鯱は、その後どうなったのか。

同じ横浜毎日新聞に「今般愛知県下ニ於テ博覧会ヲ催スルニ就テハ当港ヨリ直ニ之ヲ旧里尾張名古屋ニ運搬スト謂フヘシ錦ヲ衣テ故郷ニ帰ルト……」とあるので、横浜に着いた後ただちに愛知県下で開催する博覧会に出品するため名古屋へ回送されたのである。この愛知県下の博覧会とは、明治七年（一八七四）五月一日から六月一〇日まで東本願寺名古屋別院で開催された「名古屋博覧会」を指している。『博覧会物品録』には図入りで「旧藩主所貢名古屋城天守台上頂金鵄展」としてあり、尺高九尺二寸頭巾二尺四寸八分　尾五尺　ヒレ三尺八寸となっている。この博覧会終了後の金鯱は、「本邦最初の博覧会」の中には

愛知県下東本願寺掛所の博覧会に借らんこと乞ひ之に送致し、会後同県より直に石川県の博覧会に送致し、続いて京都府、大阪府、大分県等の各会に陳列した。
明治一〇年長崎県又之を借らんことを請ひしも、西南の役ありて果さず、大分県より直に大阪府に送致し保護を括し、同一二月更ニ大阪府より大分県に送り、閉場後長崎県に送るべきを擾乱の後にて準備整はざるにより延期となった。依て愛媛県会場に陳列した。

「古今珎物集覧」

とあり、各地で開催される博覧会に利用されている。

3　山下門内博物館での盗難

湯島聖堂構内でわが国で最初の官設の博覧会を開く時に、宮内省から金鯱を借用して公開した事はすでに述べた。ところが、湯島聖堂で最初に博覧会を開催する時に宮内省から借りた時の記載に和田千吉は「最初の博覧会場に一双を陳列した、明治六年澳国博覧会に内一隻を出陳し、……」とあるので、金鯱の雄、雌、二点を陳列した事になる。しかし博覧会の記録には雄、雌二点(匹)を陳列したと言う事実は明らかではなく、錦絵に描かれた会場図の中庭に展示されたものも一点のみである。とすると、宮内省から借用したのは一双(二点)であったが、一点を博覧会に出品し、他の一点は適当な場所に保管していたのではなかろうか。更に和田千吉は「……以上の如く一隻は各地を経歴し、其一隻は博覧会以後陳列されて博物館と共に聖堂より山下門内に移されてありしを、其内に金鱗数枚を盗まれ……」と記しているので、聖堂で開かれた博覧会に出品された時の資料が山下門内博物館へ移されたことになる。これは前章でも触れたが、明治六年(一八七三)三月一九日の太政官の命により、文部省の観覧施設などが全て博覧会事務局へ合併されたことにより、文部省博物館で一・六の日に公開されていた資料がすべて山下門内に移された事による。この時、湯島聖堂で最初の博覧会を開く時に宮内省から借用していた金鯱もまだ続いて借用しており、これも山下門内へ移した事になる。

■犯人は没落士族

山下門内博物館は、前章で記したように明治六年（一八七三）四月「博覧会」の開催という事で開館し、明治九年（一八七六）には「連日開館」という名称に変更し、それ以外は一と六のつく日と日曜日も加えて公開していた。この時には、まだ金鯱は返却しないで展示されており、明治九年（一八七六）四月二八日（金曜日）盗難事件が発生した。

明治九年（一八七六）七月二九日の「郵便報知」は、山下門内博物館で起こった盗難事件を次のように報じている。

先頃、山下御門内の博物館にある金の鯱鉾（しゃちほこ）の鱗三枚紛失せしかば、しきりにその賊の捜索中、一昨二七日、四谷伝（てん）馬（ま）町辺の古道具屋へこれを売り払わんと持参せしものありければ、かねてお達しのある品ゆゑ、忽ち御用となりましたが、その賊は山田といふ立派な士族さまだと申すこと。

これは山下門内博物館に展示してあった金鯱のうろこが紛失した事件に関する報道であるが、これは事件が発生した時の報道ではなく、犯人が御用となった時の報道である。あまり重要な事件とは考えていなかったのであろう。犯行のあった日については、〝先頃〟とあるだけで、事件の発生がいつの日であったのか明確に記していない。

ところが、東京日日新聞は、この事件を発生当初から逐次報道している。

> 去ル二八日(四月)夜、内山下町の博物館へ泥棒ガ入り、金の虎魚の鼻先から左りへ五寸ばかりの鱗四枚剝取たるよし、跡に古い鑢が一本と鉋の刃が一つ小刀が一本捨て有ったと申します。(明治九年五月一日付)

ここには盗難のあった日付と金鯱の剝ぎ取られた箇所まで記している。事件の日は四月二八日金曜日であり、この時博物館は連日開館中のときであった。盗難枚数も、「郵便報知」には、その数「三枚」となっているが、ここでは「四枚」となっている。そして、それ等を剝ぎ取った時の工具と考えられる鑢、鉋、小刀が置いてあったとされる。これ等の工具は、犯罪捜査からすれば、犯人の遺留品として有力な手掛りになるものであろう。

次に明治九年(一八七六)七月二九日の報道では、

> 悪業をすると此の通りだ。去ル四月二八日の夜山下町の博物館へ忍び込み金の虎魚の鱗四枚を盗み取りたる泥棒は、溜池榎木坂町に住む東京府士族の山田義高(ママ)(二五歳)にて、この者は、兼て奉還金を資本にして商法を始めしか為るとなすと的がはずれ、遂に其日の煙も立ち兼る様になりし処、よい拠ところなく、女房を上総(千葉県)の大多喜へ娼妓に遣かはし、自分は一人暮しで古道具の宰取などをして働らいて見たが一向に儲かりはせず、ハテ嬶も可愛そうな、ただ、どうかして早く取り戻し度ものだが、何ぞ宜い分別が無からうかと手を拱で考かへ付たが、金の虎魚にて甘くも四枚の鱗を盗み来りて五月一日に売り払ひ、その金で六月の初旬ごろ女房を受け出し連れ帰り、其のたハ、残して置た地金と指輪にして売てハ喰ひ、喰ひして其日を送るうちに、金の耳掻を売る処を探索掛に見認られ、遂に一昨二七日午後二時ごろ、居宅にて捕縛に成りしよし。天網恢々疎なりと雖とも虎魚の鱗を漏さず。

とあり、この報道は、〈悪い事をするとこの通りだ〉として、文章を始めており、最後は、悪い事をすれば遅かれ早かれ天罰があるという、〈天網恢々疎にして漏らさず〉という教訓で結んでいる。

犯人は、溜池榎木坂町に住む士族の山田義孝であったとされる。士族は、華族につぐ社会階級の一つに数えられるが、封建社会の解体にともない、それまで持っていた政治、経済、社会上のあらゆる特権を失い、近代社会の中で生きて行かねばならなかったが、禄制改革によって大きな生活上の打撃を受けることとなった。政府はこうした中で士族に対して帰農や帰商を進めるが、多くは失敗に終っている。また、家禄を奉還した士族には、その代償として公債を交付しており、その額高によって利子の比率が相違していた。

こうした世の流れの中で士族となった山田義孝は、奉還金を資本として商売をしたのであろうが、為すものすべてがうまくゆかず、いわゆる〈士族の商法〉であったのであろう。ついにその日の生活にも困るようになった。そこで女房を上総（千葉県）の大多喜へ娼妓に出し、自分は一人暮しになって、古道具の売買を仲介して口銭を取っていたが、なかなか儲かるものではなかった。ところが大多喜へ娼妓に出した女房がかわいそうなので、何とか取り戻したいと考えたのであるが、それには金子を用意しなければならなかった。

そこでふと考えついたのが、山下門内博物館に展示されている金鯱から鱗を盗み取り、それをお金にかえる事であった。それを実行に移したのが四月二八日であった。この時のことを東京曙新聞は、「東京府士族やまだ義孝は、夜暴風雨を幸い博物館に忍び込み、かねて見ておいた列品中の名古屋の金の鯱の鱗を三枚程はぎとり……」となっているので、この日は暴風雨という悪天候の日であった。ただ、どのようにして博物館内へ入ったか明らかではない。

当時報道された東京曙新聞は、盗んだものは七五匁、一一二円五〇銭であったと記している。盗み取った金鯱の鱗はその一部であるが、三日後の五月一日にどこかで売り払っており、その金で六月の初ころ、娼妓に出した女房を請け出して連れ帰った。その他は地金と指輪に鋳つぶして売って生活していたが、耳掻を作って売っていた所を見つかり、ついに七月二七日午後二時頃自宅で逮捕されたとある。この新聞の報道は盗みに入ってから三か月後のことであ

った。東京日日新聞の第三回目の報道は、明治九年（一八七六）八月三日に関係記事が掲げられている。それは、

去る二九日に記したる山田義高(ママ)が盗み取りたる金の虎魚(しゃちほこ)の鱗を買ひ取りしは、浅草旅籠町一丁目の地金屋鈴木卯吉と云ふものなる事が分り、既にお召捕になりたる由なり。此鱗を盗まれたる時、直に地金屋などへは、殊に厳しきお達しもありしに多分の地金を買ひおきながら、何とも申し出ぬのが怪しいと近所にて評判。

と報じている。七月二九日の報道では、盗んだ金をどこで売ったのか明確に記していないが、ここでは地金屋鈴木卯吉であったと記してある。地金屋もまた警察へ通報しなければならなかったが、届けなかった。そのため地金屋もまた逮捕された。

■公判で懲役10年

山下門内博物館の盗難は、士族のおちぶれた姿であったろうが、その最後の公判が明治九年（一八七六）一一月二一日東京裁判所であり、懲役一〇年に処せられている。この事を東京曙新聞は明治九年（一八七六）一一月二四日号で紹介している。この時犯人山田義孝が裁判所に提出した上申書が掲載されている。これによって事件の経緯と金の売りさばき先などを知ることができるので、再び事件の経過を繰り返すことになるが、上申書を紹介しよう。

東京第二大区六小区溜池榎坂町二番地借店

東京府士族

山田義孝

二七年七月

一　自分儀明治六年家禄奉還致シ、種々商法相企テ候得共何レモ損失物而已遂ニ活計ニ差支、京橋五郎兵衛町ニ借住、母さきハ弟山田正勝方へ同居致サセ、妻六儀ハ常州忍堀村へ下女奉公ニ遣シ、一時独身ト相成リ、尚又赤坂溜池榎坂町へ借住細々糊口ヲ凌キ居候得共、追々貧窮ニ差迫ル而已心痛罷在候、折柄明治九年四月中、日失念、博物館へ列品拝見ニ罷出候処、金ノ鯱ヲ拝覧スルニ実ニ壮大ノ者ニテ、鱗一枚ニテモ金量目ノ多カルヘシト心中竊ニ、二三枚モ持チタラハ生活ノ道モ可二相立一哉ト存シ候ヨリ、忽然盗心相生シ候得共厳重ノ圍ヒ、且人多キニ付容易ニ剝キ取ルヘキ場合ニ無レ之、尚何カ良キ折モ可レ有レ之ト其日ハ其儘帰宅、其後可二忍入一相考ヘ候得共思ハ敷手段モ無レ之相過キ候内、明治九年四月二八日夜暴風雨ニテ実ニ真ノ黒晦ミ、此夜コソ幸ト存シ、兼テ所持ノ小刀ヤスリ等ヲ携ヘ、右博物館へ忍入、鯱鱗少々宛切外シ、凡三枚程剝キ取リ其儘逃走、右小刀ヤスリハ右館内ニ落失、金ハ袂ニ入レ塀ヲ越シ候節何程カ落シ候ト相覚候、右剝キ取リ候金鱗ハ鋳潰シ小玉指輪等ヲ拵へ……

とあり、以下に鋳潰して作った品物、その重さ、売り払い先、その代金などを挙げている。そして最後に

各売払残り目方拾五匁九分貳厘五毛所持罷在候、尤モ盗取候節博物館外ニ於テ多分落失致候ニ付、何程盗取候哉判然不仕候処、今般御吟味ノ上、七拾五匁盗取候趣承知仕候、右今般代積金百拾貳円五拾銭に相成ル、前書売払代金ハ不残飲食ニ費用致候事　右之通相違不申上候　以上

とある。本人の自供と新聞報道などでは、かなり相違した事実も見られるが、それはそれとして、これで一件落着で

鋳潰して作った品物の売り払い先

品物	目方	売り払い先住所	氏名	代金
小玉	4匁5分	京橋泉町 袋物渡世	山村八十五郎	6円75銭
小玉	11匁2分	浅草旅籠町1丁目 地金渡世	鈴木卯吉	15円94銭
小玉	2匁8分5厘	源助町 古道具渡世	長浜源次郎	3円54銭1厘6毛
小玉等	1匁3分	神田栄町 古道具渡世	赤尾源三郎	1円84銭1厘5毛
指輪	1匁2分	南佐久間町2丁目 古道具渡世	村上茂吉	1円60銭
指輪	6匁1分	麹町8丁目 古道具渡世	黒沼松五郎	8円28銭8厘
指輪	1匁9分	芝田1丁目 古道具渡世	木内幸吉	2円69銭2厘
指輪	2匁5分	四ツ谷忍町 古道具渡世	柴田兼次郎	2円41銭6厘
指輪	1匁5分	愛宕下町2丁目 古道具渡世	村上松五郎	2円20銭
指輪	9分	神田辺ノ者ニテ 友ト申者へ途中ニ於テ		1円28銭4厘7毛

ある。

■無事天守閣の大棟に

数々の話題を提供した金鯱は、「名古屋城叢書」の『名古屋城年表』によると、明治一一年（一八七八）六月一〇日、名物保存の説が起こる、として、金鯱復旧の輿論が次第に高まり、「この日、伊藤治郎左衛門、関戸守彦、岡谷惣助の三氏が、有志総代となって、さきに無用の長物として献納した名古屋城天守閣の金鴟尾（きんしび）を、古来の勝区名人の偉績を永遠に保存するの主意にて、特別の儀をもって、名古屋城天主へ御還付掲揚致したいとの願書を提出し、それに要する経費は、有志にて負担する」と記してある。

これによって宮内省からは、明治一一年（一八七八）九月四日付で「上申の趣聞届候事」とあって、「一個は博物館から、一個は博覧会へ出品中であるから、開催地の愛媛県から直接受け取れ」との通知があったと記されている。ここでの博物館とは、山下門内博物館のことであり、博覧会とは、愛媛県松山公園城閣で開かれた松山全国物産博覧会であろうか。

そして、愛媛県博覧会出品の金鯱は、九月二七日に松山を出発し、一〇月九日熱田港に到着し、東京の山下門内博物館に陳列してあった金鯱は、一〇月二〇日に熱田港に到着した。これによって、一一月二一日から天守閣へ引き上げるための復旧工事に着手した、とある。

ところが、このような年月を追って記した年表であるが、明治一一年の項の最後に「九月一五日から、名古屋南門前町博物館内において開催の愛知県博覧会へ、雌雄二尾出品したのを最後にして、七年目に名古屋城(陸軍省の直轄)の天守閣へ引き上げる」と記してある。

ここに記されている愛知県博覧会とは、明治一一年九月一五日から一一月三日まで開催された第二回愛知物産業博覧会の事であろうが、前述したように金鯱が熱田港に着いたのは一〇月九日と一〇月二〇日であった。すでに博覧会が開催されてから一か月を過ぎており、それから博覧会場に展示されたことになる。従ってこの博覧会が終了した後に、雌雄二尾を天守閣へ引き上げたことになる。

おわりに

わが国は明治維新によって、近代国家を早急に築き上げねばならなかった。それを達成するための一つに産業の近代化を図ることが挙げられ、これは〝殖産興業〟という形で進められた。それを具体的に進めるための施策として、博物館の設置が考えられるに至っている。その土台には、幕末に欧米に派遣された各種の使節団や留学生らの見聞によって、各地の博物館の実態が把握されたことがある。そして、外国に倣って、わが国なりの風土に適合した博物館を短期間のうちに成立させるに至った。短期間に成立させることができたのは、江戸時代に物産会（薬品会）などを開いた経験があり、同時に大学物産局に関与した伊藤圭介、町田久成、田中芳男らの物を直接取り扱った学識経験者が存在していたからであった。

明治初年における博物館の設置構想は、当初は江戸時代の物産会の再興であったが、古器旧物保存方の公布により、日本の伝統的な文化財の保存が意識されたことによって、和洋折衷の博覧会が開催されたと見ることができる。それはまた、宮内省や教部省が出品することにより、〝皇国〟を強く意識させようとするものでもあった。

博覧会終了後に物を恒久的に展示し観覧させるという形で博物館が誕生することとなるが、それは当初、一と六のつく日だけの公開であった。この一・六日は、江戸時代の生活習慣では休日であり、これを踏襲して明治の新時代になってからも、この日が官吏の公休日であった。その官吏の公休日に合せて博物館は公開したのである。そこには〝官尊民卑〟の思想が打ち出されており、当初は決して一般公衆を強く意識しての公開ではなかった。

こうした時に奇しくも「澳国博覧会事務局」が設置される。ウィーン万国博覧会に賛同して、明治新政府にとっては初めての海外出品となったが、その事業達成のために正院内に設置されたものである。その事務局の管理下にあって、殖産興業を推進するため〝山下門内博物館〟が発足するに至った。同時に最初の博覧会を実施した文部省博物館を併合することにより、展示資料の充実と産業技術の発展に目を向けることとなる。

しかし、二年後の明治八年（一八七五）文部省の強い要請によって、文部省博物館が分離独立し、博覧会事務局の方の山下門内博物館は内務省の管理下の博物館として再出発することとなる。やがて、一方の文部省博物館は教育博物館から科学博物館へと変質することとなり、山下門内博物館は殖産興業博物館から歴史・美術系博物館へと傾斜することにより、前者は自然系博物館、後者は人文系博物館として、日本の二大系列の博物館として発展することとなる。

内務省の管理下にあった山下門内博物館は、絶対的な権力をにぎった大久保利通内務卿によって〝皇国の主館〟として位置付けられる。しかし、この博物館はここで勧業政策としての博覧会を開くにしても、重要な問題をかかえていた。それは、この地が低地で湿度が高く、周辺は市街地であり、常に火災にさらされかねない場所であったことである。これでは貴重な資料の保存などには適しているとは言えず、そこで安全な場所を求めて新博物館を設置し、それを中心として博覧会を開くことであった。

当時は、公園地となった上野山内は、その大部分を文部省が管理していた時期で、文部省はこの地に大学や博物館を設置する計画を立てていた。大久保内務卿は権力の座にあって、その公園の中心的な位置にある旧寛永寺本坊跡を手に入れる事に成功し、この地でコンドル設計の新博物館の建設に着手すると同時に、上野山内で第一回内国勧業博覧会を開くことを計画し、内務省が中心となってその開催が実施されるに至った。

この内国勧業博覧会の開催にあたり、その中心的な建物として、初めて「美術館」という名称で活用される施設が公開されるに至った。同時に文部省は、この内国勧業博覧会が開催される直前に、上野山内の西四軒寺跡に新たな施設として「教育博物館」を開館し、学校教育の一環として必要な博物館の充実を図っている。また内務省は博覧会を開いて産業の発展、充実を図るという勧業政策が達成されたことにより、上野山内に〝皇国の主館〟としての拠点を築いたことになる。それは上野公園に新たな舞台が移ったことを意味しており、これまでの遊園地としての公園地ではなく、教育・教養の場としての公園地として発達することともなる。

一方、忘れ去られた感のある山下門内博物館も、博覧会事務局に所属した時代は、博覧会を春・秋に開催し、諸外国からの資料を展示公開し、殖産興業のための生産技術の紹介にあたるなど、相応の役割を果たしてきた。内務省の管理下に移ることにより、新たに〝連日開館〟という形で日曜日の開館にも踏み切るなど、それなりの活動を続けてきた。動物の飼育、植物の栽培など、今日の動物園や植物園の始原的な形が見られ、日本版ジャルダン・デ・プラントの展開も期待できたであろう。

しかし、この地はすでに述べたように地理的条件から博物館には不適切な場所として、新たに新博物館の建設が上野公園内で進んでいた。これ等の博覧会を始めとする博物館などの設置・開催の一連の流れは内政の確立をめざした内務省の主導によってなされたが、明治一一年(一八七八)五月、内務卿大久保利通が不慮の死をとげたことによって、内政にもかげりが見られ、外交政策でも転換がはかられるのである。

その一つが幕末以来諸外国と結んできた不平等条約の改正であり、そのためには日本は欧米諸国に劣らない文明国であると印象付けることが必要であり、また来日する国賓を歓迎するためにも、新接待所を設ける必要に迫られていた。それが、〝鹿鳴館〟の設置であった。そこで、横浜より上京する鉄道の終着である新橋駅に近く、築地の外国人居留地や外務省にも近いということで、山下門内博物館の中心部分である一号陳列館のある場所が選定されるに至った。大久保利通時代であれば、跳ね返したであろうが、外務卿は井上馨で、外務省が何かと檜舞台に立つ時代ともなれば、この方針に従わざるを得なかった。

かくして、山下門内博物館は、明治一四年七月一四日に閉館となり、全ては上野公園内の新博物館へ移るが、その直前の四月七日に新設された農商務省に移管される。これによって、殖産興業政策は一元化されるが、同時に新たに台頭する美術政策が博物館を拠点として展開されるため、博物館としては新時代を迎える事になる。これまで博覧会と博物館は切り離すことのできない存在であったが、これを境に博覧会は博覧会なりに、娯楽的な面も加味して展開し、博物館は博物館なりに資料の整理保存、公開という機能をもって教育・学術へ貢献するという方向で、それぞれの道を歩むこととなる。

最後になりましたが、本書の原稿整理には、聖徳大学川並記念図書館の山田純子司書、文献については同じく川並記念図書館の池田重夫特別学芸員・林政彦学芸員にご協力をいただきました。編集に関しては、雄山閣の宮島了誠編集長・同じく金田直次郎中国芸術文化研究室長に大変お世話になりました。皆様に心からお礼申し上げます。

付録1　主要参考文献

全般に通ずる文献

東京大学史料編纂所　『明治史要』東京大学出版会　昭和四一年一一月覆刻
東京国立博物館　『東京国立博物館百年史』本編　資料編　昭和四八年三月
芳賀登　『明治国家と民衆』雄山閣　昭和四九年一一月
国立科学博物館　『国立科学博物館百年史』　昭和五二年一一月
林屋辰三郎編　『文明開化の研究』岩波書店　昭和五四年一一月
石井研堂　『増補改訂・明治事物起原』（明治文化全集別巻）　日本評論社　昭和五九年九月
国立科学博物館　『ハイテクにっぽん誕生展・明治の近代化遺産』　平成九年三月
大久保利謙　『明治の思想と文化』（大久保利謙歴史著作集六）　吉川弘文館　昭和六三年二月
椎名仙卓　『明治博物館事始め』　思文閣出版　昭和六四年一二月
西川長夫・松宮秀治編　『「米欧回覧実記」を読む―一八七〇年代の世界と日本―』　法律文化社　平成七年三月
鈴木博之　『好古家たちの19世紀―幕末明治における《物》のアルケオロジー―』　吉川弘文館　平成一五年一〇月
松尾正人編　『明治維新と文明開化』（日本の時代史二一）　吉川弘文館　平成一六年二月
白幡洋三郎　「ものを集める心―ジョン・トラデスカントの珍品・奇品館をめぐって」『物のイメージ　本草と博物学への招待』所収　朝日新聞社　平成六年四月
勝田政治　『内務省と明治国家形成』　吉川弘文館　平成一四年二月
西村三郎　『文明のなかの博物学―西欧と日本』上・下　紀伊国屋書店　平成一一年一月

西川長夫・松宮秀治編　『幕末・明治期の国民国家形成と文化変容』　新曜社　平成一四年二月
東京文化財研究所美術部編　『明治期府県博覧会出品目録』　明治四年〜九年　中央公論美術出版　平成一六年三月

第一章

永山定富　『内外博覧会総説』　水明書院　昭和八年
日本科学史学会編　『日本科学技術史大系』第一巻　通史一　第一法規出版　昭和三九年
中川童二　『ランカイ屋一代』　講談社　昭和四四年六月
山本光雄　『日本博覧会史』　理想社　昭和四五年六月
吉田光邦　『万国博覧会―技術文明史的に』　日本放送出版協会　昭和四五年
日本万国博覧会協会監修　『日本万国博覧会記念写真集』　万国グラフ社　昭和四五年一〇月
通商産業省　『日本万国博覧会政府公式記録』　昭和四六年三月
吉田光邦編　『万国博覧会の研究』　思文閣出版　昭和六一年二月
寺下勍　『博覧会強記』　株式会社エキスプラン　昭和六二年六月
栗本鋤雲　「匏庵十種」（栗本鋤雲集）　『明治文学全集』第四巻所収　昭和六四年八月
栗本瀬兵衛編　『栗本鋤雲遺稿』　鎌倉書房　昭和一八年八月
佐々木秀二郎　『栗本鋤雲小伝』　（明治文化資料叢書一二）　昭和三五年一月
白井光太郎　「維新前における物産展覧会」　理学界一二巻二号　大正三年八月
朝倉無声　『見世物研究』　思文閣出版　昭和五二年一月
日本学士院編　『明治前日本生物学史』第一・二巻　平凡社　昭和四二・四三年
上野益三　『日本博物学史』　平凡社　昭和四八年一一月

木村陽二郎　『日本自然誌の成立―蘭学と本草学』　中央公論社　昭和四九年一〇月
上野益三　『博物学史論集』　八坂書房　昭和五九年六月
木村陽二郎編　『白井光太郎著作集第一巻―本草学・本草学史研究』　科学書院　昭和六〇年五月
木村陽二郎　『江戸のナチュラリスト』　朝日新聞社　昭和六三年
日本植物学会百年史編集委員会　『日本の植物学百年の歩み』　日本植物学会　昭和五七年
矢部一郎　『江戸の本草―薬物学と博物学』　サイエンス社　昭和六〇年四月
沼田次郎　『洋学』（日本歴史叢書）　吉川弘文館　平成元年一〇月
清野謙次　『日本考古学・人類学史』　岩波書店　昭和二九年九月
上田穣　『ルーツ・日本の博物館』―物産会から博覧会へ―　大阪市立博物館　昭和五四年一〇月
磯野直秀　「薬品会・物産会年表」　科学医学資料研究二四七号　平成七年一月
磯野直秀　「日本博物誌雑話（五）」　タクサNo.7　平成一一年
入田整三編　『平賀源内全集』上・下　平賀源内先生顕彰会　昭和七・九年
城福勇　『平賀源内』　吉川弘文館　昭和四六年
杉本つとむ解説　『物類品隲』（生活の古典双書）　八坂書房　昭和四七年四月
芳賀徹　『平賀源内』（朝日選書）　朝日新聞社　昭和六四年六月
芳賀徹監修　『平賀源内展』　東京新聞　平成一五年一一月
伊藤圭介　「尾張博物学嘗百社創始沿革并諸先哲履歴雑記」錦窠翁九十賀寿博物会誌　明治二六年
遠藤正治　「読書室物産会について」　実学史研究二　思文閣出版　昭和六〇年
緒方富雄編　『江戸時代の洋学者たち』　新人物往来社　昭和四七年九月
杉本つとむ　『江戸の博物学者たち』　青土社　昭和六〇年二月
大阪歴史博物館編　『木村蒹葭堂』　思文閣出版　平成一五年一月

福沢諭吉　『福沢諭吉選集』第一巻　岩波書店　昭和五五年一一月
内務省　「内務省第一回年報・勧業寮・博覧会ノ件」　『内務省年報・報告書』第二巻所収　三一書房　昭和五八年二月
諸岡博熊　『博覧会学事始』　エスエル出版会　昭和六二年一月
横山俊夫訳　『英国公使夫人の見た明治日本』　淡交社　昭和六三年三月
椎名仙卓　「幕末の遣米使節団が見聞した博物館」　博物館研究一七巻一一号　昭和五七年一一月
椎名仙卓　「初めて博物館という言葉を用いた時」　博物館研究二一巻六号　昭和六一年六月
宮永孝　『慶応二年幕府イギリス留学生』　新人物往来社　平成六年三月
山口一夫　『福沢諭吉の西航巡歴』　福沢諭吉協会　昭和五五年二月
財部香枝　「幕末における西洋自然史博物館の受容―万延元年遣米使節団とスミソニアン・インスティテューション―」　博物館学雑誌二四巻二号　平成一一年三月
宮永孝　『万延元年のアメリカ報告』（新潮選書）　新潮社　平成二年一〇月
日本史籍協会編　『遣外使節日記纂輯』一〜三　東京大学出版会　昭和三年一〇月
芳賀徹　『大君の使節』（中公新書）　中央公論社　昭和四三年五月
山口一夫　『福沢諭吉の亜欧見聞』　福沢諭吉協会　平成四年一一月
椎名仙卓　「福沢諭吉の啓蒙した博物館」　博物館研究二一巻八号　昭和六一年八月
惣郷正明　『日本語開化物語』（朝日選書）　朝日新聞社　昭和六三年八月
「博物館についての国際的規程、条約等」（博物館に関する基礎資料・平成一五年度）　国立教育政策研究所社会教育実践研究センター
「博物館事業促進会設立の趣旨」　博物館研究 Vol.1 No.1　昭和三年六月
日本社会教育学会社会教育法制研究会　『社会教育法制研究資料XIV』　昭和四七年二月
棚橋源太郎　「博物館と動植物園とはなぜ同一法で律するを可とするか」　日本博物館協会会報第九号　昭和二五年七月

第二章

教育史編纂会　『明治以降教育制度発達史』一巻～一三巻　教育資料調査会刊　昭和三九年一〇月重版
文部省　『文部省沿革抄』　昭和一六年
文部省　『学制八十年史』　昭和二九年
文部省　『学制百年史』（記述編・資料編）　昭和四七年一〇月
土屋忠雄　『明治前期教育政策史の研究』　文教図書　昭和四三年九月再版
原平三　「蕃書調所の科学及び技術部門に就て」　帝国学士院紀事二巻三号　昭和一八年一一月
「鹿児島県士族・町田久成」　『百官履歴一』所収　（日本史籍協会叢書一七五）　東京大学出版会　昭和四八年七月
犬塚孝明　『薩摩藩英国留学生』（中公新書三七五）　中央公論社　昭和四九年一〇月
「故町田久成君洋行日記」　史談速記録第一六九輯　明治四〇年三月
大久保利謙　「わが国博物館事業創設の功労者町田久成のことども」　立教大学博物館研究四　昭和三四年九月
大日本山林会編　『田中芳男君七六展覧会記念誌』　大正二年一二月
小泉三男松　『田中芳男氏功績書』　大正三年
小竹浩　「田中芳男君七六展覧会に就て」　昆虫世界一九四号　大正二年
佐藤達策　「日本における博物館の近代化―田中芳男の役割―」　日本大学松戸歯学部一般教育紀要四号　昭和五三年
磯野直秀　「田中芳男の貼り交ぜ帖と雑録集」　慶應義塾大学日吉紀要・自然科学一八号　平成七年
橋詰文彦　「田中芳男と万国博覧会―明治期における実務官僚の役割―」　長野県立歴史館研究紀要三号　平成九年
飯田市美術博物館　『日本博物館の父・田中芳男展』　平成一一年九月
藤田英夫　『大阪舎密局の史的展開』　思文閣出版　平成七年七月
寺下勍　「博覧会と人間―その歴史と先駆者たち」シリーズ1～40　日本店装新聞　平成五年一月三〇日号～平成六年一一月

三〇日号
伊藤篤太郎　「理学博士伊藤圭介翁小伝」　東洋学芸雑誌一五―二〇〇　明治三一年六月
梅村甚太郎　『伊藤圭介先生ノ伝』　昭和二年
杉本勲　『伊藤圭介』（人物叢書四六）　吉川弘文館　昭和四九年七月
文化財保護委員会　『文化財保護の歩み』　昭和三五年一一月
中村賢二郎　『文化財保護制度概説』　ぎょうせい　平成一三年六月
米崎清実　『蜷川式胤「奈良の筋道」』　中央公論美術出版　平成一七年二月

第三章

和田千吉　「本邦最初の博覧会（一）」　新旧時代第一年五冊　大正一四年六月
和田千吉　「本邦最初の博覧会（二）」　新旧時代第一年六冊　大正一四年八月
斎藤月岑　『増訂　武江年表』（東洋文庫一一六）　平凡社　昭和六三年一二月
椎名仙卓　「明治になって初めての〝物産会〟と〝博覧会〟」　博物館研究二一巻一一号　昭和六一年一一月
帝室博物館　『帝室博物館略史』　昭和一三年一一月
日本博物館協会　『わが国の近代博物館施設発達資料の集成とその研究』明治編　昭和三九年三月
上田穣　『ルーツ日本の博物館―物産会から博覧会へ』　大阪市立博物館　昭和五四年一〇月
北沢窯昭　『眼の神殿』　美術出版社　昭和六四年九月
東京国立博物館　『目でみる一二〇年』　平成四年一〇月
椎名仙卓　「我が国における博物館の始まり」（博物画の世界一）　国立科学博物館ニュース第三三三号　平成八年一二月
椎名仙卓　「博物館のなりたち」　『大正博物館秘話』所収　論創社　平成一四年三月

橋爪紳也　『日本の博覧会―寺下勍コレクション―』（別冊太陽一三三）　平凡社　平成一七年二月
東京都江戸東京博物館　『博覧都市・江戸東京―開帳、盛り場、そして物産会から博覧会へ』　江戸東京歴史財団　平成五年一一月

第四章

椎名仙卓　「博物館発達の原点を博物学之所務に探る」　博物館研究二二巻一号　昭和六二年一月
国立国会図書館支部上野図書館支部編　『帝国図書館年報』　国立国会図書館　昭和四九年一一月
国立国会図書館　『国立国会図書館三〇年史』　昭和五四年三月
滝沢忠義　「田中芳男の原点パリ」（かはく昔話⑩）　国立科学博物館ニュース三三三号　平成九年二月
大霞会　『内務省史』全四巻　原書房　昭和五五年六月
大隈侯八十五年史編纂会　『大隈侯八十五年史』　大正一五年一二月
クララ・ホイットニー著・一又民子訳　『クララの明治日記』（上）　講談社　昭和五一年一二月
内田正男　『暦と日本人』　雄山閣　昭和五〇年一一月
「会員細川潤次郎ノ傳」　東京学士会院雑誌第一三編の四
渋沢秀雄　『明治を耕した話―父・渋沢栄一―』　青蛙房　昭和五二年一一月
渋沢秀雄　『渋沢栄一』　渋沢青淵記念財団龍門社　昭和三一年九月
佐野真一　『渋沢家三代』（文春新書一五）　文芸春秋　平成一〇年一一月
本間楽寛　『佐野常民傳―海軍の先覚・日本赤十字社の父』　昭和一八年二月
吉川龍子　『日赤の創始者・佐野常民』　吉川弘文館　平成一三年五月
西堀昭　「山高信離―世界各国での博覧会に関与」　『横須賀製鉄所の人々』所収（有隣新書）　昭和五八年六月

松戸市戸定歴史館　『文明開化のあけぼのを見た男たち』　平成五年一〇月
博覧会事務官　『墺国博覧会筆記』　明治六年一二月
墺国博覧会事務官　『墺国博覧会報告書』　博物館部上　明治八年八月
平山成信　『昨夢録』　元澳国博覧会事務局　大正一三年一二月
故ワグネル博士記念事業会編　『ワグネル先生追懐集』　昭和一三年
土橋喬雄編　『G・ワグネル維新産業建設論策集成』　北隆館　昭和一九年一一月
二〇〇五年日本国際博覧会開催記念展『万国博覧会の美術』　NHK出版　平成一六年七月
角山幸洋　『ウィーン万国博の研究』　関西大学出版会　平成一二年三月
椎名仙卓　「教育博物館の成立」　博物館学雑誌二巻一・二号　昭和五二年三月
椎名仙卓　『日本博物館発達史』　雄山閣　昭和六三年七月
堀松武一　「庶物指数の展開と東京教育博物館の役割」　東京学芸大学紀要第二〇集第一部門　昭和四一年
東京都恩賜上野動物園　『上野動物園百年史』　東京都　昭和五七年三月
高見沢茂　『東京開化繁昌誌』　明治文化全集第八巻風俗篇　昭和三〇年
富田仁　『鹿鳴館―擬西洋化の世界』　白水社　昭和六〇年
磯野直秀　『モースその日その日―ある御雇教師と近代日本』　有隣堂　昭和六二年一〇月
椎名仙卓　『モースの発掘』（恒和選書一一）　恒和出版　昭和六三年一月

第五章

橘高広　「観世物の側面観」　『明治文化研究』所収　大鐙閣　大正一〇年一〇月
古河三樹　『図説・庶民芸能江戸の見世物』　雄山閣　昭和五七年二月

平井直　「西南戦争余聞―土埋めの金の鯱」　『江戸は過ぎる』所収　萬里閣書房　昭和四年二月
名古屋市　『名古屋城物語』　名古屋市役所　昭和三四年一月
名古屋市文化財調査保存委員会　『名古屋城紀聞』　昭和三六年三月
山田秋衛　『特別史蹟名古屋城』　財団法人名古屋城振興協会　昭和四一年五月
城戸久　『名古屋城と天守建築』（日本城郭史研究叢書第六巻）　名著出版　昭和五六年八月
水谷盛光　「伝・柿木金助の墓」覚書（補遺）　郷土文化四〇巻二号　昭和六〇年
水谷盛光　「金鱗盗難事件の真相考説」　郷土文化四〇巻二号　昭和六〇年一二月
石井研堂　「金鯱は沈没せず」　明治文化一〇巻四号　昭和一二年四月
井上章一　『名古屋と金シャチ』　NTT出版　平成一七年三月

付録2　博物館変遷図

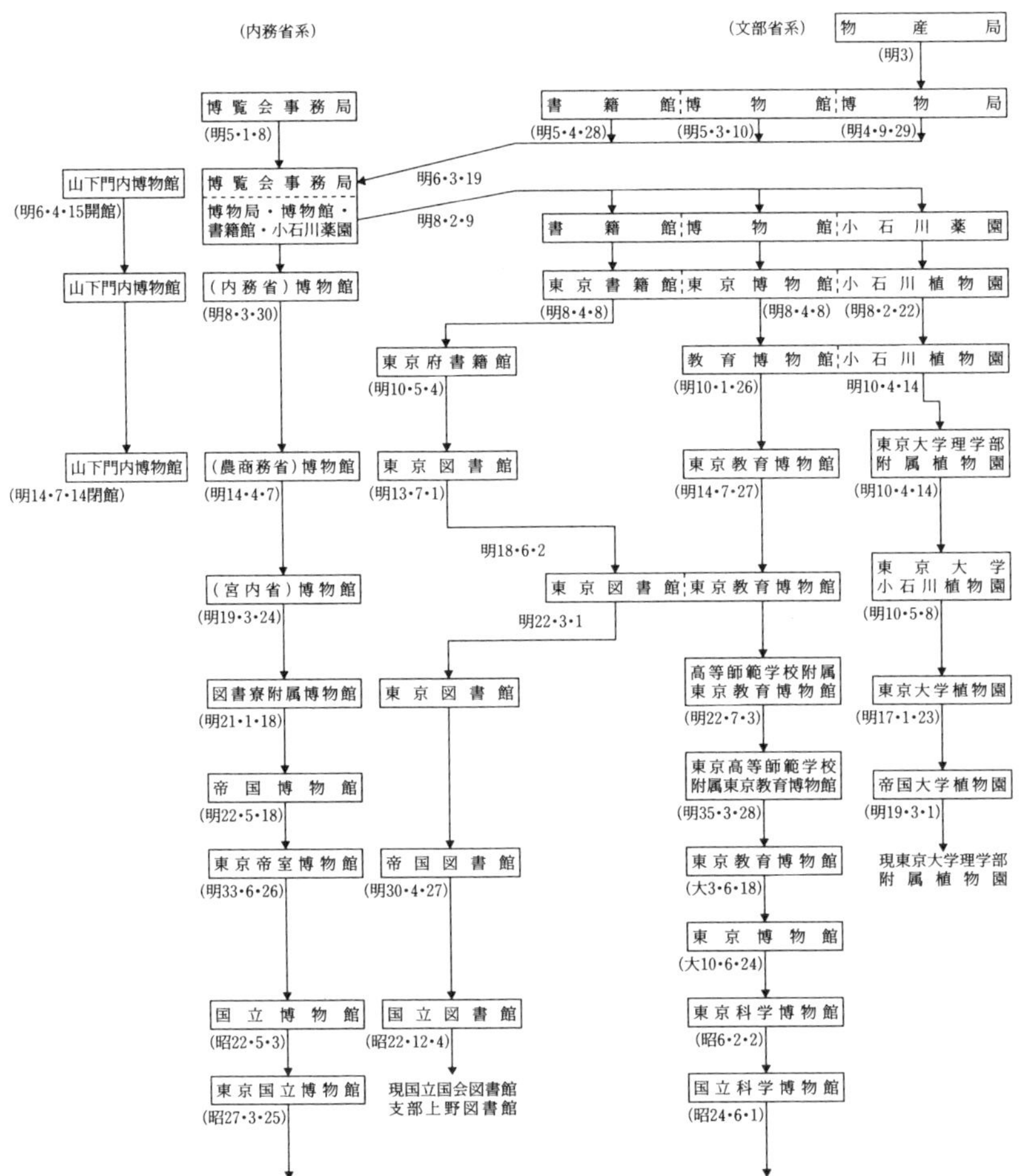

(内務省系)
(文部省系)
物産局
(明3)
博覧会事務局
(明5・1・8)
書籍館
博物館
博物局
(明5・4・28)
(明5・3・10)
(明4・9・29)
山下門内博物館
(明6・4・15開館)
博覧会事務局
博物局・博物館・書籍館・小石川薬園
明6・3・19
明8・2・9
書籍館
博物館
小石川薬園
山下門内博物館
(内務省)博物館
(明8・3・30)
東京書籍館
東京博物館
小石川植物園
(明8・4・8)
(明8・4・8)
(明8・2・22)
東京府書籍館
(明10・5・4)
教育博物館
小石川植物園
(明10・1・26)
明10・4・14
東京大学理学部附属植物園
山下門内博物館
(明14・7・14閉館)
(農商務省)博物館
(明14・4・7)
東京図書館
(明13・7・1)
東京教育博物館
(明14・7・27)
(明10・4・14)
明18・6・2
東京図書館
東京教育博物館
東京大学小石川植物園
(宮内省)博物館
(明19・3・24)
明22・3・1
(明10・5・8)
図書寮附属博物館
(明21・1・18)
東京図書館
高等師範学校附属東京教育博物館
(明22・7・3)
東京大学植物園
(明17・1・23)
帝国博物館
(明22・5・18)
東京高等師範学校附属東京教育博物館
(明35・3・28)
帝国大学植物園
(明19・3・1)
東京帝室博物館
(明33・6・26)
帝国図書館
(明30・4・27)
東京教育博物館
(大3・6・18)
現東京大学理学部附属植物園
東京博物館
(大10・6・24)
国立博物館
(昭22・5・3)
国立図書館
(昭22・12・4)
東京科学博物館
(昭6・2・2)
東京国立博物館
(昭27・3・25)
現国立国会図書館支部上野図書館
国立科学博物館
(昭24・6・1)

※カッコ内の年月日はその機関の設立時。
無カッコで記入した年月日は統合・分離の時期を示す。

付録３　明治五年官制表

〇官制表

	等級	太政官 正院	太政官 左院	太政官 右院	太政官 一等 式部寮	神祇省	外務省	大蔵省	一等 造幣 租税 寮	二等 戸籍 土木 紙幣 出納 統計 検査 寮	三等 記録 勧農 駅逓 寮	文部省	二等 編輯寮	工部省	兵部省	宮内省
	一等	太政大臣 左大臣 右大臣 参議	議長	諸省長官		卿	卿	卿				卿		卿	卿	卿
以下勅任	二等		副議長	同次官		大輔	大輔 大弁務使	大輔				大輔 大博士		大輔	大輔	大輔 侍従長 大典医
陸海軍少将ハ勅任トス	三等	大内史	大議官		頭	少輔	少輔 中弁務使	少輔	頭			少輔 中博士		少輔	少輔	少輔 中典医
	四等	権大内史 大外史	中議官		権頭	大丞	大丞 少弁務使	大丞	権頭	頭		大丞 少博士	頭	大丞	大丞	大丞 少典医
	五等	少内史 権大外史	少議官		助	少丞	少丞 総領事	少丞	助	権頭	頭	少丞 大教授	権頭	少丞	少丞	少丞 大侍医
	六等	権少内史 少外史	大議生		権助		大記 領事		権助	助	権頭	大監 中教授	助			侍従 権大侍医
以下奏任	七等	権少外史	中議生			大掌典	少記 副領事			権助	助	少監 少教授	権助			少侍医
以下判任	八等	大主記	少議生		大属	大録 中掌典	大録 代領事	大録	大属	大属	大属	大録 大助教	大属	大録	大録	大録 大監 権少侍医
	九等	権大主記			権大属	権大録 少掌典	権大録	権大録	権大属	権大属	権大属	権大録 中助教	権大属	権大録	権大録	権大録 内竪
	十等	中主記			中属	中録	中録	中録	中属	中属	中属	中録 少助教	中属	中録	中録	中録
	十一等	権中主記			権中属 大伶人	権中録 大神部	権中録	権中録	権中属	権中属	権中属	権中属	権中属	権中録	権中録	権中録 少監
	十二等	少主記			少属 大舎人 中伶人	少録 中神部	少録	少録	少属	少属	少属	少属	少属	少録	少録	少録 内舎人 大馭者
	十三等	権少主記			権少属 権大舎人 少伶人	権少録 少神部	権少録	権少録	権少属	権少属	権少属	権少属	権少属	権少録	権少録	権少録 権内舎人 中馭者
	十四等															少馭者
	十五等															

付録4　博物館史略年表

明治元年（一八六八）	三月二八日	明治新政府神仏分離令を布告する
	五月一五日	上野山内の土地を新政府が接収する
	六月	明治新政府開成所を接収、田中芳男開成所御用掛となる
	九月	田中芳男大阪舎密局御用掛となる
	七月一七日	江戸を東京と改称し、東京府を置く
明治二年（一八六九）	二月一三日	上野山内を開放し庶民の遊覧に供す
	一二月一七日	大学校を「大学」と改称。開成所を「大学南校」、医学校を「大学東校」と称す
明治三年（一八七〇）	九月六日	大学南校に物産局が設けられる。田中芳男同局に勤務
明治四年（一八七一）	二月	九段坂上三番薬園地、大学南校が所管する
	二月二九日	大学が三番薬園で博覧会を開くことが許可される
	三月	大学南校博物館の名で五月五日から晦日まで博覧会を開くことが公示される
	四月二五日	大学の名で「集古館」を設置するよう太政官に献言する
	五月一四日	大学南校物産局の名で五月一四日から七日間、招魂社の境内で「物産会」を開催
	五月二三日	太政官が「古器旧物保存方」を布告する
	五月二九日	吹上御苑で明治天皇が物産会の資料を観覧される
	七月一四日	廃藩置県の詔書を出す
	七月一八日	大学が廃止され、新たに「文部省」を置く
	七月二一日	大学東校および大学南校を文部省直轄とし、単に「東校」「南校」と改称する

七月二七日　伊藤圭介、文部省出仕となる
七月二九日　太政官制を改め、正院、左院、右院をおく
八月八日　神祇官を改めて、神祇省を設置する
九月二九日　文部省に「博物局」が置かれる
九月　文部省博物局は、明治四年一〇月一日から一〇日間、湯島聖堂において博覧会を開くことを公示する
九月　新聞雑誌一五号が、博覧会の延引になったことを報道する
一〇月四日　大成殿を文部省博物局展観場と定める
一〇月一〇日　京都博覧会社、西本願寺大書院で「京都博覧会」を開催する（一一月一一日まで）
一一月一一日　名古屋総見寺で「名古屋博覧会」を開催する（一一月一五日まで）

明治五年（一八七二）

一二月一四日　参議大隈重信、外務大輔寺島宗則、ウィーン万国博覧会御用掛に任命される
一月五日　文部大丞町田久成、編輯権助田中芳男ウィーン万国博覧会御用掛に任命される
一月八日　「澳国博覧会事務局」を太政官正院内に設置する
二月一四日　湯島聖堂で三月一〇日から二〇日間、博覧会を開催することが布告される
二月二〇日　少議官細川潤次郎、大蔵省三等出仕渋沢栄一、工部少輔山尾庸三、工部大丞佐野常民、ウィーン万国博覧会御用掛に任命される
二月二二日　博覧会事務局を日比谷門内に設置する（元名東・長浜両県の出張所）
三月一〇日　わが国で最初の官設博覧会、湯島聖堂で公開される（文部省博物局主催）
三月一三日　博覧会を明治天皇が観覧される
三月一〇日　西本願寺・知恩院・建仁寺で「第一回京都博覧会」を開催（五月三〇日まで）
四月二八日　「博物学之所務」が文部卿大木喬任の決裁を得る。旧大学講堂内に「書籍館」設

置される

四月三〇日　湯島聖堂で開催した博覧会終了する

五月六日　常備品のみの陳列で毎月一と六のつく日だけ公開する

五月二〇日　「和歌山博覧会」開催される（六月一〇日まで）

五月二五日　工部大丞佐野常民ウィーン万国博覧会理事官に任命される

六月六日　文部省博物館において古金・一九枚紛失する

六月一〇日　厳島神社で「広島博覧会」開催される（七月一〇日まで）

六月二九日　ウィーン万国博覧会に商人が出品する品物を博覧会事務局へ届ける締切日

七月三〇日　博覧会事務局を山下門内に移す（旧佐土原及中津邸）

八月二日　文部省、湯島聖堂より常盤橋内元津県県令邸へ移転する

八月二八日　博覧会事務局、幸橋御門内元島津装束邸へ移転する

九月一二日　新橋・横浜間鉄道開業式

九月一六日　兼六園で「金沢博覧会」開催される（一〇月一六日まで）

一〇月二七日　大隈重信博覧会事務総裁、佐野常民博覧会事務副総裁、竹内正義・田中芳男・古川正雄博覧会事務官、山高信離博覧会事務局書記官に任命される

一一月一九日　天皇・皇后両陛下、内山下町の博覧会事務局においてウィーン万国博覧会の出品物を観覧される

一一月二〇日　ウィーン万博の出品物を諸官員、外国公使、華族その他関係者に特別公開

一二月三日　改暦により、明治六年一月一日の陽暦となる

明治六年（一八七三）

一月一五日　太政官、各府県へ公園の設置を通達する

一月三〇日　ウィーン万国博覧会への出品物をフランス船ハーズ号に積載して発送

明治七年（一八七四）

一月三一日　佐野常民、副総裁弁理公使に任ぜられる
二月二五日　佐野常民副総裁がドクトル・ワグネルを伴ってウィーンに出発する
三月一五日　伊勢山田博覧会を開催（五月一五日まで）
三月一九日　太政官が文部省博物館、書籍館、博物局、小石川薬園を博覧会事務局へ併合させる
三月二五日　東京府が浅草寺、上野寛永寺、芝増上寺、深川冨岡八幡、王子飛鳥山の五ヶ所を公園に指定し大蔵省に上申する
四月一五日　博覧会事務局（山下門内博物館）初めて「博覧会」を開く（七月三一日終了）
五月一日　ウィーン万国博覧会開催される（一一月二日まで）
五月二日　太政官職制改正により、博覧会事務局は外史の所属となる
五月八日　文部省の田中不二麿、正院に対し博物館・書籍館などの合併中止を上申
五月二二日　文部省三等出仕田中不二麿、正院に対し再度合併中止を上申する
七月二八日　地租改正条例を布告する
七月三一日　博覧会事務局主催の最初の博覧会二回延長して終了する
八月一二日　太政官布告により、大学教員は教授、中学教員は教諭、小学教員は訓導とする
一〇月一九日　上野公園が開設される
一一月二日　ウィーン万国博覧会二日延長して終了する
一一月一〇日　松本博覧会を開催する(一二月二四日まで)。田中不二麿は太政大臣三条実美に博覧会事務局への合併中止を上申する
一一月一〇日　太政官布告により「内務省」が設置される
一一月一三日　文部少輔田中不二麿が、太政大臣三条実美に博物局・博覧会事務局との合併中止

二月二四日　を再度上申する
三月一日　文部卿木戸孝允、太政大臣三条実美に博物局・博覧会事務局との合併取消しを上申する
三月一三日　山下門内博物館が〝博覧会〟を開催する（二回延長し六月一〇日まで）
三月二〇日　フランス船ニール号香港を出航、横浜へ向かう
五月　フランス船ニール号、暴風雨のため伊豆下田沖で座礁・沈没する
二月二日　博覧会事務局主催、書画展覧会を湯島聖堂で開催

明治八年（一八七五）

二月九日　山下門内博物館、一・六日の公開以外に日曜日も加えて開館する
二月二二日　博覧会事務局に併合されていた博物館、書籍館、博物局、小石川薬園が分離され、再び文部省の所轄となる
三月三〇日　小石川薬園が〝小石川植物園〟と改称される
四月八日　博覧会事務局を内務省の所管に移し、〝博物館〟と改称する
五月三〇日　文部省所管の博物館を〝東京博物館〟と改称する

明治九年（一八七六）

一月四日　内務省の博物館が〝内務省第六局〟と改称される
二月二四日　内務省第六局が〝博物館〟と改称される
三月一二日　太政官布告により、内務省所属の博物館のみ「博物館」と称し、その他は「〇〇博物館」と地名などをつけることになる
三月一五日　太政官が、四月より日曜日を休日とすることを公布する
四月二八日　山下門内博物館「連日開館」で公開する（期間を延長し七月一二日終了）
五月一〇日　山下門内博物館に展示していた金鯱の鱗がはぎ取られる
フィラデルフィア万国博覧会が開催される（一一月一〇日まで）

七月一八日　明治一〇年東京府下上野公園において内国勧業博覧会を内務省の管轄で開くことが布告される

一二月一四日　上野公園地の寛永寺本坊跡が内務省博物局の管理となり、新博物館の建設予定地となる

明治一〇年（一八七七）一月二六日　文部省が東京博物館を「教育博物館」と改称する

三月一五日　山下門内博物館春の「連日開館」開催（六月一〇日まで）

四月一二日　東京大学が創設される

四月一四日　小石川植物園、東京大学理学部の附属となる

七月一二日　エドワード・エス・モース、東京大学理学部教授、教育博物館嘱託となる

八月一八日　教育博物館開館式、翌一九日から一般公開

八月二一日　上野公園で第一回内国勧業博覧会開場式挙行される

九月一六日　モース、初めて大森貝塚の予備調査、日本考古学発展の端緒となる

九月二〇日　山下門内博物館、秋期の〝連日開館〟（一一月一八日終了）

九月二七日　内務卿、埋蔵物発見の場合は内務省へ届け出るよう布達する

一一月三〇日　第一回内国勧業博覧会閉会する

一二月二〇日　明治天皇、大森貝塚の出土品を観覧される

明治一一年（一八七八）

一月二〇日　東京・辰ノ口物品陳列所開場

三月一四日　上野公園内元寛永寺本坊跡に新博物館設置のためのコンドル設計による建設工事始まる

三月二一日　山下門内博物館「連日開館」（五月一九日終了）

五月一日　大阪府教育博物館開館する

明治一二年（一八七九）　三月一五日　山下門内博物館春の「連日開館」（五月一三日終了）
五月二五日　開拓使函館仮博物場開場する
一〇月一日　山下門内博物館秋の「連日開館」（一一月一九日終了）

明治一三年（一八八〇）　三月一五日　山下門内博物館春の「連日開館」（六月一二日まで）
四月一日　第一回観古美術会を上野公園博物局出張所で開く（五月三〇日まで）
一〇月一日　山下門内博物館秋の「連日開館」（一一月一九日終了）

明治一四年（一八八一）　一月一六日　山下門内博物館移転のため一部閉館する
三月一日　第二回内国勧業博覧会を上野公園で開く（六月三〇日まで）
三月一五日　山下門内博物館春の「連日開館」（五月一三日終了）
四月七日　農商務省設置される
四月七日　内務省博物局及びその博物館を農商務省に移管する
七月一日　東京大学理学部博物場（大学博物館第一号）、一般公開を始める
七月一四日　上野公園へ移転のため山下門内博物館を閉館する
七月二七日　教育博物館を「東京教育博物館」と改称する
一〇月一日　農商務省博物局、上野公園へ移転する
一一月一〇日　山下門内博物館の施設を農商務省会計局に引継ぐ

明治一五年（一八八二）　三月二〇日　農商務省博物館及び附属動物園、上野公園内に開館。明治天皇、博物館開会式に行幸。新博物館の常時公開はじまる
八月二一日　蜷川式胤、コレラで死去する
一〇月一九日　博物局長町田久成辞任し、田中芳男博物局長となる
一二月一日　法隆寺献納宝物、農商務省博物館に収蔵される

■著者紹介

椎名 仙卓（しいな のりたか）

1930 年 千葉県生まれ。

國學院大學文学部卒。

国立科学博物館に勤務し教育普及事業を担当。その後、聖徳大学川並記念図書館副館長、城西国際大学非常勤講師、佐渡博物館参与、八千代市郷土博物館協議会委員等を歴任。

2018 年 12 月 23 日逝去。

【主要編著書】

『モースの発掘』(1988 年)、『日本博物館発達史』(1988 年)、『博物館ハンドブック』（共編・1990 年)、『図解博物館史』（2000 年)、『大正博物館秘話』（2002 年)、『近代日本と博物館―戦争と文化財保護―』(2010 年)、『博物館の災害・事件史』(2010 年)、『博物館学年表―法令を中心に―』（共著・2014 年)、『明治博物館事始め』(2015 年）ほか。

2005 年 6 月 20 日　初版発行
2022 年 6 月 25 日 普及版第一刷発行　　《検印省略》

日本博物館成立史―博覧会から博物館へ【普及版】

著　者　椎名仙卓
発行者　宮田哲男
発行所　株式会社 雄山閣
東京都千代田区富士見 2-6-9
ＴＥＬ　03-3262-3231 / ＦＡＸ　03-3262-6938
ＵＲＬ　http: //www.yuzankaku.co.jp
e-mail　info@yuzankaku.co.jp
振　替：00130-5-1685

印刷・製本　株式会社ティーケー出版印刷

ISBN978-4-639-02812-3　C1030
N.D.C.069 248p 21cm